Wir Frauen ohne Kinder

Susan Lang

Wir Frauen ohne Kinder

Was Männer nie begründen müssen

Aus dem amerikanischen Englisch
von Ebba D. Drolshagen

Eichborn Verlag

Originaltitel: Women without Children

Die Deutsche Bibliothek – CIP-Einheitsaufnahme

Lang, Susan:
Wir Frauen ohne Kinder: Was Männer nie begründen müssen / Susan Lang.
Aus dem Amerikan. von Ebba D. Drolshagen. – Frankfurt am Main: Eichborn, 1992.
ISBN 3-8218-0217-0

Umschlaggestaltung: Rüdiger Morgenweck
Lektorat: Susann Äckerle / Doris Engelke
Gesamtherstellung: Fuldaer Verlagsanstalt GmbH
ISBN 3-8218-0217-0
Verlagsverzeichnis schickt gern:
Eichborn Verlag, Hanauer Landstraße 175, D-6000 Frankfurt/Main 1

Für Bea Lang,
die zeit ihres Lebens mit Herz und Seele Mutter war,
es noch immer ist
und der ich dafür immer dankbar sein werde.

Inhalt

Danksagungen

Mein erster Dank gilt meinem Mann und besten Freund Tom Schneider, dem ich unendlich dankbar bin für seine Liebe, für seine Unterstützung während der Arbeit an diesem Buch, für seine klugen Kommentare als engagierter und einfühlsamer Psychotherapeut.

Ein besonderer Dank geht an Ellen Friedman, die mich zu diesem Projekt inspirierte, sowie an meinen Agenten Bob Silverstein, der dafür sorgte, daß es Realität wurde.

Viele Menschen haben sich sehr bemüht, mir bei der Suche nach Interviewpartnerinnen zu helfen, und ich danke ihnen für ihre Zeit und ihre Mühe. Zu ihnen gehören Millie Rosoff, Fran Epstein, Bryna Fireside, Maida Gierasch, Fefi Barno-Ross, Lauren Goldman, Margo Hittleman, Leslie Cohen, Andrea Brown, Hope und Hazel Mandeville, Jane Powers Levine, Meg Ambry, Susan Neiberg Terkel, Jamie Catlin, Joan Slatoff, Rebecca Pirto, Carol Skawinski, Renee Heider, Maggie und Mitch Bloomberg, Paul Lang, Bea Lang, Donna Dempster-McClain, Laurie und Bob Thomas, Nancy Treadmill, Rick und Jackie Zelman, Jessica Fitzpatrick, Rick Lamport, Anna Primavera, Gail Jaspen und Judi Long.

An die Frauen, deren Namen nicht genannt werden, deren Stimmen jedoch in diesem Buch zu hören sind, geht mein ganz besonderer Dank für die Großzügigkeit, mit der sie mich an ihrem Leben, ihren Gedanken und Gefühlen teilhaben ließen.

Susan Schneider Lang

Vorwort

Kurz nach meinem vierzigsten Geburtstag ging ich mit meiner alten Freundin Terri essen. Sie hatte lange vergeblich versucht, schwanger zu werden, und vor sieben Jahren nach endlosen medizinischen Behandlungen erfahren, daß sie keine Kinder bekommen kann. Nach gründlichen Überlegungen entschieden sie und ihr Mann sich gegen eine Adoption. Sie ging mit aller Kraft daran, sich neue Ziele zu setzen, und schuf sich ein kinderfreies* Leben. Obwohl ihr später mehrfach Babys zur Adoption angeboten wurden, hatte sie sich bereits an das Leben ohne Kinder gewöhnt und konnte sich keine Veränderung mehr vorstellen.

Wir sprachen darüber, daß unsere Generation nun langsam zu alt wird, um Kinder zu bekommen. Sie sagte mir, sie genieße ihr kinderfreies Leben und sei sicher, daß die Entscheidung gegen eine Adoption richtig war. Aber sie empfand es als bitter, bei diesem Entscheidungsprozeß keine Hilfe gehabt zu haben. Zwischen der stillschweigenden Annahme, eines Tages Mutter zu sein, und dem Akzeptieren, daß dies nicht der Fall sein wird, lag eine Zeit emotionaler Isolation und beunruhigender Gefühlsausbrüche. Männer reagieren in diesen Dingen völlig anders. Obwohl Terris Mann sich sehr um sie bemühte, hatte sie dennoch das Gefühl, den Wandel im Grunde

* Ich mag das Wort ›Kinderlosigkeit‹ nicht, weil es einen Mangel impliziert – als sei eine Frau ohne Kinder weniger wert. Wörter wie *Nicht-Mutter* sind klobig und deuten ebenfalls auf einen Zustand der Unvollständigkeit hin. ›Kinderfrei‹ hingegen impliziert die aktive Entscheidung, keine Kinder zu bekommen. Doch da es kein besseres Wort für Frauen ohne Kinder gibt, habe ich ›kinderlos‹ häufiger benutzt, als ich eigentlich wollte.

allein vollzogen zu haben. Sie ärgerte sich, weil es so wenig Informationen über Frauen gibt, die nie Kinder bekommen haben.

Während sie sich zu ihrer Entscheidung gegen weitere medizinische Behandlungen und gegen eine Adoption durchrang, hätte sie gern gewußt, wie es Frauen ohne Kinder geht, wenn sie fünfzig oder auch achtzig Jahre alt sind. Wie *ist* ein Leben ohne Kinder nach den Wechseljahren? Sie fand dazu kaum Literatur. Diese Frauen sind zwar das, was eine Wissenschaftlerin einmal eine ›unsichtbare Minorität‹ genannt hat, aber Terri wußte natürlich, daß es Millionen Frauen ohne Kinder gibt. Und sie wußte, daß auch andere junge Frauen Antworten auf die Fragen suchten, die sie sich stellte: Welche Auswirkungen hat es auf mein Leben, wenn ich keine Kinder bekomme? Ging es anderen Frauen ohne Kinder gut, führten sie ein befriedigendes Leben, oder nagte die Reue an ihnen? Waren sie einsam oder erfüllt, oder ein wenig von beidem? Tat es ihnen leid, keine Kinder zu haben? Empfanden sie die Vorteile auch auf längere Sicht als befreiend, oder wurden sie mit der Zeit einengend? Wie ging es ihnen, als sie älter wurden? Fühlten sie sich einsam, verlassen, von niemandem umsorgt? Wer kümmerte sich um sie?

Terri meinte, da ich Journalistin und selbst ungewollt kinderlos sei, könnte ich doch ein Buch über diese Frage schreiben. Ich nahm die Anregung auf und befragte dreiundsechzig Frauen im Alter zwischen sechsunddreißig und einhundert Jahren. Ich habe Frauen aus jedem Lebensjahrzehnt interviewt und mit den Frauen Ende der Dreißig begonnen, dem Alter, in dem die Entscheidung für eine Schwangerschaft drängend wird. Ich suchte in jeder Altersstufe Frauen, die aus verschiedenen Gründen keine Kinder haben – Frauen, die nie, und solche, die später geheiratet haben, Frauen die unfruchtbar waren, bewußt kinderfrei geblieben sind oder mit einem Mann verheiratet waren, der keine Kinder wollte, sowie geschiedene, verwitwete und lesbische Frauen.

Die Gruppe der von mir befragten Frauen ist im Hinblick auf die (in den USA vertretenen) Rassen nicht so repräsentativ, wie ich es gern gewollt hätte, doch ging es mir im wesentlichen darum, Frauen in unterschiedlichem Alter und mit unterschiedlichen Gründen für Kinderlosigkeit zu finden.

Ich fand meine Gesprächspartnerinnen über meinen Bekanntenkreis – die ehemalige Kollegin der Mutter einer Freundin, die Tochter eines Klienten meiner Anwältin, die Großtante meines Nachbarn, die frühere Freundin eines Kommilitonen meines Bruders, die Freundin der Mutter eines Freundes meines Mannes, die Bekannte einer Frau, die ich interviewte. Viele Menschen, mit denen ich während der Arbeit an diesem Buch in Kontakt kam, erwähnten eine Betroffene, wenn sie mein Thema hörten. Ich hatte anfangs geplant, auch berühmte Frauen zu interviewen, kam jedoch später zu der Überzeugung, daß das Leben ›normaler‹ Frauen viel relevanter ist. Niemals zuvor konnten Frauen so effektiv bestimmen, ob und wann sie ein Kind bekommen. Viele Frauen nutzen die Jahre zwischen zwanzig und dreißig, um ihre Fähigkeiten und Begabungen zu erkunden, zu sehen, wie weit sie es mit harter Arbeit bringen können, zu reisen und unterschiedliche Lebensstile auszuprobieren. Viele verschieben den Gedanken an Kinder, denn dafür bleibt ja noch viel Zeit.

Für Frauen ohne Kinder wird im vierten Lebensjahrzehnt das Ticken der biologischen Uhr deutlich lauter. Sie erkennen, daß die Zeit, in der sie noch schwanger werden können, rasch verrinnt, und bekommen möglicherweise Angst, daß die Tür zu einem Kind schon bald für immer verschlossen sein könnte.

Keine Frauengeneration zuvor ist mit der heutigen vergleichbar. Noch nie hatten Frauen so viele Möglichkeiten. Noch nie hatten so viele Frauen ein so forderndes und zugleich befriedigendes Berufsleben, für das ein lebenslanges Engagement nötig ist und das zugleich ein abwechslungsreiches Leben mit sich bringt. Noch nie konnten Frauen dank Geburtenkontrolle und Schwangerschaftsabbruch ihre Gebärfähigkeit so gut steuern. Noch nie war ein kinderfreies Leben eine so reale Alternative. Angesichts so vieler Möglichkeiten ist Frauen diese Entscheidung noch nie so schwergefallen wie heute.

Die Entscheidung, ein Kind zu bekommen, ist eine der wenigen unwiderruflichen Entscheidungen im Leben einer Frau. Es gibt Exberufe und Exehemänner, aber es gibt keine Exkinder. Ein Kind zu bekommen heißt, sich für immer festzulegen. Und doch fällt die Entscheidung häufig blind, und das Ergebnis ist unvorhersagbar. Ein Kind zu bekommen ist ein immenser Vertrauensakt – niemand kann wissen, ob ein Kind für seine Mutter Liebe, Trost und unendliche Freude bedeuten wird oder aber Sorge, Schmerz und Qual.

Was auch geschehen mag – und in der Regel ist es ein wenig von beidem –, das Kind gehört auf immer zum Leben dieser Frau. Muttersein ist eine lebenslange Aufgabe. Die Entscheidung für ein Kind hat zahllose Konsequenzen. Darüber nachzudenken kann kompliziert und verwirrend, verblüffend und widersprüchlich sein. Ob Sie ein Kind haben oder nicht, wird bei Hunderten, vielleicht Tausenden zukünftiger Entscheidungen, ganz gleich welcher Art, den Ausschlag geben: Welche Stelle Sie annehmen, welches Haus Sie kaufen, in welcher Gegend Sie wohnen, wofür Sie Ihr Geld ausgeben, wie Sie

Ihre Tage, Ihre Wochenenden, Feiertage und Urlaube verbringen, wohin und wann Sie verreisen, mit wem Sie befreundet sind, mit wem Sie regelmäßig Umgang haben und so weiter.

Die meisten Frauen meinen zwar, in etwa zu wissen, was Muttersein bedeutet (obwohl wir sehen werden, wie sehr sie sich irren), aber nur wenige kennen viele Frauen ohne Kinder. Es gibt Dutzende von Büchern über Kinder und das Kinderkriegen, doch nur wenige erzählen die Geschichte von Frauen über vierzig, die keine Kinder haben, sei es aufgrund äußerer Umstände oder eines eigenen Entschlusses.

Ich hoffe, daß die Geschichten dieser Frauen, die sie selbst erzählen, ihre Gedanken und Gefühle anderen Frauen helfen werden, die mit dieser existentiellen und überaus emotionalen Frage ringen.

Ich hatte während der Arbeit an diesem Buch Sorge, daß ich Frauen in zwei Lager spalten könnte: in die, die Kinder aufgezogen, und die, die anderes getan haben. Eine solche Polarität oder Kluft ist nicht meine Absicht. Ich möchte als Journalistin nur verstehen, worin sich das Leben einer Frau mit Kindern von dem einer Frau ohne Kinder unterscheidet. Frauen ohne Kinder haben in ihrem Leben mehr Raum für andere Alternativen, andere Wege. Ich wollte wissen, welche Wege das sind, wie diese Frauen bestimmte Bedürfnisse befriedigen, ob sie etwas bedauern, ob jüngere Frauen aus ihrem Leben etwas lernen können.

Dieses Buch wurde für alle geschrieben, die wissen möchten, wie es für eine Frau ist, keine Kinder zu haben. Ich wollte nicht nur möglichst viele Forschungsergebnisse zu der Frage einarbeiten, was Frauen mit und ohne Kinder unterscheidet, ich wollte den Daten auch das Gesicht und die Stimme von Frauen in verschiedenen Lebensphasen geben.

Dieses Buch will niemand überzeugen, Kinder zu bekommen oder nicht. Das ist eine schwierige persönliche Entscheidung, die sehr stark von den Lebensumständen der jeweiligen Frau abhängt. Ich wollte mehr über Frauen ohne Kinder wissen, und ich wollte erfahren, ob sie sich emotional, biologisch oder finanziell von Frauen unterscheiden, die Kinder haben. Unterscheiden sich ihre Ehen, ihre Gesundheit, Zufriedenheit, Lebensweise und ihr soziales Netz von denen der Mütter? Wie verbringen sie ihre Zeit? Welche Vor- und Nachteile hat es in der Lebensmitte und im Alter, keine Kinder zu haben?

Noch wichtiger aber war mir, was Frauen – ledige, verheiratete, geschiedene, verwitwete, heterosexuelle und lesbische Frauen – dabei *empfinden*, keine Kinder zu haben. War es eine bewußte Entscheidung, oder hat es sich so ergeben? Wie veränderten sich ihre Gefühle – sei es Verlust, Erleichterung oder die Angst vor dem Älterwerden – mit zunehmendem Alter? Welche Fragen wurden für sie wichtig, weil sie keine Kinder hatten? Worin bestehen die Vorteile eines kinderfreien Lebens, worin die Nachteile? Wurden sie von ihrer Umwelt unter Druck gesetzt? Wenn sie noch mal vor der Entscheidung stünden, wie fiele sie heute aus?

Ich begann dieses Projekt mit einer Mischung aus Zaghaftigkeit und Angst. Zaghaftigkeit, weil ich in die intimsten Winkel des Fühlens und Denkens von Frauen spähen sollte, Angst, weil ich befürchtete, mit meiner Suche Narben aufzureißen, die seit Jahren oder Jahrzehnten verheilt waren.

Ich habe mich sehr gefreut, daß die meisten Frauen von meinem Vorhaben begeistert waren und daher ganz unumwunden von sich erzählten. Viele empfanden ihre

Kinderlosigkeit nicht als Problem, und sie hatten keine Schwierigkeit, darüber zu sprechen. Einige Frauen jedoch weinten während unseres Gespräches, weil ein verschütteter Kummer wieder aufbrach. Ich danke ihnen für ihre Bereitschaft, anderen Einblick in ihr Leben zu gewähren, und es tut mir sehr leid, falls ihnen dies Kummer bereitet haben sollte.

Natürlich ist jede Frau mit ihren Lebensbedingungen einzigartig. Verallgemeinerungen sind schwierig, vielleicht unmöglich. Sicher aber ist, daß es unabhängig von der jeweiligen Situation oder dem Alter einer jeden Frau Gemeinsamkeiten gibt. Ich hoffe, die Stimmen der Frauen, die auf den folgenden Seiten zu Wort kommen, werden anderen helfen, denn viele sagten mir, daß ihnen eine solche Stimmenvielfalt gefehlt habe.

Erstes Kapitel

Drei Frauen ohne Kinder

Sechsunddreißig und verlobt, liebt Kinder, möchte selbst aber keine.

Andrea Brown ist mit sechsunddreißig eine der jüngsten Frauen, die ich interviewt habe. Sie ist eine erfolgreiche Literaturagentin für Kinderbücher und hat eigene Büros in Manhattan und in San Francisco. Sie ist zum erstenmal verlobt, und sie weiß, daß sie kein Kind bekommen wird, obwohl sie dafür noch jung genug wäre. Wie bei fast allen Frauen in diesem Buch sind auch Andreas Gründe dafür ein Geflecht aus vielen verschiedenen Strängen.

Ein Strang geht auf die Zeit vor ihrer Geburt zurück. Ihre Mutter hatte fünfzehn Jahre lang verzweifelt versucht, ein Kind zu bekommen, und dabei vier Fehlgeburten gehabt. Um eine weitere Fehlgeburt zu verhindern, nahm sie DES (Diäthylstilböstrol), als sie mit Andrea schwanger war. Mit deren Geburt hatte sie endlich das Kind, das sie sich so wünschte. Wäre dieses Traumkind ohne DES zur Welt gekommen? Das kann niemand sagen.

Sicher ist, daß dieses von ihrer Mutter eingenommene Medikament Andreas Möglichkeit beschneidet, selbst ein Kind zu bekommen.* Die Ärzte geben ihr nur eine fünfzigprozentige Chance, eine Schwangerschaft austra-

* Töchter, deren Mütter während der Schwangerschaft DES nahmen, leiden oft an dem sogenannten ›Stilböstrol-Syndrom‹, einem Adenokarzinom an der Scheide.

gen zu können. (Bislang gestand man ihr bei einem DES-Prozeß lediglich 2500 Dollar Schmerzensgeld zu. Als Angehörige der ›Versuchskaninchen‹-Generation hat sie auch ein erhöhtes Risiko, an Gebärmutterhalskrebs zu erkranken.)

Doch Andrea wird nicht schwanger werden und ihre Chancen testen. Ihr Verlobter Dave wollte nie Kinder. Als Andrea ihn vor fünf Jahren kennenlernte, verarbeitete er gerade das bittere Ende einer vierzehnjährigen Ehe. Er und seine erste Frau hatten sich schon vor der Heirat geeinigt, keine Kinder zu bekommen. Als seine Frau Mitte der Dreißig war und alle ihre Freundinnen schwanger wurden, wollte sie jedoch plötzlich auch ein Kind. Eine Untersuchung ergab bei Dave einen sehr schlechten Samenbefund, und die Behandlung, zu der sie ihn drängte, half nicht. Dave vermutet, daß er zeugungsunfähig ist, und es stellte sich heraus, daß auch seine erste Frau keine Kinder bekommen kann. Doch als sie dies erfuhren, war ihre Ehe schon zerbrochen. Überdies leidet Dave an Diabetes, und es besteht eine fünfzigprozentige Gefahr, diese Krankheit zu vererben. Andrea dazu:

> Er hat das zu Anfang ganz klar gemacht: »Ich will keine Kinder.« Nachdem wir einige Monate befreunde waren, sagte er noch mal: »Wenn du Kinder möchtest, sollten wir uns jetzt trennen.«
> Ich dachte, daß ich sowieso keine Kinder bekommen kann und es darum in Ordnung sei, aber nach ein paar Jahren bekamen meine Freundinnen und Cousinen Kinder. Liebe, glückliche Kinder, ich kam blendend mit ihnen zurecht. Und ich war Mitte dreißig. Wenn ich noch ein Kind wollte, dann mußte es jetzt passieren.

Sie weiß noch, daß sie nie Kinder wollte, als sie selbst Kind war. »Ich habe mir, wie alle anderen auch, mit Babysitten Geld verdient, aber es hat mir nie gefallen«, erinnert sie sich. »Ich habe mich nie für Babys begeistert, ich fand sie auch nie süß. Ich konnte mir das für mich nie vorstellen.«

Und obwohl Andrea ein Wunschkind war, hatte sie immer eine schwierige Beziehung zu ihrer Mutter, vor allem während der Teenagerzeit:

> Ich erinnere mich, daß meine Mutter bei solchen Streitereien – und wir stritten uns dauernd, vierundzwanzig Stunden am Tag – sagte: »Ich kann es kaum abwarten, bis du selbst Kinder hast und siehst, wie das ist.«
> »Ha, ha«, sagte ich dann. »Ich kriege keine, das mach' ich nicht mit. Wozu braucht man Kinder?« Meine Mutter betete mich an, ich war ihr Leben. Sie hatte so lange auf mich gewartet, aber sie hatte mich zu sehr gewollt. Sie war eine Glucke. Ich wußte, daß ich keine solche Mutter werden wollte, aber wahrscheinlich sein würde.

Als Andrea achtzehn war, starb ihre Mutter, und sie wurde die ›kleine Mami‹, die für ihren Vater und ihren jüngeren Bruder einkaufte, kochte und den Haushalt führte. Wie viele Frauen, die später keine Kinder bekamen, erhielt auch Andrea schon früh Einblick in das Leben einer ›Hausfrau und Mutter‹, und es gefiel ihr nicht.

Im College amüsierte sie sich über Freundinnen, die verzweifelt nach einem Ehemann Ausschau hielten:

> Damals dachte ich nicht daran zu heiraten. Ich konnte es mir nicht vorstellen, bei einem einzigen Mann zu bleiben. Bis Ende zwanzig wechselte ich häufig den Partner, war alles andere als monogam. Ich kam nie auf den Gedanken, daß ich einen Mann finden könnte, bei dem ich bleiben wollte, Tag für Tag, immer. Und da ich wirklich keine Kinder wollte, war es mir egal, ob ich heiratete, das dachte ich jedenfalls mit Anfang zwanzig.

Nach drei langen, keineswegs perfekten Beziehungen trat Dave in ihr Leben. Daß er keine Kinder wollte, störte

Andrea erst, als sie Mitte dreißig in die kritischen Baby-Jahre kam. Der Gedanke, daß sie bald keine Kinder mehr würde bekommen *können*, beunruhigte sie sehr. Sie mußte immer wieder darüber nachdenken, bevor sie sich schließlich *gegen* Kinder entscheiden konnte.

> Dave und ich waren schon ein paar Jahre zusammen, als ich diese Baby-Krise hatte. Ich flog nach Florida und besuchte meinen Vater und meine Stiefmutter, um ohne Dave gründlich über alles nachzudenken. Einige Wochen lang spielte ich mit dem Gedanken, mich von ihm zu trennen und einen Mann zu suchen, der mit mir ein Kind adoptieren würde oder der schon eins hat.

In Florida fragte sie auch etwa ein Dutzend ältere Frauen, ob sie glaubten, es werde ihr mit sechzig leid tun, keine Kinder zu haben. Mütter und Großmütter sagten, sie liebten ihre Kinder und seien froh, sie zu haben. Doch sie sagten auch, der Ehemann müsse an erster Stelle stehen. Kinder werden erwachsen und verlassen das Haus. Dann bleibt nur der Ehemann, und Frauen, deren Kinder stets an erster Stelle standen, sitzen emotional auf dem trockenen.

> Sie sagten rückblickend, nicht ihre Kinder hätten ihr Leben am meisten bereichert, bei aller Liebe zu ihnen, sondern ihre Ehe. Ich fragte sie, ob ich etwas verpasse und ob es mir später leid tun würde. Ich weiß noch, daß eine sagte: »Andrea, was du nie gehabt hast, kann dir auch nicht fehlen.«
> Das leuchtete mir sehr ein. Wollte ich ein Kind wirklich so sehr, um deswegen eine phantastische Beziehung aufzugeben? Was würde mir wichtiger sein, wenn ich alt wäre und zurückblickte?
> Einige Frauen, auch meine Stiefmutter, sagten, wenn sie noch mal die Wahl hätten, würden sie keine Kinder bekommen, schon gar nicht bei all den Möglichkeiten, die Frauen heute haben. Das hat gesessen.

Andrea erkannte, daß ihr die Beziehung zu Dave viel wichtiger war als dieser zwiespältige Kinderwunsch. »Ich wollte gern ein Kind haben, um diese wichtige Erfahrung nicht auszulassen«, sagte sie. »Aber das reicht nicht als Grund für ein Kind.«

Andrea fühlt sich sehr wohl bei dem Gedanken, daß ihre bevorstehende Ehe kinderlos sein wird. Und der Versuch, in ihrem jetzigen Leben noch ein Kind unterzubringen, wäre fraglos zum Scheitern verurteilt:

> So, wie mein Leben sich gestaltet, wäre es der helle Wahnsinn. Wir sind gerade nach San Francisco gezogen, weil Dave sich beruflich neu orientiert, ich habe meine eigene Agentur, richte eine Wohnung ein, mache den Haushalt. Da ist für Kinder kein Platz.
> Ich gleiche das ein wenig durch die Kinderbücher aus – jedes Buch, das ich verkaufe, ist ein Baby. Ich sehe es wachsen und freue mich daran, wie es durch Taschenbuch- oder Filmrechte weiterwächst. Meine Arbeit befriedigt mich sehr, und ich liebe sie. Ich habe mit dieser Entscheidung meinen Frieden gemacht.

Andreas Leben ist ein Spiegel ihrer Zeit. Sie ist jung genug, um von den unglaublichen Möglichkeiten profitiert zu haben, die sich in der Folge der Frauenbewegung auftaten, sie wird immer gern daran denken, daß sie in den Zeiten vor AIDS als ledige Frau ein aufregendes und intensives Leben führen konnte, sie liebt ihren Beruf als Lektorin und Literaturagentin für Kinderbücher.

Doch Andreas Zeit hatte auch ihre Schattenseiten, zu denen unter anderem DES, die berüchtigte ›Kupfer-T-Spirale‹, Geschlechts- und Entzündungskrankheiten im Beckenbereich gehören. Sie haben dazu geführt, daß viele Frauen dieser Generation nicht einfach mit ihrem Partner ins Bett gehen und schwanger werden können. Andrea sagt über ihre Kinderlosigkeit:

> Ich bin sicher, daß es Zeiten geben wird, in denen ich zurückblicke und sage: Wie schade, daß ich keine Kinder

habe. Aber entweder war der Zeitpunkt falsch, oder der richtige Mann fehlte. Ich habe viel ausprobiert, als ich jünger war, und ich bin froh darüber.
Was und wer ich in Zukunft sein werde, ist die Folge aller Entscheidungen und Schritte, die ich mit zwanzig, dreißig und vierzig machte und nur machen konnte, weil ich kein Kind hatte. Es stimmt, was du nie hattest, kann dir nicht fehlen. Ich habe so viele spannende Dinge gemacht – ich habe ein aufregendes Single-Leben in Manhattan geführt, Feste gefeiert, die Nächte durchgemacht, war ständig im Theater und in Konzerten.
Ich werde nie bereuen, daß ich lieber das getan und nicht geheiratet und Kinder bekommen habe. Ich gehöre zu den Leuten, die meinen, daß man nicht alles haben kann.

Fünfzig, verwitwet, keine Kinder: leises, aber immer wieder auftauchendes Bedauern

Randys schönes Backsteinhaus wurde, als ich sie interviewte, von der untergehenden Sonne in nahezu überirdischen Glanz getaucht. Sie hat das Haus vor über zehn Jahren zusammen mit ihrem Mann gekauft, zwei Jahre danach wurde er bei einem Raubüberfall erschossen. Randy wurde verletzt, überlebte aber. Sie erzählte mir ihre Geschichte, und ich war fasziniert davon, wie sehr auch *ihr* Leben ein Abbild ihrer Zeit ist. Randy wurde in den Jahren erwachsen, als die Frauenbewegung begann.

Ich wurde 1939 geboren, unmittelbar vor Ausbruch des Zweiten Weltkriegs. Meine Mutter war 34, mein Vater 32, und sie waren seit acht Jahren verheiratet. Sie sagten immer, sie hätten wegen der Weltwirtschaftskrise gewartet und weil mein Vater keine gutbezahlte Arbeit hatte, aber ich glaube, sie wollten eigentlich keine Kinder. Meine Mutter war berufstätig, das war damals sehr ungewöhnlich. Als ich geboren wurde, hatte sie eine Ganztagsstelle als Bibliothekarin an einer wissenschaftlichen Bibliothek, darum kam ich sehr bald in eine Kinderkrippe.

Als Amerika in den Krieg eintrat, wurde Randys Schwester geboren – Randy zieht sie immer noch damit auf, daß sie nur zur Welt kam, damit ihr Vater den Militärdienst etwas hinausschieben konnte. Als er schließlich 1944 doch eingezogen wurde, war Randy vier. Ihre Mutter arbeitete weiterhin ganztags, Randy und ihre Schwester waren tagsüber bei der Großmutter, die 1946 starb, in dem Jahr, in dem der Vater aus dem Krieg zurückkehrte und die Mutter ihre Stelle kündigte.

Ich denke, es wurde von allen Seiten Druck auf meine Mutter ausgeübt, nicht mehr zu arbeiten. Sie sagt, die Kinderbetreuung sei zu schwierig geworden, aber ich glaube, es war der soziale Druck.
Etwa um diese Zeit wechselte ich von einer halbprivaten auf eine öffentliche Schule und konnte zwei Jahre überspringen. Ich glaube, das hat eine große Rolle dabei gespielt, daß ich keine Kinder bekommen habe, denn ich war intellektuell frühreif. Mit zwölf war ich schon in Therapie. Die anderen waren vierzehn und sprachen über Jungs, ich wollte nur Softball spielen. Damals fühlte ich mich sehr ausgeschlossen, sehr allein.

Sie erinnert sich an einen Abend, als die engsten Freunde ihrer Eltern zu Besuch waren. Die Frauen arbeiteten in der Küche, während die Männer im Wohnzimmer saßen und rauchten. Randy fand es empörend, daß diese Frauen, die den ganzen Tag über ebensoviel gearbeitet hatten wie ihre Männer, zu Hause weiterarbeiten mußten, während die Männer die Füße hochlegten:

Diese Frauen wurden an ihrem Arbeitsplatz ausgenutzt, sie wurden zu Hause ausgenutzt, und Kinder empfand ich als weitere Bürde. Ich erinnere mich, daß ich oft sagte, ich wolle später keine Kinder, und daß dann alle sagten: »Warte nur ab, das ändert sich, wenn du erwachsen bist.« Eigentlich führte ich das Leben eines ganz normalen amerikanischen Kindes, mit Mama und Papa, die zwei Kinder hatten, Garage, Haus und allem, was die amerikanische Mittelschicht eben so hatte. Nur war meine Mutter, im Unterschied zu anderen, berufstätig gewesen und sehnte sich danach zurück. Sie ging wieder arbeiten, als ich fünfzehn war, ließ sich aber vorzeitig pensionieren, weil mein Vater darauf bestand.

Randy besuchte das College und studierte Betriebswirtschaft. 1961 zog sie nach Washington D. C. Da sie unverheiratet war, gingen ihre möglichen Arbeitgeber davon aus, daß sie nicht so bald Kinder bekommen würde, und sie fand ohne Schwierigkeiten eine gute Stelle.

Damals sagte ich mir, also gut, ich war schon immer anders als alle anderen. Ich war die jüngste in meinem Jahrgang – meine Kommilitoninnen waren inzwischen alle verheiratet. Ich wollte unbedingt in die große Welt hinaus und arbeiten, aber als ich das geschafft hatte, dachte ich nur noch: Jetzt muß es ein Ende haben, ich will keine schrullige Alte werden. Also habe ich geheiratet.

Er war acht Jahre älter als sie und fuhr einen Sportwagen. Randy bemühte sich sehr, die Gefühle zu haben, die sie nach Ansicht aller haben sollte. Er wollte Kinder, sie stimmte zu ... aber erst für später. Noch war sie dazu nicht bereit. Sie erkannte, daß sie sich aufgrund ihrer völlig gegensätzlichen Weltanschauungen über die Kindererziehung total zerstreiten würden. Dann machten beide Urlaub in Europa, Randy verliebte sich in Frankreich, seine Sprache und Kultur. Sie begann, Französisch zu lernen.

Da war ich nun also die Ehefrau eines gutaussehenden Mannes, der eine phantastische Stellung hatte und mich

> auf Händen trug. Ich hatte mehr, als ich mir je erträumen konnte. Doch ich begann unter Hyperventilation zu leiden. Etwas stimmte nicht. Das war im Herbst 1967. Damals hatten alle meine Kommilitoninnen bereits ein eigenes Haus und Kinder. Ich kündigte und sagte meinem Mann, ich müsse nach Europa zurück, um da etwas für mich zu Ende zu bringen.

Zum erstenmal in ihrem Leben auf sich allein gestellt, entdeckte sie Paris und war überglücklich. Sie lernte einige Amerikanerinnen über vierzig kennen, deren jüngste Kinder gerade aus dem Haus waren und die endlich ihre ›Nieten‹, wie sie ihre Männer nannten, hatten verlassen können, um nach Paris zu gehen. »Da habe ich mir gesagt, ich warte nicht, bis es zu spät ist«, sagte Randy. »Ich war jung, ich konnte Liebesgeschichten haben, und ich hatte sie.« Erst verliebte sie sich in einen Cellisten, dann in einen Psychologiestudenten.

> Ich war achtundzwanzig und lebte in Paris zur Zeit der Vietnam-Demonstrationen. Ich bewegte mich in einer hyperintellektuellen Welt, es war ungeheur spannend. Aber ich war dabei, einen Schlußpunkt unter dies alles zu setzen und in ein ›wunderbares‹ nicht-intellektuelles Mittelschichtleben zurückzukehren. Mein Mann kam nach Paris, um mit mir zu reden, aber es ging einfach nicht.

Sie ließen sich im angeblich so riskanten siebten Ehejahr scheiden. Randy verbrachte die folgenden sieben Jahre damit, in französischer Literatur zu promovieren, und finanzierte ihr Studium mit einer Halbtagsstelle als Wirtschaftsjournalistin. Sie lebte während der späten sechziger und frühen siebziger Jahre mit einem Musiker zusammen, besuchte Rockkonzerte, rauchte Gras und amüsierte sich.

Als sie fünfunddreißig war, wollte sie zur Ruhe kommen. Sie war genug umhergezogen und hatte ihre Ausbildung beendet. Doch dafür war ihr Lebensgefährte, der Musiker, nicht der richtige Mann, also trennten sie sich. »Plötzlich lebte ich allein und fand es schrecklich«, sagte sie. Doch binnen eines Jahres begegnete sie ihrer großen Liebe. Als sie heirateten, war sie siebenunddreißig, er dreißig. Sie wurde fast umgehend schwanger.

> Aber ich wußte sofort, das muß weg. Ich wollte es ganz und gar nicht. Ich meine, ich wollte irgendwann gern ein Kind, aber dazu mußte die Situation gleichberechtigt sein. Er etablierte sich gerade beruflich und meinte, daß er schon für mich kaum genug Zeit habe. Also entschied ich mich für einen Abbruch.

Einige Jahre später schien der Zeitpunkt für ein Kind günstiger. Randys Mann achtete immer sehr auf Empfängnisverhütung, doch eines Nachts verkehrte sie mit ihm, während er schlief – »vielleicht ein halbherziger Versuch, schwanger zu werden«, wie sie sagt. Sie glaubte, wieder schwanger zu sein, und war sehr froh, da dies nun der richtige Zeitpunkt zu sein schien. Sie würde freiberuflich zu Hause arbeiten, und wenn das Kind zur Schule käme, könnte sie wieder ganztags arbeiten. Aber ihr Mann, inzwischen Universitätsprofessor, fühlte sich durch seine Arbeit schon genug belastet. Sein Beruf bedeutete ihm viel, er wollte noch kein Kind. Sie sprachen darüber, und dann stellte sich heraus, daß sie doch nicht schwanger war. Ein Jahr danach mußte ihre Gebärmutter entfernt werden, ein weiteres Jahr später wurde ihr Mann erschossen.

> Und das war's. *Jetzt* bedaure ich den Abbruch, aber ich glaube, wenn er noch lebte, hätte es mir nicht leid getan, kein Kind zu haben. Wir hatten eine überaus enge Beziehung, ich glaube nicht, daß ich ihn mit einem Kind hätte teilen wollen. Ich glaube, er hätte später gerne Kinder ge-

habt, aber dann wäre ich vielleicht zu alt dafür gewesen. Wer weiß, was dann passiert wäre.
Wenn ich zurückblicke, denke ich, daß ein Kind aufziehen zu den wichtigsten und verantwortungsvollsten Dingen gehört, die man tun kann. Ich glaube, ich hatte so viel Achtung davor, daß ich es bleiben ließ, und das ist vielleicht der einzige Fehler, den ich in meinem Leben gemacht habe. Aber ich habe diese Entscheidung in gutem Glauben und auf der Grundlage dessen gefällt, was ich damals wußte. Ich habe so gut gehandelt wie ich konnte. Ich glaube, heute kann eine Frau ein Kind haben *und* andere Dinge tun. Es isoliert sie nicht mehr, wie noch zu meiner Zeit.

Sie lebt allein mit einer Katze, die sie sehr liebt und die ihr »zum Muttertag eine Maus bringt«, und sie ist Herausgeberin eines großen Nachrichtenmagazins.

Im Unterschied zu anderen Frauen meines Alters kann ich sagen, daß ich alles gemacht habe, was ich je machen wollte. Ich habe im Ausland gelebt, bin gereist, war verheiratet, war berufstätig, hatte Liebhaber, jetzt widme ich mich völlig meinem Beruf und bin sehr erfolgreich. Ich halte im ganzen Land Vorträge, werde mit großen Autos abgeholt, fast täglich interviewt und ständig zitiert. Mein Leben ist ausgefüllt. Abgesehen vom Tod meines Mannes war mein Leben bisher sehr, sehr gut.
Heute sage ich zwar, daß es mir leid tut, keine Kinder zu haben – obwohl ich weiß, daß das zu nichts führt –, aber ich bedaure, daß ich für diesen Schritt nicht reif genug war, als ich noch Kinder hätte bekommen können. Wenn ich damals ein Kind bekommen hätte, wäre ich allerdings eine furchtbare Mutter geworden; Muttersein hätte mir keine Freude gemacht. Die Wahrheit ist, daß ich mich mit Kindern immer noch nicht wirklich wohl fühle. Ich war nie eine dieser Frauen, die es völlig zerstört, wenn sie erfahren, daß sie keine Kinder bekommen können. Mir tut es leid, daß ich nicht reif genug war. Aber ich habe mein Leben wirklich genossen.
Man könnte vielleicht sagen, daß ich nun für das zahlen

> mußs, was ich hatte, aber Mutterwerden war für mich nie das Wichtigste. Im Grunde bin ich sehr glücklich, mein Bedauern macht vielleicht fünf von hundert Prozent aus. Ich hatte ein prächtiges Leben und habe es noch.

Randy ist ein interessanter Fall, denn obwohl sie nicht zur Nachkriegsgeneration gehört, hat sie schon früh erkannt, daß sie wählen kann, vielleicht weil ihre Mutter einen Beruf hatte und ihr ein anderes Rollenmodell bieten konnte. Aber sie sieht auch, daß Kinderlosigkeit die ungeplante Konsequenz von Entscheidungen und Umständen ist, die wenig miteinander zu tun haben. Bei ihr spielten viele verschiedene Gründe eine Rolle: Sie ist gewollt kinderlos, weil sie Kinder immer wieder verschob; sie hat keine Kinder, weil ihr zweiter Mann keine wollte, zumindest nicht, solange sie sie hätten bekommen können; und sie ist das Opfer von Unfruchtbarkeit und Witwenschaft.

Ihr Leben ist ein Beispiel dafür, daß für viele Frauen die Frage nach Kindern keine klar abgegrenzte Ja/Nein-Entscheidung ist, die sie entweder bedauern oder nicht bedauern. Randys Leben und ihre Entscheidungen waren immer auch von Ambivalenz geprägt, und diese Ambivalenz beeinflußt auch heute noch, wie sie ihre Chancen, Entscheidungen und Lebensumstände empfindet.

Einhundert Jahre fast völliger Einsamkeit, keinerlei Bedauern

Marjory Stoneman Douglas war bei unserem Treffen einhundert Jahre alt und damit die älteste Frau, mit der ich sprach. Obwohl sie nahezu blind ist und eine starke Brille trägt, lebt sie allein in einem dunklen, kühlen Hexenhäuschen in Coconut Grove, Florida. Das Haus liegt abseits der Straße in einem Pinienhain und ist leicht zu übersehen zwischen den herrschaftlichen Villen im spanischen Stil, die das Bild dieser Gegend prägen.

Ich war pünktlich und schlug mit dem riesigen Klopfer an die schwere, geschnitzte Holztür, aber sie antwortete nicht. Ihre Sekretärin hatte mir gesagt, sie würde mich vielleicht nicht hören, da sie häufig einnicke. Also klopfte ich immer wieder und rief laut ihren Namen.

Nach zwanzig Minuten begann ich, durch die Fenster zu spähen, wobei ich weiterhin ihren Namen rief, um sie zu wecken. Ihre Sekretärin hatte sie zwar nur zwei Stunden vor meinem Kommen an unsere Verabredung erinnert, aber sie war ganz offenbar nicht zu Hause. Ich setzte mich auf die Treppe und wartete weiter.

Sie kam vierzig Minuten zu spät, aber keineswegs, weil sie unsere Verabredung vergessen hatte. Zwei Bewunderer hatten sie zum Essen eingeladen; zusammen hatten sie einige Manhattans getrunken und konnten einfach nicht überstürzt zu unserem Termin aufbrechen. Sie fuhren vor und entschuldigten sich für die Verspätung.

Ich hatte noch nie einen hundertjährigen Menschen kennengelernt oder gar interviewt. Aber an diesem feucht-heißen Junitag im südlichen Florida, bei über dreißig Grad im Schatten, bot die alte Dame einen wahrlich erstaunlichen Anblick. Sie trug ein grell-rosa langärmeliges Polyesterkleid und ging langsam vom Wagen in die angenehme Kühle ihres geräumigen Wohnzimmers, das von einem Schreibtisch beherrscht wurde. Überall lagen Tonbandkassetten, und in dem großen, kühlen Raum standen schöne alte Möbel.

An eine Küche, die klein und unordentlich war, schloß sich ein winziges Schlafzimmer mit einem schmalen, ungemachten Bett an. In der Küche stand nur ein zweiflammiger Campingkocher. Zwei Katzen schlichen in der Sommerhitze umher.

Ich hatte eine sanfte Großmutter oder eine griesgrämige, streitsüchtige alte Frau erwartet. Und ich war froh, vorbereitet zu sein: Auf das Thema Kinder reagierte sie griesgrämig und ungeduldig.

> Ich habe nie Kinder gewollt. Warum auch? Ich habe nie verstanden, warum jemand Kinder will. Warum sollen alle Kinder haben? Das wäre schrecklich. Hören Sie auf, mich nach Kindern zu fragen. Ich habe nie Kinder gewollt und will auch jetzt keine. Und es geht niemand etwas an.

Ich fragte sie, welche Vorteile sie dadurch habe, daß sie keine Kinder hat.

> Das ist die dümmste Frage, die ich je gehört habe. Ich habe mein Leben lang Dinge getan, die nichts mit Kindern oder Enkeln zu tun haben, und dann stellen Sie mir eine solche Frage. Das ist dumm.

Ja, ich hatte ihre Autobiographie *Voice of the River* gelesen. Ich wußte, daß sie als junge Frau Reporterin beim *Miami Herald* gewesen war, kurz nach dessen Gründung, und dann als freiberufliche Journalistin gearbeitet hatte, bis sie Ende vierzig war. In den Jahren danach schrieb sie ihr erstes Buch, das dazu beitrug, die Everglades in Florida vor Spekulationen und Bauunternehmern zu retten. 1986 ernannte die feministische Zeitschrift *Ms.* sie zur Frau des Jahres, die Monatszeitschrift *National Geographic* veröffentlichte einen Artikel über sie.

Warum aber dieses mangelnde Interesse an Kindern? Ich hatte angenommen, daß meine älteren Gesprächspartnerinnen dazu erzogen worden seien, Kinder zu wollen. Worin unterschied sich Douglas' Leben von dem anderer Frauen?

Marjory Stoneman wurde 1890 in Minneapolis als Einzelkind geboren. Fünf Jahre später verließ ihre Mutter wegen finanzieller Schwierigkeiten ihren Mann, Marjorys Vater, und fand mit ihrer Tochter bei den Eltern und der unverheirateten Schwester in Massachusetts Unterschlupf. Sie erlitt einen Nervenzusammenbruch und nahm ihre Mutterrolle nicht mehr aktiv wahr, so daß die ledige Schwester das Kind versorgte. Marjory spricht in ihrer Autobiographie darüber:

> Meine Tante Fanny versorgte in vielerlei Hinsicht nicht nur mich, sondern die ganze Familie. In Neuengland war es damals üblich, daß sich die jüngste Tochter für dergleichen opferte. Sie heiratete nicht und blieb zu Hause, um den Eltern im Alter zu helfen. Allein in unserer Straße gab es mindestens dreizehn alte Jungfern, manchmal zwei in einer Familie. Im Bürgerkrieg waren so viele Männer gefallen, und so viele andere waren in den Westen gezogen, daß es allein in Neuengland 60 000 unverheiratete Frauen gab. Ich wuchs in einer sehr weiblichen Gesellschaft auf. Bevor ich zur High School kam, kannte ich eigentlich nur zwei Männer: meinen Großvater und meinen Onkel Charlie.[1]

Tante Fanny, so Marjory weiter, war sehr hübsch und zog die Männer in Scharen an, wollte aber mit ihnen nichts zu tun haben. Sie kümmerte sich um ihre Eltern und führte für die väterliche Messinggießerei die Bücher. Ihre Leidenschaften galten dem ›Fahrradclub Junger Damen‹ und der Astronomie. Je mehr sich Marjorys Mutter in sich selbst zurückzog, desto wichtiger wurde ihre Tante für sie. Marjory schreibt: »Sie tat für mich alles Menschenmögliche. Es war meine Tante, die sich darum kümmerte, daß ich morgens aufstand und gut frühstückte, die mit meiner Großmutter meine Kleider nähte, die sich – vergeblich – bemühte, mir das Rechnen beizubringen.«[2]

Doch die Probleme ihrer Mutter verdüsterten die Welt des kleinen Mädchens. Sie war eine schüchterne Jugendliche mit reichem Innenleben, das auf Lesen und Tagträumen aufbaute. Aufgewachsen in einer weiblichen Gesellschaft und in einer Straße mit vielen unverheirateten, kinderlosen Frauen, beschreibt sie sich selbst als pummelig und unattraktiv. Aber sie war klug, und mit Tante Fannys heimlich gespartem Geld konnte sie 1908 auf das Wellesley College gehen.

> Ein Frauencollege war die Lösung des Problems. Es befreite mich von dem Druck der Gegenwart von Jungen, die mich sehr verlegen machten. Ich war für sie noch immer unattraktiv, und in Wellesley wurde ich wenigstens nicht ständig daran erinnert. Ich konnte ich selbst sein, ein Mensch, statt einem jungen Mädchen. Es gab keine Männer, die bestimmt hätten. Und Männer bestimmen, du meine Güte, sie mußten immer bestimmen, sie stehen draußen an der Front, in der Kälte, sie müssen den Kopf hinhalten. Wenn Männer in einer Institution sind, tendieren sie dazu, sie zu beherrschen. Das ist ihre Natur. Ich habe nichts dagegen, sie können einfach nicht anders ...

Männer kamen in Marjorys Leben noch einige Jahre lang kaum vor.

> Ich glaube, niemand kann sich vorstellen, wie unwissend und unschuldig Mädchen wie ich damals waren, im Winter 1913 und 1914. Wir waren eine unwissende und unschuldige Generation. Das Wort Sexualität fiel in anständigen Familien nicht. Ich wußte absolut nichts über Reproduktion. In den ersten beiden Jahren am College hatten wir Vorlesungen hinter verschlossenen Türen. Es ging angeblich um ›Sexualhygiene‹, aber nicht Sex, sondern Schwangerschaft war das Thema. Mit keiner Silbe wurde erklärt, wie man schwanger wird, außer, daß es ein geheimer Vorgang sei.
>
> Ich bin sicher, daß die anderen Frauen in meiner Klasse ebensowenig wußten wie ich. Ein Mädchen fiel in Ohn-

macht, als die Dozentin das Bild einer Schwangeren zeigte. Niemand erklärte etwas, nicht einmal hinter vorgehaltener Hand ... von der allgemeinen Vorstellung abgesehen, daß irgend etwas zwischen Männern und Frauen geschehen mußte, waren wir völlig im unklaren. Ich hatte die vage Idee, es könnte etwas mit dem Nabel zu tun haben.[3]

Während ihrer gesamten Collegezeit hatte Marjory kein einziges Rendezvous. Nicht nur war sie angeblich unattraktiv und etwas übergewichtig, sie hatte auch ein nervöses Kichern, das, wie sie meint, junge Männer abstieß. Sie schreibt: »Insgeheim fühlte ich mich natürlich ungeheuer zu ihnen hingezogen und litt sehr.«[4]

Nach dem College wurde sie Ausbildungsleiterin in einem großen Kaufhaus in New Jersey. Mit dreiundzwanzig lernte sie einen Mann kennen, der dreißig Jahre älter war als sie. Eine ihrer Freundinnen kam die Straße entlang, »offensichtlich sehr von sich eingenommen«, weil an ihrer Seite ein hochgewachsener, attraktiver Mann mit guten Umgangsformen ging. Es handelte sich um den Herausgeber der Lokalzeitung. Marjory traf ihn später zufällig in der Bibliothek wieder, und man wechselte einige Worte. Sie war völlig verblüfft über das, was dann geschah:

Als ich mich zum Gehen wandte, sprach er weiter. Kein Mann hatte je weitergesprochen, wenn ich ging. Ich drehte mich um, sah ihn an und bemerkte, daß er mich intensiv und interessiert anstarrte. Es war verblüffend, so etwas hatte ich noch nie erlebt. Danach begann er, mich anzurufen, er kam ins Geschäft, lud mich zum Mittagessen ein. Es war sensationell, bizarr, völlig unwahrscheinlich und sehr aufregend. Binnen drei Monaten waren wir verheiratet ...

Von meiner Seite war es nicht wirklich Liebe, sondern der pure Genuß. Ich kannte Mr. Douglas nicht gut genug,

um ihn zu lieben. Ich hätte Ihnen nichts über ihn erzählen können. Es war alles so überwältigend ...
Ich entdeckte Sex. Ich begegnete dieser Erfahrung weniger mit Liebe oder gar Leidenschaft, sondern mit ungezügelter, grenzenloser Neugier. In mir muß eine ganze Menge latenter Leidenschaft geschlummert haben. Nun wußte ich endlich, was es mit Männern auf sich hatte.
Ehrlich gesagt, ich fand Sex etwas verrückt. Ich mußte fast lachen. Mein Mann hatte immer hervorragende Manieren ... Er war freundlich und instruktiv, die ganze Sache war ein großer Erfolg.[5]

Ihre Ehe war es nicht. Nach etwa einem Jahr kam ihr Mann wegen ungedeckter Schecks für sechs Monate ins Gefängnis. Nach seiner Entlassung zog das Paar nach New York, wo Marjory viel las, aber sonst wenig tat.

In meiner Ehe wurde ich völlig dominiert. Seither hatte ich nie mehr den Wunsch, mich auch nur im entferntesten der Führung eines Menschen zu unterstellen, vor allem nicht der eines Mannes. Ich weiß, daß ich zu den Frauen gehöre, die dazu neigen, nachzugeben. Es ist ein krasser Gegensatz: Im Grunde bin ich ein völlig unabhängiger Mensch, und doch driftete ich in Kenneths Schlepptau durch dieses eigenartige Niemandsland.[6]

Eines Tages erhielt Marjory Besuch von einem Onkel, der ihr eröffnete, ihr Mann habe Bankschecks auf den Namen ihres seit langem verschwundenen Vaters gefälscht. Er überredete sie, ihren Mann zu verlassen und den Vater, von dem sie zuletzt gehört hatte, als sie fünf Jahre alt war, in Florida zu besuchen. Er hatte in einem abgelegenen Städtchen mit nicht einmal ganz 5000 Einwohnern eine Zeitung gegründet. Der Ort hieß Miami, das Jahr war 1915, der Erste Weltkrieg rollte über Europa hinweg. Marjory war fünfundzwanzig.

Marjory lernte Andy kennen, mit dem sie sich verlobte. Aber der Krieg bestimmte das Leben. Andy ging nach

Europa, und auch Marjory meldete sich zum Militärdienst – sie war die erste Frau, die sich je in Florida zum Militärdienst gemeldet hatte. Nach einem Jahr Unmut über Büroarbeit bei der Marine verließ sie die Armee und ging mit dem Roten Kreuz nach Frankreich. Während ihrer Zeit dort verlobte sie sich mit einem anderen Mann, aber das hielt nicht lange. Sie kehrte herzlich gern nach Florida zurück und wohnte nicht weit von Andy entfernt. Bei der Zeitung ihres Vaters hatte sie eine Arbeit, die viel besser war als die Gelegenheitsarbeiten, die er finden konnte. Als man ihm eine Stelle im Norden anbot, nahm er an und bat Marjory nicht, mit ihm zu gehen.

Marjory schreibt in ihrer Autobiographie:

> Irgendwann hörte ich, daß Andy eine Ehefrau und Kinder habe und glücklich sei. Es war unausweichlich. Mir dämmerte, daß ich zur Ehe nicht taugte. In meinem tiefsten Innersten wollte ich nicht wieder heiraten. Ich wollte nie Kinder. Ich wollte Bücher. Ich konnte nicht einsehen, warum jede Frau Kinder bekommen mußte. Das war nicht nötig. Ich wollte kein normales Familienleben. Ich wollte mein Leben nach meinen Bedingungen führen. Es war mir zu wichtig, Leitartikel und Kolumnen zu schreiben.[7]

Marjory arbeitete sich im Zeitungsgeschäft nach oben, baute 1926 ein kleines Haus, schrieb für die *Saturday Evening Post* und verließ die Zeitung, um einen Roman zu schreiben. Mit einundfünfzig schrieb sie *River of Grass*, ihr inzwischen berühmtes Buch über die Everglades, und sie schreibt noch heute.

Ich fragte sie, wie das Alter ohne Kinder und Enkelkinder ist, die einen versorgen. Im Gegensatz zu den meisten alten Frauen, die ich interviewte, hatte Ms. Douglas keine Geschwister und demzufolge auch keine Nichten oder Neffen. Sie hatte, soweit sie wußte, überhaupt keine lebenden Verwandten. Aber Familie schien ihr nicht wichtig, und das macht sie in ihrer Autobiographie deutlich:

> Wir machen die Familie zu einem Fetisch. Ich finde, wir haben um sie herum einen ungeheuren Mythos aufgebaut. Wir meinen, die Familie müsse erhalten werden, sie sei das Fundament der Gesellschaft, und so weiter und so weiter. Doch viele von uns haben die Familie als sehr schwierig erlebt. Viele Sorgen der Menschheit sind familiäre Sorgen, sind zerstörerischer und schmerzen länger als andere Arten von Kummer. Nahezu jedes gut geführte Waisenhaus ist besser als einige Familien, die ich kenne. Es gibt unzählige ungerechte und engstirnige Familien und viele Eltern, die ihre Kinder aus ungerechtfertigten Gründen im Haß erziehen. Nur Familie sein ist nicht genug.[8]

Und was ist mit Kindern?

> Man muß keine Kinder haben. Ich habe viele Freunde. Wenn man im Alter einsam ist, dann deshalb, weil man keine Freundschaften geschlossen hat. Und wenn Sie glauben, Sie könnten sich immer auf Kinder verlassen, dann täuschen Sie sich gewaltig. Ich kenne viele Familien, die sich überhaupt nicht auf ihre Kinder verlassen können. Es ist ein Jammer, wenn Sie für Ihr Alter keine Vorkehrungen getroffen haben – dann haben Sie Ihr Leben schlecht geplant.

Während unseres halbstündigen Gesprächs klingelte ständig das Telefon. Sie hat ganz offenbar ein soziales Netz, auf das sie sich verlassen kann. Ihre Lebensanschauung kannte ich aus ihrer Autobiographie:

> Wenn Sie etwas für sich tun, werden mehr Menschen Sie besuchen, weil es etwas gibt, worüber Sie reden können. Und Sie werden nicht jammern, was eine ausgesprochen schlechte Angewohnheit ist. Darüber zu jammern, daß Sie alt sind, daß niemand Sie liebt, daß niemand Sie be-

> sucht, ist ein großer Fehler. Vielleicht bekommen Sie keinen Besuch, weil Sie die Leute zu Tode langweilen. Wenn Sie Bücher lesen und etwas haben, worüber Sie sich unterhalten können, erspart das Ihnen und Ihren Freunden einigen Verdruß.[9]

Aus ihrer Autobiographie wußte ich auch, daß sie das Nachbarhaus geerbt hatte. Sie hat es vermietet, und als sie über achtzig war, zog dort ein jüngerer Mann ein, mit dem sie sich anfreundete. Damals ließ ihre Gesundheit nach, sie brauchte mehr Hilfe, und er kümmerte sich um sie. Sie haben die Abmachung, daß er einer ihrer Erben sein wird. Den größten Teil ihres Besitzes hat sie den ›Friends of the Everglades‹ vermacht.

Bei Marjory Stoneman Douglas erklärt zum Teil der Umstand, daß sie nahezu ihr Leben lang unverheiratet war, warum sie keine Kinder hat. Aber zwei andere Faktoren sind von Bedeutung: Sie war Einzelkind, und sie hatte eine unglückliche Kindheit. Beides sind wichtige Faktoren im Leben von Frauen, die keine Kinder haben.[10] Männer kamen in Marjorys frauendominierter Gesellschaft nur am Rande vor, und sie wuchs mit einer Vielzahl weiblicher Rollenmodelle auf. Sie erzählte, daß viele ihrer Lehrerinnen in der Oberschule und im College sie nachhaltig beeinflußt haben, und daß viele von ihnen ledig und kinderlos gewesen seien.

Zudem führte Ms. Douglas ein Leben, das sich stark auf Erwachsene konzentrierte und sie darin bestärkte, keine Kinder zu bekommen. Da es um sie so viele Rollenmodelle gab, wurde ihr Lebensstil ohne weiteres akzeptiert.

Sie bereute ganz offensichtlich nichts und war nicht zu Spekulationen bereit, was wohl geworden wäre, wenn sie den Kriegsveteranen Andy oder einen anderen Mann geheiratet hätte, den sie geliebt hat. Rückblicke dieser Art fand sie »wirklich dumm«.

Zweites Kapitel

Die Situation vor dem Zweiten Weltkrieg

Schaffe mir Kinder, wo nicht, so sterbe ich.
RAHEL, 1 Moses 30, 1

»Seid fruchtbar und mehret euch« befiehlt Gott im Buch Moses. Sexualität ist nur zum Zwecke der Fortpflanzung erlaubt, predigt die katholische Kirche. »Wer keine Kinder hat, gleicht einem Toten«, verdammt der jüdische Talmud.

Natürlich gab es immer Frauen, die sich der Norm widersetzten. Die Gründe jeder einzelnen mögen vielfältig und sehr persönlich gewesen sein, aber die Lebensumstände der Frauen werden vorwiegend durch ihre Zeit geprägt.

Fortpflanzung ist für den Erhalt der Art selbstredend unerläßlich. In vergangenen Tagen waren große Familien nicht nur unvermeidlich, sie erleichterten auch das Leben. Mehr Kinder bedeutete mehr Arbeitskräfte und mehr Menschen, die die Familie in Notzeiten finanzieren konnten. Eine Familie hielt zusammen, so jedenfalls hieß es. Die Säuglings- und Kindersterblichkeit war hoch, daher war es günstig, viele Kinder zu bekommen. Empfängnisverhütung war primitiv, und die meisten Ehefrauen bekamen ständig Kinder, bis sie oder ihre Männer relativ jung starben, meist, bevor die Kinder erwachsen waren. Zu Beginn des zwanzigsten Jahrhunderts lag die durchschnittliche Lebenserwartung bei fünfzig Jahren, und ein Ehepaar lebte, nachdem die Kinder das Haus verlassen hatten (statistisch), nicht einmal mehr ein Jahr zusammen, bevor einer der beiden Ehegatten starb.[1]

Eine Mutter mußte vom Morgengrauen bis in die Nacht arbeiten, um ihre Kinderschar zu versorgen, und kinderlose Tanten wurden häufig zur Ersatzmutter von Nichten und Neffen, deren Eltern durch Broterwerb und die Sorge um so viele Kinder überlastet waren. Wurden die Eltern alt und krank, war meist die kinderlose Tochter für die Pflege zuständig.

Arbeiterfrauen, die keine Kinder hatten (und häufig genug auch Frauen mit Kindern), arbeiteten in der Regel als Kindermädchen, Haushälterinnen oder Dienstmädchen in Mittelschichthaushalten. Kinderlose Frauen der Mittelschicht pflegten ihr Leben mit schlecht bezahlten, aber befriedigenden und mütterlichen Berufen wie Lehrerin, Krankenschwester, Sozialhelferin oder Missionarin zu verbringen. Frauen auf dem Land taten weiterhin beides. In jedem Fall wurde von diesen Frauen erwartet, daß sie sich sowohl um ihre Familie als auch um ihren Beruf kümmerten. Dieses Leben prägte die Frauen, die heute achtzig Jahre und älter sind und keine Kinder haben.

Die 1898 geborene Carol zum Beispiel war das älteste von acht Kindern. Sie erinnert sich, daß sie schon als Vierzehnjährige dachte, sie werde nie Kinder haben. Sie lebte auf dem elterlichen Bauernhof, ging mit vierzehn zur High School und kehrte danach nicht mehr in ihr Elternhaus zurück. Unmittelbar nach der Schule zog sie zu einer Familie mit fünf kleinen Kindern, die sie betreute; zweiundzwanzig Jahre lang blieb sie bei ihnen, bis sie mit vierzig ihren späteren Mann kennenlernte. Er war Kostgänger bei einer ihrer verheirateten Schwestern.

Zu diesem Zeitpunkt hatte sie genug von der Kindererziehung. Sie hatte nicht nur zweiundzwanzig Jahre lang jene fünf Kinder versorgt, sondern während ihrer Kindheit und Jugend auch ihre sieben Geschwister. Die wirtschaftliche Lage in Amerika war bereits schlecht, und Carol befürchtete, es könne noch schlimmer werden, womit sie recht behalten sollte. Sie erzählte mir, daß sie mit siebenunddreißig für kurze Zeit beunruhigt war, weil ihr klar wurde, daß sie vermutlich kein Kind bekommen würde, aber die Panik legte sich wieder. Als sie heiratete, wußten sie und ihr Mann, daß sie keine Kinder haben würden:

> Wir hatten praktisch kein Geld, und Kinder sind teuer. Wir waren auch schon älter, doch ich ließ mich für alle Fälle sterilisieren. Daß wir anders waren, hat mich nie gestört. Manchmal denke ich, es wäre nett, wenn wir Kinder hätten, aber Kinder können auch unglaublich herrisch sein, wenn man älter wird; sie wollen einen herumkommandieren. Das habe ich immer wieder erlebt.

Carols Mann starb vier Jahre nach der Heirat an Lungenkrebs, und sie kaufte eine Tankstelle mit einem kleinen Laden. Sie sagte zu mir: »Meine Liebe, wenn ich damals kleine Kinder gehabt hätte, das wäre sehr schwer gewesen«, und fügte hinzu: »Nein, ich fühlte mich nicht allein, ich fühlte mich weniger belastet.«

Ihr Bruder mit Familie und ihre Eltern lebten in der Nähe. Als der Zweite Weltkrieg ausbrach, schrieb Carol Briefe an ihre Kunden, die eingezogen worden waren, damit diese aus der Heimat Zuspruch bekamen. Nur einer antwortete. Sie heirateten wenige Monate später, als er noch bei der Armee war. Damals war sie fünfundvierzig Jahre alt. Beide verkauften die Tankstelle, erwarben einen Bauernhof, und Carol arbeitete bis zu ihrer Pensionierung in einem Blumenladen.

Heute ist sie zweiundneunzig und lebt mit diesem Mann in einer kleinen Wohnung in einer Altenwohnanlage. Sie ist kerngesund und benutzt auch heute noch das Trainingsrad neben ihrem Bett. Ihre kleine Wohnung ist voller Pflanzen. Sie und ihr Mann waren passionierte Jäger und nutzten fünfzig Jahre lang ihre Freiheit zu ausgedehnten Jagd- und Campingausflügen. Sie haben in jedem Staat der USA gejagt, in jeder Provinz Kanadas und in Australien. Carol verreiste oft mit ihren Brüdern und war auf diesen Fahrten immer die einzige Frau, da ihre Schwägerinnen zu Hause bleiben und die Kinder versorgen mußten. Für diesen Sommer plant ihr Mann eine Überraschungsreise mit ihr. Sie hat keine Ahnung, was er ausbrütet, freut sich aber schon darauf, wie sie sich seit so vielen Jahren auf jede gemeinsame Reise freut.

Carol hat nie das Gefühl, ohne Kinder benachteiligt zu sein, und sie hat engen Kontakt zu den fünf Kindern, deren Kindermädchen sie war:

> Sie sind meine Familie, wir sind in ständigem Kontakt miteinander, vor allem mit einem der Mädchen – sie ist jetzt siebzig und verwitwet, sie steht mir nah, und ich habe sie sehr lieb. Sie sind wie meine Kinder, durch sie habe ich alle Vorteile, die ich durch eigene Kinder haben könnte. Ich mache mir ihretwegen immer noch Sorgen. Als wir vor ein paar Jahren umzogen, hatte sie erwartet, daß wir zu ihr ziehen würden, aber wir hatten schon beschlossen, hier zu wohnen.

Ihre Wohnung liegt nur wenige Kilometer von der Gemeinde entfernt, in der sie siebzig Jahre lang gelebt hat, daher hat sie in der Gegend viele Bekannte. Einige ihrer Geschwister oder deren verwitwete Ehepartner leben ebenso in der Nähe wie die ›Kinder‹ (die inzwischen alle im Ruhestand sind), die sie aufgezogen hat. Carol fehlt es nicht an Menschen, die sich um sie kümmern.

> Hätte ich mit dreißig geheiratet, dann hätte ich sicher Kinder bekommen, das wäre das Normale gewesen. Aber sie haben mir wirklich nicht gefehlt. Keine Kinder zu haben hat für mich bedeutet, daß ich viel reisen konnte und finanziell viel besser dastand. Ich wüßte nicht, welche Nachteile ich habe, weil ich ohne eigene Kinder bin; mir hat nie etwas gefehlt. Ich habe ein gutes Leben gehabt, mir tut nichts leid.

Eine ihrer verheirateten Schwestern ist ebenfalls kinderlos, und die beiden Frauen haben nie darüber gesprochen. Carol hat bis heute keine Ahnung, warum ihre Schwester kinderlos ist. Dieses Thema war völlig tabu. Niemand fragte je danach, alle gingen davon aus, der Grund sei Unfruchtbarkeit, und dies war zu schmerzlich oder zu peinlich, als daß man darüber hätte sprechen können.

Auch Clara, acht Jahre jünger als Carol und ebenfalls auf einem Bauernhof geboren, hat nie viel darüber gesprochen, und auch sie sagt, daß sie selten daran denkt. Sie war das jüngste von sechs Kindern, bei ihrer Geburt war ihre Mutter vierundvierzig Jahre alt. Sie verließ ihr Elternhaus, um die High School zu besuchen. Mit achtzehn begann sie zu unterrichten, mit fünfundzwanzig heiratete sie, wurde nicht schwanger und weiß bis heute nicht, warum. Sie war, wie sie sagte, zu beschäftigt, um sich darüber den Kopf zu zerbrechen. Ihre vier Geschwister lebten in der Nähe, hatten viele Kinder, und Clara half, mehr als zwei Dutzend Nichten und Neffen aufzuziehen. Sie pflegte obendrein ihre gebrechlichen Eltern.

»Ich weiß noch, wie ich von einem Haus zum anderen ging und mich um alle kümmerte. Sie wohnten alle in der Nähe.« Dies war zur Zeit der Weltwirtschaftskrise. Da ihr Mann arbeitslos war, mußten sie zu Claras Eltern ziehen, die ein großes Haus hatten, und sie lebten von ihrem Lehrerinnengehalt. Kurz nach Claras Hochzeit wurde ihre Mutter krank, Clara und ihr Mann pflegten sie bis zu ihrem Tod einige Jahre später. Dann ließen die Gesundheit und das Sehvermögen ihres Vaters nach; er verfiel binnen weniger Jahre. Obwohl alle ihre Geschwister in der Nähe lebten, fiel Clara die Aufgabe seiner Pflege zu, da nur sie keine Kinder hatte. Sie gab ihre Stelle als Lehrerin auf und pflegte ihn rund um die Uhr. Als er starb, war sie dreiundvierzig, ihr Mann fünfzig. Sie fanden es zu spät für eine Adoption:

> Ich dachte, wir würden Kinder haben, aber Gott hielt es wohl nicht für richtig, mir Kinder zu schenken. Wir haben ernstlich an Adoption gedacht, aber mein Vater starb mit 87, die letzten elf Jahre seines Lebens war er blind und brauchte ständig Hilfe. Wir lebten im gleichen Haus wie er und fanden es nicht richtig, ein kleines Kind in eine solche Situation zu bringen. Es war sogar schwierig, ihn zu füttern.
> Ich denke, es war Gottes Wille, daß ich mich um viele andere Kinder kümmere.

Clara unterrichtete zwanzig Jahre lang eine einklassige Schule, dreiundzwanzig weitere Jahre eine vierte Klasse und war fünfzig Jahre lang Lehrerin in der Sonntagsschule. Sie ist seit fünfzehn Jahren verwitwet und lebt seit vierundsechzig Jahren im gleichen Städtchen. Ihre Geschwister sind tot, doch im Umkreis von wenigen Kilometern wohnen fünfzehn bis zwanzig Familien, mit denen sie verwandt ist – ihre Nichten und Neffen, inzwischen alle selbst im Ruhestand. »Ich spreche oder treffe jeden Tag irgendwelche Verwandten, und überall sehe ich meine ehemaligen Schüler und Schülerinnen«, erzählte sie mir. »Gerade letzte Woche war ein Schüler aus Kalifornien zu Besuch in der Gegend, und er hat einen Wagen gemietet, um mich zu besuchen. Ich hatte ihn von der ersten bis zur achten Klasse.« Er lebt, inzwischen siebzigjährig, als Geistlicher im Ruhestand.

Fast alle Frauen aus Carols und Claras Generation haben geheiratet und Kinder bekommen, nur etwa zehn Prozent blieben kinderlos. Doch dann brach die Weltwirtschaftskrise über die Vereinigten Staaten herein und zerstörte das Leben zahlloser Menschen. Eine ganze Frauengeneration wurde in dieser schwarzen Stunde der amerikanischen Geschichte erwachsen, einer Zeit, die vielen zu trostlos war für Kinder.

Der Kinderknick während der Weltwirtschaftskrise

Die frühen dreißiger Jahre waren die düstersten in der Geschichte der USA. So sehr die Menschen arbeiteten oder sich bemühten, Arbeit zu finden, der wirtschaftliche Niedergang riß die meisten Männer und Frauen des Landes mit in die Tiefe.

Männer warteten die ganze Nacht vor Arbeitsämtern, um morgens als erste in der Schlange zu stehen. Familien durchwühlten Abfallhaufen, nagten fortgeworfene Knochen ab, saugten an ausgetrockneten Melonenschalen. Männerbanden lauerten am Hintereingang von Restaurants auf Essensreste und stürzten sich gierig auf alles noch irgendwie Eßbare. Solche Elendsszenen beschreibt der Sozialhistoriker William Manchester in seinem Buch *The Glory and The Dream.*

Manchester erzählt auch die Geschichte eines Kindes, das vom Hunger zu betäubt war, um dem Unterricht folgen zu können. Sie könne nicht nach Hause gehen, um etwas zu essen, erklärte sie ihrer Lehrerin, da an diesem Tag ihre Schwester mit Essen dran sei. Eltern setzten sich nahezu dem Hungertod aus, damit ihre Kinder zu essen hatten. Ein erbitterter Vater sagte: »Ein Arbeiter hat kein Recht mehr auf Kinder.«[2]

Edith war eine hübsche Zweiundzwanzigjährige, als die Weltwirtschaftskrise die USA erfaßte und ihr Leben für immer prägte. Sie war im heiratsfähigen Alter, träumte aber davon, Medizin zu studieren. Ihre Mutter zerstörte diese Phantasien, indem sie ihr schonungslos sagte, solche Gedanken seien absurd. Damals gehorchten Kinder ihren Eltern, schreibt Manchester. Sie standen zu ihren Familien und taten, was ihnen gesagt wurde. Es gab keine Teenager-Kultur, die sie vom Einfluß der Familie hätte entfernen können. Das einzige Massenmedium war das Radio, und alle Nachrichten waren trüb und deprimierend.

Also tat Edith, ein braves jüdisches Mädchen aus Brooklyn, was ihre Mutter sagte, und begann nach der High School eine Sekretärinnen-Ausbildung. Nach drei Monaten hatte sie es satt und bekam durch Lügen ihre erste Stelle. Sie hatte Glück, denn in jenen Tagen mußten selbst Fahrstuhlführer Abitur haben. Sie wurde Anwaltssekretärin und behielt ihre Stelle auch in den schlimmsten Zeiten. Auf Drängen ihrer Mutter erwiderte sie das Interesse eines jungen Mannes. Als er sie bat, ihn zu heiraten, willigte sie ein.

> Es gab kein Geld. Es war so hart, Sie machen sich keinen Begriff. Es waren schrecklich harte Zeiten.

1932, im ›grausamsten Jahr‹, wie Manchester schreibt, wurde Edith schwanger:

> Es war ein furchtbarer Zeitpunkt für ein Kind. Mein älterer Bruder hatte einen Freund, der Medizin studierte – ich weiß nicht, ob er Arzt war oder nicht – ich war so jung und hatte solche Angst.

> Nun, ich hatte eine Abtreibung. Ich habe es nie bedauert. Meinem Mann war es egal. Danach hatte ich keine Lust mehr auf Sex. Ich hatte Todesangst, wieder schwanger zu werden. Die Lage war so furchtbar, daß wir zu meinen Eltern ziehen mußten, die versuchten, ihr Haus zu behalten. Das war der Anfang vom Ende. Meine beiden Brüder wohnten auch dort, und der ältere hatte ständig Krach mit meinem Mann. Es wurde sehr, sehr schlimm.
> Schließlich bekamen wir eine andere Wohnung, aber weder mein Mann noch ich konnten viel reden. Wir saßen einfach mißmutig herum und sagten nicht viel. Mir wurde klar, daß das nicht gutgehen konnte.

Edith, heute zweiundachtzig, ließ sich nach sieben Jahren scheiden. Sie hat nicht wieder geheiratet und hat auch keine Kinder bekommen. Wie für viele tausend Frauen in ihrem Alter, wären auch für sie die schweren Zeiten durch ein Kind noch schwerer geworden.

Während der Weltwirtschaftskrise gingen zwar die meisten Geschäfte in Konkurs, doch einige erlebten einen Aufschwung. Dazu gehörte der Handel mit empfängnisverhütenden Mitteln, den es seit 1916 gab, als Margaret Sanger in Brooklyn die erste Klinik für Empfängnisverhütung eröffnete. Sanger kam wegen Verbreitung ›obszönen‹ Materials neunmal ins Gefängnis, aber Frauen konnten ihre Reproduktion endlich selbst lenken.

Edith und ihre Altersgenossinnen erreichten die höchste Rate von Kinderlosigkeit, die es in den USA gab. Als 1929 infolge des Börsenkrachs das normale Leben zusammenbrach, verschoben unzählige Frauen Ehe und Kinder, um überleben zu können. Zweiundzwanzig Prozent aller Frauen im gebärfähigen Alter – und etwa sechzehn Prozent der Ehefrauen – bekamen nie Kinder.[3] Unter verheirateten schwarzen Frauen erreichte die Kinderlosigkeit den Rekord von achtundzwanzig Prozent.[4] Manche Soziologen meinen, es sei zwar eine verständliche Überlebensstrategie, in Notzeiten keine Kinder zu bekommen, rätselhaft jedoch sei, warum diese Frauen nicht später Kinder bekamen. Natürlich blieben viele ledig oder ließen sich später scheiden, aber ein Demograph des Statistischen Bundesamtes der Vereinigten Staaten äußerte die Vermutung, diese Frauen hätten möglicherweise ihre Kinderlosigkeit schätzen gelernt und ein Leben, das ihnen gefiel, nicht ändern wollen.[5]

Edith trat nach ihrer Scheidung in den Familienbetrieb ein, der in New York Kleidung herstellte. Sie war für den Verkauf zuständig, arbeitete mit eleganten Designern und war sehr erfolgreich. »Nach meiner Scheidung ging es mir gut«, sagte sie. »Ich dachte gar nicht an Kinder. Das hat sich nie geändert.«

Edith blieb bis zu ihrer Pensionierung in der Firma. Sie hat die ganze Welt bereist, und obwohl sie nur wenige Frauen kannte, die wie sie waren, hat sie dies nie gestört. Sie sagt: »Ich fühlte mich nie ausgestoßen, obwohl ich kaum andere unverheiratete oder kinderlose Frauen kannte. Eigentlich glaube ich, daß viele meiner Freundinnen mich sehr beneideten.«

Edith wählte Florida als Alterssitz und arbeitete siebzehn Jahre ehrenamtlich in einem Krankenhaus, wo sie Menschen während der Stunden betreute, in denen ein ihnen nahestehender Mensch operiert wurde. Sie hielt engen Kontakt zu ihren Brüdern und vor allem zu einer Cousine und deren Kindern. Inzwischen ist diese geliebte Cousine tot, aber Edith schätzt ihre Freundschaft mit den Kindern sehr. »Sie rufen mich an, ich besuche sie«, sagt sie. »Sie schreiben mir lange Briefe. Ich habe sie sehr gern. Ich habe es nie bedauert, daß ich keine Kinder habe. Das ist die Wahrheit.«

Auch Lillian wartete, bis sie das College absolviert und

mehrere Jahre gearbeitet hatte, bevor sie 1930 ihre Jugendliebe heiratete, mit der sie schon seit zehn Jahren verlobt war. Die Zeiten wurden schwieriger, aber sie wollten nicht länger warten. Er studierte Medizin, und Lillian finanzierte mit ihrer Arbeit sein Studium. Sie ging davon aus, daß sie nach seinem Examen nie mehr arbeiten und die loyale Ehefrau eines Arztes und Mutter seiner Kinder sein würde.

> Wir hielten es für selbstverständlich, daß ich Kinder bekommen würde. Nach der Heirat sprachen wir manchmal darüber. Irgendwann einmal glaubte ich, nun nicht länger warten zu können, aber er hatte so viel zu tun, und wir hatten kein Geld für ein Kind. Die Wirtschaftskrise näherte sich ihrem Höhepunkt, es wäre nicht der richtige Zeitpunkt gewesen, bevor er Fuß gefaßt hatte.

Er aber verkraftete den Druck des Medizinstudiums und die Auswirkungen der Wirtschaftskrise nicht und begann zu trinken. Lillian verließ ihn in dem furchtbaren Jahr 1932, als sie neunundzwanzig Jahre alt war und keine Arbeit hatte.

Eine langjährige Freundin aus Buffalo hatte gerade ihre Stelle verloren, und die beiden Frauen taten sich in der Hoffnung zusammen, die harten Jahre gemeinsam besser zu überstehen.

> Danach habe ich nicht mehr viel an Kinder gedacht. Die Depression war wirklich eine sehr harte Zeit. Damals dachte man nur daran, woher die nächste Mahlzeit kommt.

Anfangs verkauften Lillian und ihre Freundin Enzyklopädien in einer kleinen Collegestadt, wo man gerade die Bezüge des Lehrkörpers gekürzt hatte. Die Lage blieb drei Jahre lang gespannt; Lillian nahm jede Arbeit, die sie bekommen konnte, Spülen, Rechnungen eintreiben, gesalzene Erdnüsse verkaufen, dann bekam sie über die staatliche Arbeitsbeschaffungsmaßnahme *Work Projects Administration* eine Stelle, bei der sie eine Bibliographie wilder Tiere erstellte.

1935 eröffnete sie eine Teestube, im folgenden Jahr begann sie ihre jahrzehntelange Tätigkeit in der Altenpflege, wurde Bewährungshelferin, Reporterin für eine Lokalzeitung und Pressesprecherin für ein College. Sie ist stolz darauf, daß sie zahlreiche lokale Organisationen mitgegründet hat, darunter eine Gruppe für Kunsthandwerk, eine für kreatives Schreiben sowie eine spirituelle Gruppe, die heute ihr zweites Zuhause ist.

Die Freundschaft mit ihrer Freundin gedieh prächtig, sie wohnten und lebten zusammen, bis diese 1975 an Krebs starb. Jetzt lebt Lillian mit siebenundachtzig Jahren allein in einem Altersheim. Ihr Zimmer ist voller Bücherregale und Zeitungsstapel. Bis vor kurzem schrieb sie für die Lokalzeitung, in diesem Jahr wurde eines ihrer Bücher neu aufgelegt.

Zum Thema Kinder sagt sie:

> Daß ich keine Kinder habe, hat in meinem Leben nie eine Rolle gespielt. Nicht, daß ich Kinder nicht mag. Ich liebe sie, aber ich habe mir nie ein Kind gewünscht. Zu meiner Zeit wurde erwartet, daß man Kinder bekam, wenn man heiratete. Als ich jung verheiratet war, bin ich einfach davon ausgegangen, daß ich Kinder haben würde, aber später hat es mir nicht leid getan, keine zu haben. So ist das eben.

Ihre Nichte erledigt Lillians schriftliche Arbeiten, eine enge, fünfzigjährige Freundin aus der spirituellen Gruppe hilft ihr jede Woche bei den laufenden Dingen. Fühlt sie sich je einsam? Als ich sie danach fragte, sagte sie: »Um Himmels willen, nein. Es gibt zu viel zu tun.«

Ich sah, was ihre Zeit gegenwärtig beanspruchte: Neben ihrem Bett lagen Stapel von Aufsätzen und Bücher über Psychologie, Naturmedizin und Selbsthilfe sowie die *New York Times.*

Das sind nur einige wenige von Millionen Frauen aus der zahlenmäßig größten Generation kinderloser Frauen in der Geschichte der Vereinigten Staaten. Die meisten Frauen bekamen natürlich trotz der düsteren Jahre der Weltwirtschaftskrise Kinder. Diese Kinder wurden in den vierziger und fünfziger Jahren erwachsen und machten ihrerseits Geschichte, weil sie so *viele* Kinder bekamen.

Die fünfziger Jahre: Der Mutterkult

Als die Soldaten aus dem Zweiten Weltkrieg nach Hause kamen, räumten die weiblichen Depressionsbabys, inzwischen junge Frauen, in Scharen ihre Arbeitsplätze, an denen sie während des Krieges die Maschinen am Laufen gehalten hatten. Sie taten sich mit den Heimkehrern zusammen und heirateten jünger denn je – lag das Durchschnittsalter bisher bei zweiundzwanzig, sank es jetzt auf zwanzig und sogar darunter.[6] Die Jungverheirateten zogen aufs Land und in die Städte und hatten nur den einen Wunsch, den Krieg weit hinter sich zu lassen. Die Vorstädte mit Tausenden brandneuer, identischer Häuser entstanden, die Väter gingen zur Arbeit, eine bislang unerreichte Anzahl von Frauen blieb – isoliert und weit weg vom Arbeitsplatz – zu Hause, um die Kinder zu versorgen. Amerika war patriotisch, wohlhabend und gebärfreudig.

Alle bekamen Kinder und nicht nur eins oder zwei. Drei, vier, fünf, ja sechs Kinder pro Familie waren keine Seltenheit. Die Geburtenrate erreichte neue Rekorde und wuchs fast ebenso schnell wie in Indien. In den Jahren des sogenannten Baby-Booms – der Zeit des Aufschwungs und des Wachstums von 1946 bis 1964 – wurden in den USA über zweiundsiebzig Millionen Kinder geboren.

1954 kamen in Amerika pro Jahr vier Millionen Kinder zur Welt, und dies blieb so bis 1964. Das Ideal war eine Familie mit drei Kindern; Ende der fünfziger Jahre bekamen doppelt so viele Frauen drei oder mehr Kinder als zwanzig Jahre zuvor. »Am ausgeprägtesten war der Zuwachs bei Frauen mit College-Ausbildung. Sie gaben ihren Beruf auf und bekamen vier, fünf und mehr Kinder«, schreibt der Historiker William Manchester.[7]

Mit der Ausbildung von Frauen ging es bergab. Nur fünfunddreißig Prozent der Collegestudenten waren Frauen, vor dem Krieg waren es vierzig Prozent gewesen. In den USA besuchten im Verhältnis weniger Frauen eine weiterführende Schule als in jedem europäischen Land. Wer es dennoch tat, brach häufig vor dem Examen ab (wie zum Beispiel die Präsidentengattin Barbara Bush), die meisten, um ihre Ehemänner während der Ausbildung zu unterstützen oder auf der Suche nach einem Ehemann ergiebigere Jagdgründe aufzutun.

Die Amerikanerinnen der fünfziger Jahre waren besessen davon, Kinder zu bekommen und großzuziehen. Ihre Kinder wuchsen behütet in einer neuen Gesellschaft auf, in der sich alles um das Kind drehte, in der Mami aufopfernd dafür sorgte, daß Bobby zu den Pfadfindern ging und seine Zahnspange trug, Barbie ihre Stepschritte übte und für den Schulball ihr Traumkleid bekam. Fernsehserien wie ›Vater ist der Beste‹ und ›Mutter ist die Allerbeste‹ förderten den Zuckerguß-Mythos, Kinderhaben sei leicht, lustig und für Frauen der einzige Weg zur Selbstverwirklichung.

Die Gesellschaft *brauchte* Frauen, die zu Hause, weit weg vom Arbeitsmarkt, die Kinder versorgten, schreibt die Psychiaterin Ann Dally in ihrem Buch *Inventing Motherhood: The Consequences of An Ideal.* Um Männern die Arbeitsplätze zurückzugeben und die kostenaufwendige Kinderbetreuung abschaffen zu können, mit deren Hilfe die Familien über den Zweiten Weltkrieg gekommen waren, ermutigte man die Frauen, zu kündigen und Kinder zu bekommen. Mutterschaft wurde verherrlicht und idealisiert wie nie zuvor, die ständig wachsende Mittelschicht machte begeistert mit.[8]

Also bekamen die Frauen immer mehr Kinder – der Höhepunkt war 1957 mit 3,7 Kindern pro Mutter erreicht, entsprechend niedrig war die Kinderlosigkeit. Nur sieben Prozent aller gebärfähigen Frauen – und nur drei Prozent aller Ehefrauen in diesem Alter – hatten keine Kinder.[9] Wahlmöglichkeit bedeutete damals Familie *oder* Beruf. Eine verheiratete Frau mit Kindern war nur erwerbstätig, wenn es sein mußte. Die wenigen Frauen, die ihr Leben lang berufstätig waren, taten dies meist auf Kosten von Ehe und Kindern.

Ältere Frauen sagen heute, sie hätten damals nicht über Kinder nachgedacht, sondern sie einfach bekommen. Sie waren dazu erzogen worden, sich anzupassen, und so lange sie zurückdenken konnten, hatten sie angenommen, daß sie Mütter werden würden. ›Mutter‹ und ›Frau‹ waren synonym. Erwachsen werden, heiraten, Kinder bekommen, Punkt. Das war der *american dream.*

Adrienne Rich beschreibt in ihrem Buch *Von Frauen geboren*, wie es ihr in den fünfziger Jahren erging:

> Ich wurde Mutter in der familienorientierten, verbraucherorientierten, Freudianisch-amerikanischen Welt der fünfziger Jahre. Mein Mann sprach eifrig von den Kin-

dern, die wir haben würden, meine Schwiegereltern erwarteten die Geburt ihres Enkelkindes. Ich hatte keine Vorstellung davon, was *ich* wollte, was *ich* wählen oder nicht wählen konnte. Ich wußte nur, daß ein Kind zu haben als die Erfüllung einer erwachsenen Frau angesehen wurde und daß ich mir selbst beweisen müßte, ›wie andere Frauen‹ zu sein.[10]

Randy, die fünfzigjährige Lektorin aus dem ersten Kapitel, studierte Ende der fünfziger Jahre an der University of Illinois:

Ich weiß noch, daß die Studentinnen, die im Juni Examen machen sollten, im Januar oder März völlig panisch wurden, wenn sie noch nicht verlobt waren. Dann riefen sie zum Beispiel einen Studenten an, mit dem sie zwei Jahre zuvor ein paarmal ausgegangen waren, und verabredeten sich mit ihm. Das Ergebnis war, daß sie im Juni heirateten. Wer damals nicht sofort nach dem Examen heiratete, mit der war etwas nicht in Ordnung.

Margaret, sechsundsechzig Jahre alt, lebte damals in einer Kleinstadt in Connecticut. Sie heiratete mit siebenundzwanzig, was in der damaligen Zeit spät war für eine Frau. Danach versuchte sie zwölf Jahre lang vergeblich, schwanger zu werden. Sie hatte Endometriose sowie ein sehr großes Myom und wurde selbst nach einer Operation nicht schwanger. Als sie neununddreißig Jahre alt war, wurde ihr wegen eines Tumors die Gebärmutter entfernt. Sie erinnert sich:

Meine Freundinnen waren bei ihrer dritten oder vierten Schwangerschaft angelangt, ich war fünfunddreißig und immer noch nicht schwanger. Das war mir sehr bewußt. Wir kannten buchstäblich *niemand* ohne Kinder. Alle, wirklich *alle* hatten Kinder. Für uns alle war es selbstverständlich, daß wir Kinder haben würden. Sie gehörten immer und überall zu unserem Leben.

Es mag wohl sein, daß alle Kinder hatten, aber nicht alle waren glücklich darüber. Unmut lag in der Luft, ›Suburbia‹ – die sprichwörtliche amerikanische Vorstadt – wurde von einem unerkärlichen Unbehagen heimgesucht. Die Ehefrauen-Mütter entdeckten, daß ihre Prinzen sie keineswegs auf einem weißen Pferd in den Sonnenuntergang entführt hatten. Statt dessen war ihr Leben langweilig und anstrengend. Drei oder vier Kinder zu erziehen war ein 24-Stunden-Job. Die heranwachsenden Töchter beobachteten, wie ihre müden Mütter sie morgens für die Schule fertig machten, um dann den ganzen Tag mit Einkaufen, Kochen, Waschen und Putzen zuzubringen. Die Mädchen guckten und hörten zu. War *das* das Leben, das sie erwartete? War das alles?

Drittes Kapitel

Die Situation nach dem Zweiten Weltkrieg

> An den Frauen, die diese sozialen Veränderungen unmittelbar mitgestalteten, lassen sich Ursachen, Umrisse und mutmaßliche Folgen der sich wandelnden sozialen Rolle der Frau am besten darstellen. Sie wurden in eine Zeit rascher sozialer Veränderungen hineingeboren und mußten Entscheidungen zu Familie und Beruf in einem sich verändernden historischen Kontext treffen. Mit ihren Entscheidungen führten sie, ohne es zu wollen, ihrerseits wesentliche soziale Veränderungen herbei.
>
> *Kathleen Gerson*[1]

Die Geschichte der Kontrolle, die die Frauen der Baby-Boom-Generation über ihre Reproduktion haben, ist die Geschichte ihres Lebens. Sie sind die Kinder der Depressionskinder und wuchsen als Woodstock-Generation in den Jahren des Aufschwungs und des Wohlstands auf. Als die für die Beatles schwärmten, traf Betty Friedan bei den Müttern im ganzen Land einen wunden Punkt. Der *Weiblichkeitswahn* (1963, in deutscher Übersetzung 1966) beschrieb das ›Problem ohne Namen‹. Irgend etwas stimmte nicht in den amerikanischen Familien. Das ›Problem‹ bestand darin, daß Hausfrauen für die Versorgung eines hart arbeitenden Ehemannes und dreier reizender Kinder weder den goldenen Topf am Ende des Regenbogens noch bewundernde Serenaden unter dem Balkon bekamen. Statt dessen waren sie frustriert, erschöpft, niedergeschlagen und deprimiert, hatten aber zu große Schuldgefühle und waren zu verwirrt, um sich das einzugestehen. Friedans Buch trug dazu bei, jedwede Annahmen und sozialen Mythen zu zerstören, wonach die höchste Erfüllung der Frau ein Leben als Hausfrau und Mutter sei.

Das Unbehagen der Vorstadt-Mütter löste bei ihren heranwachsenden Töchtern Erkenntnisse über den Status der Frau aus: Ehefrauen opferten ihre Ausbildung und ihre Talente für die ihres Mannes; Frauen schufteten Tag für Tag zu Hause und bekamen dafür kaum Anerkennung; berufstätige Frauen verrichteten untergeordnete Arbeiten und wurden für die gleiche Arbeit sehr viel schlechter bezahlt als Männer; Mütter führten ein freudloses, eintöniges Leben, das sie müde machte, auslaugte, verwirrte und ihnen häufig genug auch den Vornamen raubte – es war in den USA gang und gäbe, daß Roger Smith' Ehefrau nur noch als Mrs. Roger Smith in Erscheinung trat.

Gleichwohl war Mrs. Roger Smith eine hingebungsvolle Mutter, die ihre Aufgabe der Kindererziehung sehr ernst nahm. Ihre Generation war mit sehr wenig groß geworden und mußte zudem immer fürchten, das wenige zu verlieren, was sie hatte. Mrs. Roger Smith war fest entschlossen, daß ihre Kinder es einmal besser haben sollten. In der Ära Kennedy wurde Ausbildung zum Garanten für eine goldene Zukunft. Die Gesellschaft nach dem Sputnik wollte ihre Kinder, sogar die Mädchen, auf das kommende Weltraumzeitalter vorbereiten. Wer in den sechziger Jahren aufwuchs, lernte zu konkurrieren und Leistungen zu erbringen.

Fran, heute vierundfünfzig, machte damals gerade den Collegeabschluß. Im Unterschied zu fast allen Gleichaltrigen wußte sie schon sehr früh, daß sie nicht wie ihre Mutter werden wollte, der es als Hausfrau und Mutter ›ungeheuer mies‹ ging. Fran hatte hochfliegende Träume, und jemandes Ehefrau zu sein gehörte nicht dazu:

> Ich bin in einer Zeit und in einer Ära aufgewachsen, als ich entweder selbst jemand sein *oder* heiraten konnte, aber nicht beides. Männer waren darauf programmiert, der Ton anzugeben. Ich hatte nicht den Eindruck, in einer Ehe unabhängig sein zu können, und ich wollte es nicht ausprobieren.

Nach dem College ging sie nach New York, um sich dort eine sinnvolle Arbeit zu suchen, und bekam eine Stelle beim Rundfunk. Obwohl sie eine hervorragende Angestellte war, kam sie nicht über den Status einer Sekretärin hinaus, also kündigte sie, arbeitete einige Zeit in der Werbung und studierte dann Finanzwissenschaften. Sie arbeitete an der Wall Street, wo sie sich in einer reinen Männerwelt behauptete. »Ich war eine der ersten fünfzig Börsenmaklerinnen in diesem Land. Doch der Weg dahin war der reine Wahnsinn. Ich mußte schon betteln, nur um das Examen machen zu dürfen.« Sie fuhr fort:

> Wissen Sie, zu meiner Zeit gab es keine Wahl. Als Frau haben Sie entweder geheiratet und Kinder bekommen, oder Sie haben nicht geheiratet und keine Kinder bekommen. Jetzt kann man in solche Entscheidungen langsam hineinwachsen, damals mußte man sich ganz klar sein. Ich wollte nie heiraten, und zu meiner Zeit konnte ich nicht allein ein Kind bekommen. Ich hatte einfach nicht das Gefühl, daß ich ohne Mann ein Kind in diese Welt setzen sollte – es wäre für das Kind zu hart gewesen. Wäre ich heute jung, ich glaube, ich würde immer noch nicht heiraten, aber ich hätte vermutlich meinen Beruf und ein Kind.
>
> Aber das war für mich kein Thema. Im Grunde ist es mir egal. Ich bin mit meinen Entscheidungen zufrieden – sagen wir zu 85 Prozent.

Auch die fünfzigjährige Judy Long gehörte zu diesen frühen feministischen ›Kriegerinnen‹. Als Kind hatte sie miterlebt, wie ihre Mutter immer zorniger und frustrierter wurde, weil sie ihre drei Kinder allein großziehen mußte, während ihr Mann im Zweiten Weltkrieg bei der Marine war. Nach Ablauf seines Wehrdienstes verpflichtete er sich erneut, weil es ihm so gut gefiel. »Im Leben meiner Mutter gab es nichts, was mich angesprochen hätte«, sagte Judy.

Das Leben ihres Vaters hingegen erschien ihr wunderbar. Als er schließlich aus dem Krieg zurückkam, war Judy begeistert von all den Umzügen und Fanfaren, die, wie sie glaubte, allein ihm galten. Er kehrte zu seiner Professur und seinem Radioprogramm im ländlichen Vermont zurück. Judy spielte an seiner Schreibmaschine, genoß die Bewunderung, die seine Studenten ihm entgegenbrachten, und beschloß, daß auch sie ein solches Leben führen wollte: Ihr Vater hatte es geschafft, ihre Mutter half ihm nur. Und so entschied sie sich zu studieren – trotz des sozialen Drucks der frühen Sechziger.

Ihre erste Stelle als Dozentin in Soziologie bekam sie an der University of Chicago, wo sie über Frauenthemen zu forschen begann:

> Ich hatte das Glück, die einzige Feministin des gesamten dortigen Lehrkörpers kennenzulernen. Sie infizierte mich mit dem Feminismus, bevor sie rausgeworfen wurde, und ich infizierte einige andere, bevor ich auch rausgeworfen wurde.
>
> Es war damals ganz unmöglich, eine Dissertation durchzubekommen, die sich mit Frauen befaßte. Viele brillante Studentinnen brachen ihr Studium ab, das können Sie sich heute kaum vorstellen. Die Annahme lautete: Wenn es um Frauen geht, kann es keine seriöse Wissenschaft sein. Die Professoren meinten, es gäbe nur einen Grund, über Frauen zu arbeiten, und der sei die völlige Unprofessionalität der betreffenden Person, die wohl ein Ventil für ihre Wut bräuchte und über ihre Forschung etwas ausagierte, statt zum Psychiater zu gehen.

Aber Judy hielt durch, bekam eine Stelle an einer sehr renommierten Universität, die ihr und anderen weiblichen Fakultätsangehörigen ein Jahrzehnt später eine feste Anstellung verweigerte. Sie verklagten die Universität, Frauen zu diskriminieren und schlechter zu bezahlen als Männer, und obwohl sie den Prozeß verloren, gab Judy nicht auf. Heute unterrichtet sie an der Universität Syracuse Frauenstudien.

Bei ihrem Kampf um Behauptung in der akademischen Welt, ›wo jeder Schritt schwierig‹ war, kam ihr nicht einmal der Gedanke an Kinder. Sie ging mit neunundzwanzig eine kurze Ehe ein und heiratete mit siebenunddreißig ein zweites Mal, sagte aber, Kinder und Beruf zusammen wären nicht möglich gewesen:

> Ich war nicht bereit, die nötigen Opfer zu bringen. Ich fühlte mich nicht besonders zur Mutter berufen, war beruflich sehr motiviert, immer sehr unabhängig und habe nie gedacht, daß jemand anders als ich selbst mich ernähren würde. Mehr war nicht möglich, ich hätte mir nicht vorstellen können, auch noch ein Kind zu versorgen.

Als Fran und Judy sich die Karriereleiter hinaufarbeiteten, verließen die sehr leistungsorientierten Mädchen der Nachkriegsgeneration die High School und wechselten sofort auf das College. Aber dort war es nicht mehr wie früher. An den Hochschulen im ganzen Land flammten Studentenproteste auf und setzten dem beschaulichen und geordneten Leben an den Colleges ein Ende. Als die Watergate-Affäre das letzte bißchen Vertrauen zerstörte, das die Amerikaner noch in ihre Regierung hatten, stellte die Generation der 68er in Scharen jede soziale und politische Institution in Frage, auf die sie traf. Die Blumenkinder lehnten die Werte ihrer Eltern ab, ihre Rollen, Lebensanschauungen, Beziehungen und ihre Lebensweise von Arbeit über Freizeit und Hausarbeit bis hin zum Sex.

Und dann erschien eine hübsche langhaarige Blondine namens Ellen Peck auf der Bildfläche und beschrieb in glühenden Farben die Vorteile des kinderfreien Lebens (»Keine haben macht Spaß«). Ihr *The Baby Trap* (1971) bedrängte Frauen geradezu, die Möglichkeit, ohne Kind zu leben, zumindest zu *bedenken,* statt einfach blind davon auszugehen, daß sie Mütter werden würden.

Die Frauen der 68er und das neue Frauenbild

Als die ersten Angehörigen der Nachkriegsgeneration vom College abgingen, hatten Frauen wie Judy Lang und Fran bereits Wege in eine aufregende neue Welt eröffnet. Diese verführerisch gleißenden Möglichkeiten verstärkten die Berufswünsche der jungen Frauen und machten Mutterschaft als Alternative noch unattraktiver. Die Frauen der Nachkriegsgeneration lehnten die Welt ihrer Mütter ab und schworen, sich nie in eine Tretmühle mit Wäschebergen und Nudelaufläufen sperren zu lassen. Sie wollten den wenigen feministischen Pionierinnen folgen, die abseits des bekannten, ausgetretenen Pfades vom College zur Wiege neue Wege gingen, und sie wollten sich die männliche Berufswelt erobern. Um zu beweisen, daß sie das konnten, mußten sie doppelt so hart arbeiten und verschoben die Mutterschaft zugunsten der Berufskarriere. Die *New York Times*-Kolumnistin Anna Quindlen beschrieb in der feministischen Zeitschrift *Ms.*, wie es ihr damals ging:

> Als ich aufwuchs, war Mutterschaft wie ein Käfig ... man blieb zu Hause und merkte, wie das Gehirn langsam ge-

nauso wurde wie das, was man in kleine Schälchen tat, in kleine Münder zu löffeln versuchte und schließlich von kleinen Fußbodenkacheln aufwischen mußte.
Als ich erwachsen geworden war, lautete die Lösung des Problems – gesetzt den Fall, man war stark genug und klug genug und wollte jemand sein –, keine Mami zu werden. Ich wollte das auf gar keinen Fall ... Ich wollte ungehindert die Spitze einer jeden Karriereleiter erklimmen, an die ich mich zu klammern vermochte. Die Frauenbewegung sprach von neuen Alternativen. Mami sein war die alte und müffelte nach Abhängigkeit vom Mann und Identitätsverlust. Was für eine Alternative sollte denn das sein?[2]

Alternative war das Zauberwort der Stunde. Mit der Pille, der Spirale und der Freigabe des Schwangerschaftsabbruchs verfügten Frauen zum erstenmal in der Geschichte über wirksame Mittel zur Empfängnisverhütung. Viele hatten am Ende ihrer Teenagerjahre den Kopf voll widersprüchlicher und verwirrender Wertvorstellungen, befanden sich »an der Spitze sozialer Veränderungen ... die ihrerseits mit sozialen Institutionen im Umbruch kollidierten«.[3] Diese jungen Frauen, aufgewachsen mit Leitbildern wie der Fernsehserie ›Mutter ist die Allerbeste‹, von traditionellen Hausfrauen erzogen und emotional auf ein Leben als Ehefrau und Mutter vorbereitet, wurden nun mit neuen Alternativen bombardiert. Viele verschmähten die »tyrannischen Konventionen der amerikanischen Familie«[4] und entschieden sich gegen den althergebrachten Weg.

Die spannende Welt von Beruf und Selbstverwirklichung veranlaßte viele junge Frauen, die Handbücher für Babypflege ebenso wie den glorifizierten Familienkult den weniger Wagemutigen und weniger Ehrgeizigen zu überlassen. Mutter werden war nun keine gesellschaftliche Forderung mehr, sondern nur eine von vielen

Möglichkeiten. Sich dafür zu entscheiden hieß, eigene Bedürfnisse anderen unterzuordnen und somit auf Erfolg und persönliches Wachstum zu verzichten. Die amerikanische Feministin Gloria Steinem sagt: »Ich hatte die Wahl, jemand anderes zu gebären oder mich selbst.«

Die späten sechziger und die frühen siebziger Jahre waren Zeiten des Experimentierens und des Umbruchs. Frauen gründeten Selbsterfahrungsgruppen, Wohngemeinschaften und Kooperativen. Ellen Peck war 1972 Mitbegründerin der National Organization for Non-Parents (Nationale Organisation der Nicht-Eltern), die später in National Alliance for Optional Parenthood umgetauft wurde, zu ihren besten Zeiten in den USA sechsundvierzig Ortsgruppen hatte und nationale Berühmtheit erlangte. Ihr Slogan lautete: »Nicht-Elternsein ist nicht nur ein Wort, es ist eine Alternative.« Die Organisation löste sich zehn Jahre später aufgrund mangelnden Interesses auf, hatte jedoch die englische Sprache um das Wort *childfree* – kinderfrei – bereichert.

In nur zehn Jahren vollzog sich »ein rasanter Umschwung von den exzessiv häuslichen Fünfzigern zu den aufmüpfigen Sechzigern und frühen Siebzigern, die die ganze Gesellschaft von Grund auf veränderten und Verwirrung und Trümmer hinterließen ... Die Generationen standen sich mit gefletschten Zähnen gegenüber«, schrieb Lance Morrow in der *Time*.[5] Die Geburtenziffer sank 1972 auf weniger als zwei Kinder pro Frau, 1976 erreicht sie ein statistisches Rekord-Tief von 1,74. Zugleich schossen die Zahlen bei der Ausbildung und Erwerbstätigkeit in die Höhe, da immer mehr junge Frauen in die bislang von Männern beherrschte Arbeitswelt eindrangen.

Doch in den achtziger Jahren schlug das Pendel zurück. Die ersten Frauen der Nachkriegsgeneration waren inzwischen Mitte dreißig, vom Berufsleben desillusioniert und sehnten sich nach einem einfacheren und traditionelleren Leben (auf den engen Zusammenhang zwischen Unzufriedenheit im Beruf und Mutterschaft werden wir im vierten Kapitel zurückkommen). Das Ticken ihrer biologischen Uhr klang zunehmend wie das laute und gnadenlose Ticken einer Zeitbombe, die ihre Gebärmutter nutzlos machen würde. Einige Frauen in den Dreißigern, sogar in den Vierzigern, begannen einen Wettlauf gegen diese Uhr, bevor es definitiv zu spät war. Und wie alles, was diese Generation tat, wurde auch ihr Kinderkriegen zu einem nationalen Thema.

Babys waren wieder modern, und die Medien ergingen sich erneut in einem romantisierten Bild der Mutterschaft. Die Fernsehwerbung für Windeln und Babybrei zeigte wieder gerührte Mütter und glucksende Putten, im Kino zerflossen die Junggesellen Ted Danson und Tom Selleck in *Drei Männer und ein Baby* und *Drei Männer und eine junge Dame* wegen einer kleine Göre. In *Baby Boom* tauschte Diane Keaton ihr Karrierekostüm gegen Schürzen und Lätzchen, und Elizabeth McGovern trug in *She Is Having A Baby* mit ihrer Entscheidung für ein Kind dazu bei, den Frauen wieder Babys zu verkaufen. Selbst Ann Kelsey, die kühle Anwältin der Fernsehserie ›LA Law‹, wollte ein Baby. Worte wie Pampers, prenatal, au pair und Tagesmutter waren bald allen vertraut.

Ohne Rollenmodelle, an denen sie sich hätte orientieren können, glaubte manche Frau, sie könne alles leisten, und versuchte, eine ›Superfrau‹ zu sein, die Beruf und Kindern gleichermaßen gerecht werden konnte. Andere meinten alles tun zu *müssen,* da die Gesellschaft erwarte, daß sie neben der Mutterschaft ihren anstrengenden Beruf beibehielten. Für viele aber blieb der Beruf das wesentliche Element ihres Lebens, mit dem ein Kind unvereinbar schien. Andere hatten zu lange gewartet. Als sie schließlich bereit waren, den Sprung zu wagen, hatte die Zeit sie oder ihren Partner unfruchtbar gemacht.

Unfruchtbarkeit ist die unerwartete Schattenseite der Frauenbewegung. Die Therapeutin Ellen ist siebenundvierzig. Sie wollte ein Kind, nachdem sie mit zweiundvierzig zum zweiten Mal geheiratet hatte:

> Meine ganze Generation war an der Frauenbewegung orientiert. Es ging um unsere Rechte und darum, ebenbürtig zu sein. Ich dachte wirklich, wir könnten alles haben – Beruf, Unabhängigkeit, sexuelle Freiheit und so weiter, und zwar ohne negative Folgen.
> Wir waren alle so naiv. Von der Bewegung begeistert, experimentierten und probierten wir. Ich mußte um den Beruf kämpfen, den ich haben wollte. Ich hatte Angst davor, eine Familie zu gründen und eingesperrt zu sein. Jüngere Frauen sind mit mehr Rollenmodellen aufgewachsen. Für sie ist manches selbstverständlich, was für meine Generation nicht selbstverständlich war. Ich weiß nicht, ob ich damals Seiten an mir hätte akzeptieren können, die traditioneller waren, die gern eine Familie gehabt hätten.
> Man kann nicht zurück. Ich war, wie ich war. Ich entschied mich und engagierte mich in meinem Beruf, den ich wirklich liebe. Das Leben meiner Mutter hinterließ bei mir den Eindruck, daß eine Familie mich zu sehr einengen würde. Es schien besser, frei zu sein und mir zu holen, was ich wollte. Viele Frauen in meinem Bekanntenkreis verschoben das Kinderkriegen. Ich glaube, uns war nicht bewußt, daß wir die Kinder nicht mehr würden haben können, wenn wir sie eines Tages wollten.

Im ganzen Land entstanden Kliniken, um unfruchtbaren Paaren zu helfen. Frauen, die in den besten Jahren ihrer Gebärfähigkeit Karriere gemacht hatten, zogen nun in Scharen zu Spezialisten, notierten jeden Morgen ihre Basaltemperatur, wurden zu Versuchskaninchen in neuen, hochtechnologisierten Baby-Fabrikationsstätten, bezahlten Leihmütter dafür, ihr Kind auszutragen, und verhalfen damit einer neuen Ära in Sachen Kinderproduktion zum Leben.

Die Frauen der Baby-Boom-Generation versuchten den Schlußpunkt des Kinderkriegens immer weiter hinauszuschieben. Berühmtheiten wie Bette Midler, Glenn Close, Ursula Andress, Amy Irving und Candice Bergen glorifizierten die späte Mutterschaft. Selbst die Nachrichtenmoderatorin Connie Chung, die in ihrer Medienkarriere alle Rekorde gebrochen hatte, sagte im Sommer 1990, sie werde nun im Alter von vierundvierzig ihre Karriere beenden, um mit allen Mitteln zu versuchen, schwanger zu werden. Vor kurzem teilten Wissenschaftler mit, nun könnten Frauen mit gespendeten Eizellen und einer Hormonbehandlung während der Schwangerschaft auch jenseits der Wechseljahre noch Kinder bekommen.

Die Jahre, in denen die Nachkriegsgeneration erwachsen wurde, waren rasante Jahre mit weitreichenden sozialen Veränderungen in Erziehung, Berufsleben und Familienstrukturen, Veränderungen, die Frauen, Ehe und Mutterschaft grundlegend beeinflußt haben.

Im Bildungsbereich zum Beispiel beendeten in den frühen sechziger Jahren weniger Frauen ein Studium als vierzig Jahre zuvor. In den siebziger und achtziger Jahren jedoch machten Frauen riesige Fortschritte. Ausbildung ist nicht nur der Schlüssel zum Beruf, sie steht auch nachweislich im Zusammenhang mit sinkenden Geburtenziffern. Werner Fornos, Experte für Bevölkerungswachstum, ist der Ansicht, die Geburtenrate könne weltweit um die Hälfte gesenkt werden, wenn für die Frauen der unterentwickelten Länder eine Schulbildung von sieben Jahren Pflicht würde.[6] Dieser Zusammenhang gilt auch für höhere Bildung: Je höher die Bildung einer Frau, desto weniger oder gar keine Kinder bekommt sie. Während 1980 elf Prozent aller Amerikanerinnen sagten, sie wollten keine Kinder, lag diese Zahl bei Frauen mit College-Abschluß bei siebzehn Prozent.

Bildungszuwachs bei Frauen in den USA

- In den fünfziger Jahren war nur jeder fünfte College-Absolvent eine Frau; 1989 waren die Hälfte der amerikanischen College-Absolventen Frauen.[7]
- 1965/66 wurden vierunddreißig Prozent der akademischen Abschlüsse und zwölf Prozent der Promotionen von Frauen gemacht. 1986/87 waren es die Hälfte der akademischen Abschlüsse und über ein Drittel der Promotionen.[8]
- 1970/71 stellten Frauen beispielsweise in den Fächern Jura, Veterinärmedizin und Humanmedizin nur sieben, acht bzw. neun Prozent der Studienabgänger.[9] 1985/86 waren es neununddreißig, einundvierzig bzw. einunddreißig Prozent.[10] 1990 waren sechsunddreißig Prozent der Studierenden im Fach Humanmedizin Frauen.

Bildungszuwachs bei Frauen in der BRD

• Abiturientinnen 1957:	33,9 %
Studentinnen 1957:	20,1 %
Abiturientinnen 1985:	48,9 %
Studentinnen 1985:	27,8 %
• Akademische Abschlüsse 1965:	25,6 %
Promotionen 1965:	17,6 %
Akademische Abschlüsse 1986:	40,0 %
Promotionen 1986:	25,0 %
• Studienabgängerinnen 1971/72:	
Rechts- und Wirtschaftswissenschaften:	12,48 %
Veterinärmedizin:	26,0 %
Humanmedizin:	25,21 %

Studienabgängerinnen 1987:	
Rechts- und Wirtschaftswissenschaften:	32,3 %
Veterinärmedizin:	53,0 %
Humanmedizin:	38,0 %

- Medizinstudentinnen 1991: 44,0 %

Eine bessere Ausbildung bringt bessere berufliche Möglichkeiten und stärkeres berufliches Engagement mit sich. Neunundfünfzig Prozent aller berufstätigen Frauen in den USA verrichten zwar auch heute noch schlechtbezahlte, traditionell Frauen vorbehaltene Arbeiten im Dienstleistungsgewerbe und in der Administration, aber inzwischen streben immer mehr Frauen typische Männerberufe an.

Bessere Berufsmöglichkeiten für Frauen in den USA

- 1984 gab es zehnmal so viele Juristinnen wie noch zwanzig Jahre zuvor, 1989 gab es *vierundzwanzigmal* so viele Anwältinnen und Richterinnen (180 000) wie 1960.[11]
- 1989 waren fast zwanzig Prozent der amerikanischen Mediziner Frauen – fast siebenmal mehr als 1960. Die Anzahl der Ingenieurinnen stieg von 7404 im Jahr 1960 auf 17 400 im Jahr 1989.[12]
- Die Zahl der Frauen in leitenden Stellungen hat sich von 1970 bis 1980 nahezu verdoppelt und steigt weiter.[13] 1990 waren bereits zweiunddreißig Prozent aller Informatiker und nahezu die Hälfte aller Steuerberater und Wirtschaftsprüfer Frauen.[14]
- 1987 waren doppelt so viele Firmen im Besitz von Frauen wie noch zehn Jahre zuvor.[15]

Bessere Berufsmöglichkeiten für Frauen in der BRD

- Juristinnen:
  1975: 1 888 (Staatsanw., Rechtsanw., Anwaltsnotare)
  1983: 7 173 (wie oben, plus Richterinnen, für die 1975 keine Zahl vorliegt)
  1989: 12 319 Nicht aufgeführt sind weibliche Notare, da sie erst seit 1991 gesondert gezählt werden.
- Medizinerinnen:
  1960: 14 698
  1988: 47 700
  1991: 82 018
- Ingenieurinnen:
  1976: 7 000
  1989: 26 000
- Frauen in leitenden Stellungen:
  1982: 22 000
  1989: 47 000
  Datenverarbeitung 1989: 382 000 Frauen (von insgesamt 719 000)
  Steuerberaterinnen und Wirtschaftsprüferinnen 1989: 51 % (keine genauen Zahlen)
- Firmenbesitzerinnen:
  1975: 10 %
  1989: 33 % (keine genauen Zahlen)

Diese Frauen, die scharenweise auf die Universitäten und in qualifizierte Berufe strömten, können ihre Gebärfähigkeit nahezu völlig kontrollieren. Durch den verbreiteten Gebrauch der Pille und die Legalisierung des Schwangerschaftsabbruchs liegt es nur an ihnen, ob und wann sie Mutter werden. Frauen bleiben länger ledig und verschieben in den USA die Heirat auf das Rekordalter von vierundzwanzig Jahren (das mag jung erscheinen, heißt aber, daß jede zweite älter ist als vierundzwanzig). Und je länger sie mit dem Heiraten warten, desto schwieriger wird es. Sie identifizieren sich stärker mit ihrem Beruf, gewöhnen sich an ihre Unabhängigkeit, und es gibt weniger ungebundene Männer, unter denen sie wählen können. Außerdem stehen bei der steigenden Scheidungsrate auch viele verheiratete Frauen eines Tages wieder allein da.

Immer mehr Menschen leben außerhalb eines traditionellen Familienverbandes; 1989 waren nur wenig mehr als die Hälfte aller Erwachsenen (sechsundfünfzig Prozent) verheiratet und lebten mit ihrem Ehepartner. 1970 waren es noch einundsiebzig Prozent.[16]

Doch selbst wenn Frauen heiraten, verschieben viele ihr erstes Kind auf später, und das kann Einfluß darauf haben, ob sie überhaupt je Kinder bekommen.

Das Kinderkriegen verschieben in den USA

- Anfang der siebziger Jahre hatte über ein Drittel aller Frauen mit Anfang zwanzig kein Kind. Heute ist es nahezu jede zweite (sechsundvierzig Prozent).
- 1976 hatten nur dreizehn Prozent der Frauen zwischen dreißig und vierzig keine Kinder. 1988 waren es zwanzig Prozent, jede vierte Frau mit College-Ausbildung zwischen fünfunddreißig und fünfundvierzig Jahren hat keine Kinder.[17]
- 1988 war über ein Drittel (achtunddreißig Prozent) aller Frauen im gebärfähigen Alter (achtzehn bis vierundzwanzig) kinderlos. Zweiundzwanzig Prozent der Frauen zwischen dreißig und vierzig hatten keine Kinder, 1976 waren es nur dreizehn Prozent gewesen.

Das Kinderkriegen verschieben in der BRD

- Bekam Anfang der 70er Jahre noch jede dritte Frau mit Anfang zwanzig ihr erstes Kind, so ist es heute nur noch jede sechste. 1964 kamen 147 Lebendgeborene auf je 1000 Frauen im Alter von 22 Jahren, 1989 waren es nur noch 51.

- Das Durchschnittsalter bei der ersten Geburt erhöhte sich von 1970 mit 24,4 Jahren bis 1989 auf knapp 27 Jahre.
- Bei den über 30jährigen war die Erstgeburtentendenz zwischen 1975 und 1989 steigend, insgesamt um 38,6 Prozent. Kamen 1975 noch 52,5 Lebendgeburten auf 1000 Frauen im Alter von 32 Jahren, so waren es 1989 bereits 75,8.

Quellen: Statistisches Bundesamt, Bundesrechtsanwaltskammer, Bundesärztekammer, verschiedene Publikationen.

Die Kluft zwischen Kinder wollen und Kinder bekommen

Laut eigenen Aussagen glauben neunzig Prozent aller Amerikanerinnen, daß sie irgendwann einmal ein Kind bekommen werden, die schlichte Wahrheit jedoch ist, daß die Erwartung, ›irgendwann einmal‹ ein Baby zu haben, etwas völlig anderes ist, als es tatsächlich zu bekommen. Wenn eine Frau nicht verheiratet ist, werden ihre Heiratschancen mit dem Alter immer geringer.[18] Auch wenn sie verheiratet ist, wird es mit den Jahren immer wahrscheinlicher, daß sie aufgrund von Scheidung, Beruf, Unfruchtbarkeit oder anderer gravierender Lebenseinschnitte kein Kind bekommen wird. Jede dritte Ehe, die geschieden wird, ist kinderlos, jedoch betonen Experten immer wieder, Kinderlosigkeit sei nicht der Scheidungsgrund. Diese Ehen waren von kürzerer Dauer und lassen sich einfacher beenden, wenn sie mißlingen.[19]

Wenn Frauen im Beruf zufrieden sind, engagieren sie sich nicht nur stärker, sie sind auch finanziell unabhängiger und kennen andere berufstätige Frauen ohne Kinder. Das Kinderkriegen kann unter diesen Umständen zweitrangig werden.

Das Kinderkriegen verweigern

Die ältesten Frauen der Baby-Boom-Generation – die 1989 zwischen vierzig und vierundvierzig Jahre alt waren – kommen langsam in die Wechseljahre.

Sie waren die ersten ihrer Generation, die den Mythos Ehe und Mutterschaft radikal in Frage stellten. Sie waren auch die ersten, die scharenweise in jene qualifizierten Berufe eindrangen, die bislang Männern vorbehalten waren. Sie entkamen so der lebenslangen Festlegung auf typische Frauenberufe und konnten die Chancenvielfalt und Ungebundenheit genießen. Ihr Segen – und ihr Fluch – war, daß sie wählen konnten.

Noch 1986 prognostizierten einige Experten, daß bis zu dreißig Prozent dieser Frauen – und zwanzig Prozent der Ehefrauen – keine Kinder bekommen würden.[20] Was sie nicht vorhersahen, war der Umschwung zum Kinderkriegen und der sich daraus ergebende Anstieg von Erstgeburten bei relativ alten Frauen.

Der so entstandene ›kleine Baby-Boom‹ produzierte nahezu ebenso viele Kinder wie die fünfziger Jahre. 1990 war der Geburtenanstieg bei Frauen zwischen sechsundzwanzig und dreiundvierzig Jahren am höchsten. Die Geburtenrate lag mit zwei Kindern pro Frau weit unter dem Rekord von 3,7 im Jahre 1957, aber höher als das Rekordtief von 1,7 im Jahr 1976.[21] Dennoch hat sich ein beträchtlicher Prozentsatz der Nachkriegsgeneration diesem Trend nicht angeschlossen. Fünfzehn Prozent (vierzehn Prozent der Ende der vierziger Jahre, sechzehn

Prozent der Anfang der fünfziger Jahre geborenen Frauen) haben keine Kinder, gegenüber zehn Prozent im Jahre 1976.[22] Siebzig Prozent dieser Frauen waren nie verheiratet.

Internationale Zahlen zur sinkenden Geburtenrate

- Die Flucht aus der Elternschaft ist in Europa noch ausgeprägter. Dort liegt die Geburtenrate in den meisten Ländern unter den 2,1 Kindern pro Frau, die nötig wären, um die Bevölkerungszahlen konstant zu halten. In Spanien und Italien, Ländern mit traditionell großen Familien, liegen die Zahlen heute bei 1,3 bzw. 1,29 Kinder pro Frau.[23] Westdeutschland hat eine Rate von 1,39 Prozent und ein eigenes Wort für die Ablehnung von Kindern: Kinderfeindlichkeit. 1985 ergab eine Befragung, daß neunzig Prozent der Westdeutschen Beruf und Besitz wichtiger finden als Kinder.[24] Im gleichen Jahr war etwa jede fünfte westdeutsche Ehe kinderlos.[25]
- In Portugal, Griechenland, Luxemburg, den Niederlanden, Belgien und Dänemark liegen die Geburtenraten zwischen 1,5 und 1,62, in Großbritannien bei 1,85. Sachverständige schätzten 1987, daß dort elf Prozent der Fünfunddreißigjährigen gewollt kinderfrei waren (Unfruchtbarkeit ist nur in drei bis fünf Prozent aller Fälle die Ursache der Kinderlosigkeit).[26]
- In Frankreich ist die Geburtenrate so niedrig, daß die Regierung Paaren, die Kinder bekommen, großzügige Finanzhilfen bietet. Dennoch stagniert die Rate bei 1,8 Kindern pro Frau.

Die Nachkriegsgeneration rüttelt am Mythos Familie

Familien und Haushalte sind heute ganz anders als vor dreißig Jahren. Es gilt nicht mehr als schrullig, ohne Kinder zu leben, und zum erstenmal in der Geschichte der Vereinigten Staaten leben in nahezu zwei Dritteln aller Haushalte keine Kinder, 1960 war es nur jeder zweite. Diese Haushalte bestehen aus Verwitweten, Jungverheirateten, Alleinstehenden sowie Eltern mit erwachsenen Kindern. Die ›typische‹ amerikanische Familie mit Mama, Papa und Kindern gibt es nicht mehr: Sie machte 1988 weniger als ein Drittel aller Familien aus gegenüber vierundvierzig Prozent im Jahre 1960.[27]

Und es gilt auch nicht mehr als schrullig, allein zu leben: Ein Drittel aller amerikanischen Haushalte sind Einpersonenhaushalte, und daß eine Mutter ihre Kinder allein aufzieht, ist wahrscheinlicher denn je zuvor. Ein Viertel der Haushalte mit Kindern führen Alleinerziehende, und in neun von zehn Fällen sind dies Frauen. Das sind doppelt so viele Haushalte mit alleinerziehenden Müttern wie 1970, fast dreimal so viele wie in den vierziger Jahren.[28] (In Großbritannien ist es etwas besser: Jede achte Familie mit Kindern unter achtzehn Jahren ist ein alleinerziehender Haushalt, aber auch dort handelt es sich in neun von zehn Fällen um Frauen.)[29]

Der Trend

Frauen gehen nicht mehr davon aus, daß sie heiraten, zu Hause bleiben und Kinder erziehen werden. Bei einer Umfrage der Zeitschrift *Time* sagten 1990 sogar ein Drittel aller jungen Frauen zwischen achtzehn und vierundzwanzig, sie wollten keinesfalls zu Hause bleiben und Kinder großziehen.[30] Unabhängig davon, ob sie ein Kind wollen oder nicht, locken völlig neue Chancen die Frauen von heute in unerwartete Richtungen. Sie sind wirtschaftlich unabhängiger denn je, sie haben häufig einen Beruf, der ihnen Freude macht und ihrem Leben einen Sinn gibt. Heirat und Kinder zu verschieben ist inzwischen üblich, gesellschaftlich akzeptiert und angesichts der sicheren Methoden der Empfängnisverhütung leicht durchführbar. Die Zeit vergeht, es geschehen unvorhersehbare Dinge – Ehen oder Beziehungen zerbrechen, eine Karriere verlangt verstärktes Engagement, medizinische Gründe stehen einer Schwangerschaft im Wege, vielleicht taucht der Wunsch nach einem Kind nicht auf, oder er schwindet, bevor er umgesetzt wird.

Eine signifikante Minderheit von Frauen wird niemals Kinder bekommen. Wer sind sie? Warum sind sie nicht Mutter geworden?

Viertes Kapitel

Wer hat keine Kinder?

> Wie verschieden auch die Schicksale scheinen, es waltet doch ein gewisser Ausgleich zwischen Glück und Unglück.
>
> *La Rochefoucauld*

Wie wirken sich das Heiratsalter einer Frau, ihre Orientierung an traditionellen Rollenmodellen und Werten sowie ihre finanzielle Situation auf ihre Gebärfreudigkeit aus? Welche Faktoren spielen die größte Rolle? Welche Ereignisse im Leben einer Frau können dazu führen, daß sie kinderlos bleibt?

Ältere Frauen kennen, wie sie selbst sagen, nur wenige Frauen, die nie Kinder hatten – und dies sind vor allem Frauen, die nie verheiratet waren, sowie einige wenige Ehefrauen, die vermutlich nicht schwanger werden konnten. Viele erinnern sich an eine Tante, an ihre Grundschullehrerin und an ältere College-Professorinnen, vor allem an Frauen-Colleges. Frauen unter fünfzig hingegen kennen viele kinderlose Frauen; und je jünger sie sind, desto mehr kennen sie.

Bei berühmten Frauen denkt man sofort an die Schauspielerin Katherine Hepburn, das Paradebeispiel eines ungezügelt freien Geistes, der zu unabhängig ist, sich durch Ehemann oder Kinder binden zu lassen. Als nächstes denken wir Amerikanerinnen natürlich an Frauen wie die Journalistin Helen Gurley Brown und die Feministin Gloria Steinem: die eine preist die sexuellen Freuden einer Ehe ohne Mutterschaft in schillernden Farben;

die andere, selbst schillernd, kämpft für die Rechte der Frauen. Und auch andere berühmte Frauen ohne Kinder fallen uns ein: Diane Sawyer, Dolly Parton, Betty White, Marlo Thomas, Oprah Winfrey, Ann Beattie und Elizabeth Dole. In der Vergangenheit gehören dazu so brillante Frauen und Pionierinnen wie Jane Austen, Emily Dickinson, Georgia O'Keeffe, Amelia Earhart, Beryl Markham, Lillian Hellmann, Emily Brontë, George Eliot, Virginia Woolf, Simone de Beauvoir und Anaïs Nin (die eine Totgeburt hatte).

Die Forschung unterscheidet zwei Arten von Frauen ohne Kinder: ein Drittel sind ›gewollt‹, zwei Drittel ›ungewollt kinderlos‹ – das heißt, ein Drittel wählt bewußt ein Leben ohne Kinder, zwei Drittel können aus Gründen, die sich ihrer Kontrolle entziehen, keine Kinder bekommen.[1]

Aber Frauenleben lassen sich nicht so einfach in Entweder-Oder-Kategorien packen. Denken Sie an Randy, von der im ersten Kapitel die Rede war. Bevor sie dreißig wurde, war sie bereits verheiratet und wieder geschieden, und damals hatte sie keine Kinder gewollt. Mit siebenunddreißig heiratete sie ein zweites Mal und wurde bald schwanger, war aber immer noch nicht bereit für ein Kind, so daß sie sich für einen Schwangerschaftsabbruch entschied. Als sie einige Jahre danach glaubte, schwanger zu sein, hätte sie das Kind gern gehabt, war aber, wie sich herausstellte, doch nicht schwanger. Damals wollte sie ein Kind, doch aus medizinischen Gründen mußte ihre Gebärmutter entfernt werden. Sie ist sowohl gewollt wie ungewollt kinderlos.

Welche ›Art‹ Frau hat keine Kinder? Grob gesprochen, ist die Ehe das wichtigste Kriterium: Im allgemeinen haben Verheiratete Kinder, Ledige nicht (mehr über unverheiratete Mütter im Kapitel 5).

Verblüffenderweise bleibt eine Frau um so eher kinderlos, je später sie heiratet. Dies scheint naheliegend, trifft aber während der gesamten Spanne ihrer Gebärfähigkeit zu. So wird eine Braut im Teenageralter mit größerer Wahrscheinlichkeit Mutter als eine Braut von Anfang zwanzig; diese wird mit größerer Wahrscheinlichkeit ein Baby bekommen als eine, die schon Anfang dreißig ist.

Kathleen Kiernan vom Family Policy Studies Center in London befragte Frauen, die zwischen 1936 und 1940 geboren wurden, und fand heraus, daß nur vier Prozent der Frauen, die im Teenageralter heirateten, keine Kinder hatten. Doppelt so viele waren es bei den Frauen, die zwischen zwanzig und vierundzwanzig, und nochmals doppelt so viele bei denen, die zwischen fünfundzwanzig und neunundzwanzig geheiratet hatten. Ein weiteres Mal verdoppelte sich die Rate bei Frauen, die bei ihrer Heirat zwischen dreißig und vierunddreißig Jahre alt gewesen waren! Obwohl alle diese Frauen biologisch ohne weiteres Kinder bekommen konnten, war es bei den Bräuten Ende zwanzig *viermal* wahrscheinlicher als bei den minderjährigen Bräuten, daß sie nicht Mutter werden.

Ende dreißig sinkt die Fruchtbarkeit ab, so daß die Zahlen hier verständlich sind: Von den Frauen dieser Studie, die bei ihrer ersten Eheschließung zwischen fünfunddreißig und neununddreißig Jahre alt waren, blieb die Hälfte kinderlos, von denen über vierzig bekam nur jede vierte ein Kind.[2]

Kiernan fand die gleiche Verteilung bei amerikanischen, englischen und walisischen Frauen, bei heute Dreißigjährigen ebenso wie bei Siebzigjährigen, und sogar bei Frauen, die in den sechziger Jahren des letzten Jahrhunderts geboren wurden.

Was mag der Grund dafür sein? Da die Gebärfähigkeit etwa bis zur Mitte des vierten Lebensjahrzehnts nahezu gleichbleibend ist, können physiologische Faktoren generell ausgeschlossen werden. Kiernan vermutet, daß die Gründe für die späte Heirat dieser Frauen auch für ihre Kinderlosigkeit ausschlaggebend sind. Kinderlose Frauen haben in der Regel eine höhere Schulbildung und einen Beruf mit höherem Prestige als vergleichbare Frauen mit Kindern. Sie haben also zunächst statt Ehe eine längere Ausbildung gewählt und waren erwerbstätig. Vielleicht wurden Kinder mit der Zeit weniger wichtig, oder sie waren es schon von Anfang an. Die Reihenfolge ist schwierig zu entscheiden – es ist die alte Frage nach der Henne und dem Ei.

Kiernan fand überdies zwei überraschende Korrelationen, als sie die Frauen näher betrachtete, die zehn Jahre und länger verheiratet waren. Einzelkinder waren doppelt so häufig kinderlos wie Frauen mit Geschwistern. Noch eigentümlicher war, daß Frauen, deren erste Menstruation vor dem 13. Lebensjahr eintrat, Jahrzehnte später mit größerer Wahrscheinlichkeit keine Kinder bekamen. Kiernan meint, dies liege daran, daß Mädchen ohne Geschwister ihre Periode tendenziell früher bekommen. Dieser Zusammenhang ist schon länger bekannt, aber bislang unerklärlich. Kiernan vermutet, daß Einzelkinder möglicherweise aus Familien mit gynäkologischen Problemen stammen und aus diesem Grund Einzelkinder sind. Andererseits sind Einzelkinder statistisch gesehen überdurchschnittlich häufig gewollt kinderlos. Daher ist auch denkbar, daß ihr Anteil den Prozentsatz von Einzelkindern unter den Kinderlosen nachhaltig beeinflußt.[3]

Worin unterscheiden sich die Kinderfreien/Kinderlosen sonst noch von anderen? Obwohl kinderlose Ehepaare statistisch gesehen viel weniger religiös sind als Ehepaare mit Kindern, fehlen eindeutige Forschungsergebnisse über den Zusammenhang von Kinderlosigkeit und Religionszugehörigkeit. Eine Studie ergab, daß unter nichtreligiösen und protestantischen Frauen die Kinderlosigkeit am höchsten ist, eine andere fand sie bei Baptistinnen und Methodistinnen, unmittelbar gefolgt von Katholikinnen. Eine dritte Studie konnte keinerlei Verbindung zur Religionszugehörigkeit feststellen.[4]

Wissenschaftler fanden auch signifikant mehr Kinderlose in Städten sowie im Westen und Nordosten der Vereinigten Staaten, und dies ist einsichtig. In diesen Gegenden sind die beruflichen Chancen groß, und alternative Lebensformen werden eher toleriert.[5]

Was sonst trägt zur Kinderlosigkeit bei? Eine große Rolle spielt, wie traditionsverbunden eine Frau ist. In der Vergangenheit trotzen nur sehr unkonventionell eingestellte Frauen der Norm, zu heiraten und Kinder zu bekommen. Einige Frauen verspürten zwar kaum das Bedürfnis, Mutter zu werden, doch dies blieb unausgesprochen, und für die meisten waren Kinder keine Frage der Entscheidung. Sie wurden ›zwangsläufige‹ und oftmals unzufriedene Mütter, die sich durch die Mutterschaft benachteiligt und ihrer Freiheit sowie Selbstbestimmung beraubt fühlten. Das trifft auch auf viele Mütter der für dieses und ähnliche Bücher befragten Frauen zu. Hoffentlich werden in dem heutigen, sozial freieren Klima, das Frauen eine Wahl ermöglicht, weniger Frauen mit solchen Gefühlen Mütter.

Frauen mit unkonventionellen Zügen bleiben eher kinderlos. 1987 ergab eine Studie der University of Virginia, daß die Frage, ob eine Frau Kinder bekommen wird, sehr viel damit zu tun hat, wie traditionell ihr Bild von Mutterschaft ist. Frauen entscheiden sich nicht für oder gegen Kinder, weil sie die Vor- und Nachteile abwägen, sondern weil sie auf symbolische Werte achten. Konventionelle Frauen werden mit größter Wahrscheinlichkeit Hausfrauen und Mütter, »wohingegen ›emanzipierte‹ Frauen«, so der Soziologe Steven Nock, »nach Erfolg, Ungebundenheit und beruflichem Fortkommen streben«. Obwohl viele von ihnen einmal Mütter werden, bewerten sie, so Nock, Elternschaft eher wie Väter; im Vergleich zu traditionellen Müttern widmen diese Frauen ihren Mutterpflichten weniger Zeit und Aufmerksamkeit.[6] Veevers und andere konstatieren zwar, daß gewollt kinderfreie Frauen sich selbst nur in einem Punkt als nicht-traditionell und von der Norm abweichend einstufen, nämlich darin, keine Kinder zu haben, daß sie aber *de facto* in Fragen der Geschlechterrollen, in ihren Beziehungen und der Rollenverteilung bei Hausarbeit, Entscheidungen, Finanzen usw. tendenziell gleichberechtigter, also nicht-traditionell sind.[7] Von den Frauen, die ich interviewte, bezeichnete sich etwa jede zweite als unkonventionell.

Da Frauen heute so viele Alternativen haben, verwundert es nicht, wenn so viele – vor allem die berufstätigen – unsicher und zwiespältig sind in der Frage, ob und wann sie Kinder möchten. Um den Entscheidungsprozeß dieser Frauen zu verstehen, befragte Kathleen Gerson, Soziologin an der New York University und Verfasserin des Buches *Hard Choices: How Women Decide About Work, Career, and Motherhood* (1985) dreiundsechzig Frauen der Nachkriegsgeneration im Alter zwischen siebenundzwanzig und siebenunddreißig Jahren.

Sie kam zu dem Ergebnis, daß die Einstellung, die eine Frau in jüngeren Jahren zum Mutterwerden hatte, wenig Einfluß darauf hat, ob sie es tatsächlich wird. Sie fand vier wichtige, miteinander verknüpfte Faktoren, die Frauen abhielten, Kinder zu bekommen:

1. *Instabile Ehen oder Beziehungen.* Dies ist »eines der folgenschwersten und desorientierendsten Ereignisse« und kann eine Kettenreaktion auslösen, die schließlich zur Kinderlosigkeit führt. Alle romantischen Vorstellungen von der Mutterschaft verblassen rasch, so Gerson, wenn die männliche Unterstützung fehlt.

Mitunter glauben Frauen, sie hätten den Mann gefunden, mit dem sie ein Kind bekommen wollen, und sind trotzdem wenige Jahre später wieder allein. Das Gefühl, gestrandet zu sein, löst bei diesen Frauen den Wunsch nach größerer Eigenständigkeit aus. Sie stürzen sich in den Beruf oder andere Arten der Selbstverwirklichung. Kinderpläne werden verschoben, bis sich eine stabile Beziehung ergibt. Unterdessen entdecken sie neue Talente oder auch Interessen, denen sie bislang nicht nachgegangen waren.

Die siebenundvierzigjährige Therapeutin Ellen ist ein gutes Beispiel. Sie war fünf Jahre lang High-School-Lehrerin und heiratete mit siebenundzwanzig. Die Ehe war nie stabil genug für ein Kind: »Ich wußte, daß diese Ehe keine Zukunft hatte, darum habe ich damals nicht versucht, Kinder zu bekommen.«

Sie ließ sich fünf Jahre später scheiden, »da bekamen gerade alle Babys. Aber weil ich keine feste Beziehung hatte, dachte ich nicht an Kinder. Eine gute Beziehung war mir immer wichtiger, als bloß ein Kind zu haben.« Sie entschied sich, ihren beruflichen Traum zu verwirklichen, kehrte zur Universität zurück und wurde Psychotherapeutin. In den folgenden zehn Jahren lebte sie nur für ihre Arbeit. Als sie mit zweiundvierzig wieder heiratete, war es zu spät. Nach zwei bitteren Jahren, in denen sie nicht schwanger werden konnte, gab sie im Alter von fünfundvierzig Jahren den Gedanken an ein Kind auf.

2. *Das Gefühl, ein Kind sei eine zu große finanzielle Belastung.* Auch das ist für Frauen ein wichtiger Grund, sich gegen Kinder zu entscheiden, selbst wenn sie in einer stabilen Beziehung leben. Betrachten sie Kinder als potentielle wirtschaftliche Belastung, werden Frauen versuchen, eine Schwangerschaft zu verschieben. Diese scheinbar nebensächliche und nur für den Augenblick gültige Entscheidung scheint keine Konsequenzen zu haben, ist sie doch nur »ein Hinausschieben der tatsächlichen Entscheidung *für* das Kind«, schreibt Gerson. »Doch das Resultat war häufig das Gegenteil dieser Erwartung.«[8]

So erzählt die dreiundvierzigjährige Diane, die im mittleren Management einer großen Firma arbeitet:

> Als junges Mädchen dachte ich immer, daß ich eines Tages heirate und Kinder kriege. Aber als ich mit fünfundzwanzig heiratete, war mein Mann finanziell nicht bereit für ein Kind, also beschlossen wir zu warten. Wie sich zeigte, war er sowieso nicht der Richtige für mich, also ließen wir uns vier Jahre später scheiden.

Obwohl Diane seither immer Beziehungen hatte, darunter sogar eine, die zehn Jahre dauerte, gab es nie mehr eine Konstellation, die für Kinder angemessen gewesen wäre. Sie ist froh, keine alleinerziehende Mutter zu sein, was sie, wie sie sagt, heute sicher wäre, wenn sie in ihrer ersten Ehe ein Kind bekommen hätte. Aber es stimmt nachdenklich, daß eine Entscheidung, die sie mit sechs- oder siebenundzwanzig Jahren traf, dauernde Kinderlosigkeit zur Folge hatte – etwas, das sie weder erwartet noch geplant hatte.

Finanzielle Erwägungen waren auch für die heute fünfundsechzigjährige Dolores der Grund, Kinder zu verschieben, obwohl sie, anders als Diane, seit zweiundvierzig Jahren verheiratet ist. Als sie ihren Mann kennenlernte, war sie einundzwanzig Jahre alt und Sekretärin in einem Versandhaus. Das war Ende der vierziger Jahre, alle bekamen Babys, und sie rechnete damit, auch eins zu bekommen.

> Als wir heirateten, verdiente er als Buchhalter nicht viel. Wir sagten, wenn er 100 Dollar die Woche verdient, kriegen wir ein Kind. Damals konnten wir es uns nicht leisten, wir lebten in einer Kellerwohnung, gingen aber doch davon aus, eines Tages Kinder zu haben. Dann beschlossen wir zu warten, bis er 150, dann 200 Dollar die Woche verdiente, es wurde immer mehr, und dabei blieb es dann. Wir verschoben so lange, bis wir schließlich sagten, wir sind zufrieden. Der Wunsch, ein Kind zu bekommen, legte sich einfach.

3. *Nicht zu Hause bleiben wollen.* Berufstätige Frauen verschieben Kinder vor allem, weil es ihnen langweilig, einsam und wie eine Degradierung vorkommt, ihretwegen zu Hause bleiben zu müssen. »Mutterschaft bedeutet für viele nicht nur Isolierung, sondern auch, und das ist viel schlimmer, persönliche Herabsetzung. Die Angst davor veranlaßte einige der Befragten, Häuslichkeit und eine mögliche Mutterschaft abzulehnen«, berichtet Gerson.[9] Dazu Janice, vierundvierzig Jahre alt, Anwältin, verheiratet:

> Ich glaube, ich würde mich elend fühlen, wenn ich mit einem Kind zu Hause bleiben müßte. Wir würde die Welt draußen fehlen, die Aufregung und Herausforderung meiner Arbeit. Wenn ich ein Kind bekäme, möchte ich es richtig machen und die bestmögliche Mutter sein. Ich finde das zu wichtig, um das Baby einem Kindermädchen zu überlassen, jedenfalls in den ersten Jahren. Aber im Grunde möchte ich es nicht.

Diese Frauen sehen Kinder häufig als Falle und schätzen das häusliche Leben gering; sie beziehen ihre Identität und ihr Selbstwertgefühl aus ihrem Beruf und widmen sich völlig ihrer Arbeit. Wenn sie aufgrund ihrer Lebensumstände nicht doch noch umdenken, schwindet ihr Kinderwunsch mit Ende dreißig, Anfang vierzig, und ihr Beruf wird für ihre Selbstachtung und Zufriedenheit immer wichtiger.

4. *Berufschancen.* Gerson kam in ihrer Studie zu dem faszinierenden Ergebnis, daß Berufschancen die Entscheidung einer Frau für oder gegen Kinder maßgeblich beeinflussen. Entschieden Berufstätige sich für ein Kind, so Gerson, dann folgten sie nicht einem tiefempfundenen abstrakten ›Kinderwunsch‹, sondern einer Kombination zweier Faktoren. Der erste war eine stabile, gute Beziehung. Zweitens gewann das Zuhausebleiben immer dann an Attraktivität, wenn berufliche Frustrationen größer wurden als der Spaß. »Viele Frauen entschieden sich nicht für ein Kind, um ein tiefes emotionales Bedürfnis zu befriedigen, sondern weil es die beste von mehreren unattraktiven Alternativen war.«[10] Mit anderen Worten, wenn die Arbeit langweilig wird, die Karriere stagniert oder einfach ihren Glanz und ihre zentrale Bedeutung im Leben verliert, wird der Gedanke an ein Kind attraktiver. Der ›häusliche Rasen‹ wirkt grüner, die geschützte Welt des Heims erfüllender. Der ›richtige‹ Zeitpunkt, so Gerson, ging durchweg einher mit Unzufriedenheit im Beruf.[11]

Ann beispielsweise war schon zweimal geschieden, als sie mit achtundzwanzig wieder zu studieren begann, ihren Abschluß in Betriebswirtschaft machte und Personalchefin eines großen Unternehmens wurde. Sie arbeitete viel und gern. Als sie mit fünfunddreißig einen

Mann heiratete, der keine Kinder wollte, ließ sie sich vor der Hochzeit sterilisieren:

> Hätte ich das damals nicht getan, hätte ich vermutlich mit Ende dreißig ein Kind haben wollen. Mein Beruf befriedigte mich nicht mehr, und ich hätte ebensogut zu Hause bleiben können. Wenn ich Kinder bekommen hätte, wäre das eine Rechtfertigung gewesen, nicht mehr zu arbeiten.

Frauen, die in solch kritischen Momenten befördert werden oder eine neue berufliche Chance bekommen, fühlen sich in ihrer Entscheidung für den Beruf bestätigt und halten ihren Kinderwunsch auf kleiner Flamme.

Gerson verweist darauf, daß »Frauen mit sinkender beruflicher Motivation die befreienden, nährenden und befriedigenden Aspekte der Mutterschaft hervorheben, während Frauen mit beruflichen Ambitionen deren potentiell negative Aspekte betonen«.[12]

So sprach Linda davon, daß sie Kinder immer mochte, ihr aber die Vorstellung, selbst Kinder zu bekommen, wie eine Falle vorkam. Außerdem wurden ihre Arbeitsstellen immer besser und spannender. Sie begann als Erzieherin in einer Kindertagesstätte und wurde dann Leiterin eines örtlichen Schulförderungsprogramms. Sie herirate mit zweiundzwanzig sofort nach dem College und ist siebzehn Jahre später immer noch mit diesem Mann verheiratet:

> Wir dachten, daß wir Kinder bekommen würden, aber jedesmals, wenn unser Leben ruhiger wurde, tat einer von uns, meist ich, etwas, um es zu verändern – meistens war es eine bessere Stelle. Ich dachte, ich würde eine gute Mutter sein, konnte mir aber nie vorstellen, daß das mein Leben ausfüllen würde. Familie haben und Mutter sein war eben Frauenschicksal und nichts, was mir damals der Mühe wert oder interessant genug erschien.

Mit achtundzwanzig bot man ihr die Stelle einer Leiterin des Krebsberatungszentrums ihres Bundesstaates an. Linda arbeitete drei Autostunden von der Stadt entfernt, in der ihr Mann sein Geld verdiente. Beide sahen sich ein Jahr lang nur am Wochenende, und als Linda ungeplant schwanger wurde, war ihre Beziehung so schlecht wie nie zuvor.

> Er haßte seine Arbeit, zwei Wohnungen kosteten sehr viel Geld, und meine neue Stelle war wirklich aufregend. Er fühlte sich wie ein Märtyrer, weil er mich mit einem alten Auto besuchen mußte, das ständig kaputtging. Ich fand meine Arbeit wunderbar, er seine unerträglich. Wir konnten kaum miteinander reden, als beschlossen wir, dies sei nicht der richtige Zeitpunkt für ein Kind. Ich war neunundzwanzig. Ich war sehr enttäuscht, hatte aber dennoch einen Abbruch.

Dann bekam Ed eine Stelle in der gleichen Stadt wie Linda. Nach zwei Jahren trat er eine noch bessere Stelle an, die eine Stunde entfernt war, und wieder führten sie ein Jahr lang eine Wochenendehe. Dann wurde sie bei einer staatlichen Agentur Leiterin der Mitarbeiterfortbildung. Zur Zeit pendelt sie jedes Wochenende drei Stunden zu dem Haus, das sich beide auf einem bewaldeten Hügel gebaut hatten.

> Ich war immer unschlüssig, ob ich Kinder haben wollte oder nicht. Als ich älter wurde, schien es langsam zu spät, um damit anzufangen. Als wir vor einigen Jahren das letzte Mal ernsthaft darüber sprachen, wurde uns beiden klar, daß wir so sehr glücklich sind.

Der Zusammenhang zwischen beruflicher Unzufriedenheit und dem Entschluß, den Job aufzugeben, um ein Kind zu bekommen, zeigt sich vielleicht am deutlichsten bei Lisa. Sie hat Kinder immer geliebt, war jahrelang Babysitterin und hat in Feriencamps, Krankenhäusern und einer Adoptivagentur mit Kindern gearbeitet. Als sie vierundzwanzig Jahre alt war, heiratete sie und arbeitete ganztags in einer Agentur für Adoptiv- und Pflegekinder. Mit sechsundzwanzig beschloß sie, ein Kind zu bekommen.

> Ich dachte, daß ich wirklich ein Kind wollte. Ich arbeitete mit Babys, ich fand sie wundervoll und hatte mir immer vorgestellt, einmal sechs Kinder zu haben. Als mein Mann und ich uns kennenlernten, gingen wir beide davon aus, daß wir Kinder haben würden. Er war für mich der erste Mann, der seßhaft werden und eine Familie gründen wollte. Das war mir wichtig.
> Nach zwei Jahren sagte ich ihm, daß ich ein Kind wolle. Meine Arbeit war anstrengend und belastete uns beide. Ich werde seine Antwort nie vergessen: »Willst du ein Kind, oder willst du nur aufhören zu arbeiten?«
> Ich wäre nie auf den Gedanken gekommen, ohne Grund meinen Job aufzugeben. Ich war so erzogen worden, daß eine Frau aufhört zu arbeiten, wenn sie ein Kind bekommt, sonst arbeitet sie. Ja, ich wollte aufhören, und ich dachte, dazu müsse ich ein Kind bekommen.

Lisa gab ihren Beruf auf, begann zu malen und verschob eine Schwangerschaft auf später. Zwei Jahre vergingen, sie war sehr zufrieden mit dem Malen, dem Haushalt, den Campingfahrten an jedem Wochenende und den ausgedehnten Sommerreisen. Die Leute fragten: »Bekommen Sie denn jetzt nicht Ihr Kind?«

> Und ich dachte, das macht mir viel zuviel Spaß, um ein Kind zu bekommen. Ich brauche kein Kind mehr. Ich weiß nicht, welche Bedürfnisse damals den Wunsch in mir ausgelöst haben. Es war wohl die Sehnsucht nach einem Geschöpf, das einen bedingungslos liebt, nach dieser wunderbaren, liebevollen, innigen Beziehung. Aber die hatte ich mit meinem Mann, dazu brauchte ich kein Kind.

Lisa ist heute sechsundvierzig. Sie war nie mehr erwerbstätig und hätte vermutlich ein Baby bekommen, um zu kündigen, wenn ihr Mann ihr nicht nahegelegt hätte, erst zu kündigen und abzuwarten, was geschieht. Sie ließ sich mit fünfunddreißig sterilisieren und hat es nie bedauert.

Wer also hat keine Kinder? Offensichtlich Frauen, die meinen, nicht in der entsprechenden Beziehung zu leben, außerdem Frauen, die nie Mutter werden wollten. Aber viele haben keine Kinder aufgrund von vor langer Zeit gefällten Entscheidungen.

Gerson: »Selbst Entscheidungen, die überaus sorgfältig erwogen werden, haben oft unbeabsichtigte Folgen. Veränderungen geschehen nicht einfach, weil sie angestrebt werden, sondern auf grundlegendere Weise: Scheinbar statische, isolierte, bedeutungslose Entscheidungen haben nur vage antizipierte Langzeitfolgen.«[13]

Mit anderen Worten, es ist Schicksal, daß manche Frauen keine Kinder haben. Im Verlauf ihres Lebens gelangen sie an wichtige Wendepunkte, wo sie wählen und handeln müssen. Sie treffen ihre Entscheidungen – wie nebensächlich, zwiespältig, umstritten auch immer – so gut sie können und aufgrund der verfügbaren Informationen. Diese Entscheidungen können unbeabsichtigte und unerwartete Konsequenzen haben; ein Leben ohne Kinder kann dazugehören.

Fünftes Kapitel

Frauen, die nie verheiratet waren

Wie kann ich es wagen, nicht zu heiraten? Wie seltsam. Wie kühn. Wie traurig. So jedenfalls dachten viele. Wenn meine Knie zittern würden, hätte ich das auch gedacht. Aber zum Glück sind meine Knie kräftig und halten mich gerade, wenn Leute mich mit diesem herablassenden Blick und mitleidigen Ton behandeln.

Einundachtzigjährige[1]

Sie sind nicht Hälften, bedürftige Ergänzungen, wie die meisten Frauen; sie sind ausgewogene, abgerundete Charaktere; daher ... Vorbilder, denen die Durchschnittsfrau, der wir täglich begegnen, nacheifern sollte.

Susan B. Anthony, 1877[2]

Die alte Jungfer ist tot. Gott sei Dank. Mary Tyler Moore und Marlo Thomas begannen in den sechziger und siebziger Jahren mit ›The Mary Tyler Moore Show‹ und ›That Girl‹, das Stigma abzuschütteln. Sie waren charmante, verletzliche Frauen im Berufsleben, die frei sein wollten, und wir alle verliebten uns in ihren Humor und Esprit. Candice Bergens ›Murphy Brown‹ ist die Superledige der neunziger Jahre – gescheit, atemberaubend und lustig –, Lichtjahre entfernt vom Bild der ledigen Frau, das noch vor einigen Jahren Konjunktur hatte: spröde, kauzige, verblühte und prüde Seelen wie jene, die in Barbara Pyms Romanen im Pfarrhaus ein und aus gehen.

Zu den ›alten Jungfern‹ unserer Tage gehören einige überaus attraktive Frauen, die sich mit einer bewundernswerten Verve durch ihr fünftes Lebensjahrzehnt bewegen: Jacqueline Bisset, Lauren Hutton, Julie Christie, Linda Ronstadt, Teri Garr, Bernadette Peters, Betty Thomas und Brooke Adams, nur um einige zu nennen.

Aber Frauen, die nie geheiratet haben, sind in dieser auf Paar und Familie ausgerichteten Gesellschaft noch immer eine Minderheit. Die meisten von uns heiraten mindestens einmal, auch wenn wir später wieder aussteigen. Weniger als zehn Prozent der Amerikanerinnen heiraten nie. Und noch immer gibt es zahllose Stereotype.

Eine ältere Variante der stereotypen alten Jungfer ist die ältliche, meist sexuell unterdrückte Frau, eigensinnig, aber tüchtig, die ihr Leben in den Dienst am Nächsten stellt, wie Katherine Hepburn in *African Queen*, Jane Fonda in *Old Gringo* und Maggie Smith in *Beste Jahre der Miss Jean Brodie.* Eine andere ist Agatha Christies ältliche Detektivin Miss Marple, die so unauffällig und unsichtbar ist, daß sie unbemerkt überall herumschnüffeln kann.

Ein Stereotyp neueren Datums ist die schöne Frau, die völlig in Beruf und Karriere aufgeht, wie die berühmte Tänzerin, die Anne Bancroft in *Am Wendepunkt* spielt, oder Cagney in der Fernsehserie ›Cagney und Lacey‹. Warum aber muß die von Bancroft dargestellte Frau emotional leiden, warum muß Cagney Probleme mit Alkohol und Vergewaltigung haben?

Und selbst wenn wir in Murphy Brown und Molly Dodd aus ›The Days and Nights of Molly Dodd‹ einige kluge, lustige und attraktive Rollenmodelle haben (obwohl Molly Dodd nach einer frühen kurzen Ehe geschieden wurde und jetzt alleinerziehende Mutter ist), betrachten viele Menschen ledige Frauen noch immer als verzweifelt und/oder neurotisch, wie Diane Keaton in *Auf der Suche nach Mr. Goodbar*, oder als dubiose Gestalten: sexuell verführerisch, aber von einem neurotischen oder psychotischen Zug besessen, wie Blanche in *Endstation Sehnsucht*, Glenn Close in *Eine verhängnisvolle Affäre* oder die weiblichen Bösewichter in Raymond Chandlers Philip-Marlowe-Krimis.

Unsere Sprache ist noch immer sexistisch und bietet eine unschmeichelhafte Sicht des weiblichen Ledigseins: Ein unverheirateter Mann ist ein beneidenswerter ›Junggeselle‹ (auch wenn die Forschung uns informiert, daß statistisch Junggesellen die unglücklichsten Menschen mit der niedrigsten Lebenserwartung sind), aber für eine Frau ohne Ehemann ist das Wort ›Junggesellin‹ noch immer ungewöhnlich – im Grunde gilt sie nach wie vor als ›alte Jungfer‹.

Während der Kolonialzeit haben in Amerika nur wenige Frauen nicht geheiratet. Im ausgehenden neunzehnten Jahrhundert erreichte ihre Zahl einen einmaligen Rekord: Elf Prozent der Frauen, die zwischen 1865 und 1875 geboren wurden, heirateten nie.[3] Um diese Zeit waren ledige Frauen der weißen Mittel- und Oberschicht bemüht, den Status des Unverheiratetseins aufzuwerten, und gründeten den ›Cult of Single Blessedness‹ (›Kult des gesegneten Junggesellinnenlebens‹). Dann aber verfiel das Ansehen der unverheirateten Frau wieder, das Leben als ledige Frau wurde »abgewertet und galt als persönliches Versagen«.[4] Nicht einmal fünf Prozent aller Amerikanerinnen, die während des Ersten Weltkriegs geboren wurden, waren nie verheiratet.

Wie schon im zweiten Kapitel erwähnt, waren unverheiratete Frauen der Arbeiterklasse in der Regel zu einem Leben als Hausangestellte verdammt – als Kindermädchen, Hausmädchen oder Haushälterin der Mittel- und Oberschicht. Stammte die Unverheiratete aus der Mittelschicht und hatte Schulbildung, diente sie der Menschheit in aller Regel als Lehrerin, Nonne, Krankenschwester, Bibliothekarin oder Sekretärin. Besonders fleißige Frauen mochten Wissenschaftlerinnen werden, die dann die Frauen-Colleges intellektuell lebendig hielten.

1987 waren sieben Prozent aller Amerikanerinnen zwischen fünfunddreißig und vierundvierzig noch nie verheiratet, insgesamt waren zum Zeitpunkt der Befragung fast dreiundzwanzig Prozent unverheiratet. Daß eine Geschiedene wieder heiratet, ist recht wahrscheinlich, aber die Wahrscheinlichkeit, daß eine niemals verheiratete Frau heiratet, sinkt mit zunehmendem Alter drastisch.

Eine umstrittene Harvard-Yale-Studie aus der Mitte der achtziger Jahre behauptete, wenn eine Frau mit fünfunddreißig noch unverheiratet sei, sänken ihre Chancen, jemals zu heiraten, auf fünf Prozent; mit vierzig sei die Chance nur noch ein Prozent. Diese Fachleute sagten 1986 voraus, daß zweiundzwanzig Prozent aller Frauen, die Mitte der fünfziger Jahre geboren wurden und eine College-Ausbildung haben, niemals heiraten würden, im Vergleich zu nur neun Prozent der College-Absolventinnen, die zwei Jahrzehnte früher geboren wurden.[6] Nach heftiger Kritik überprüfte das Team aus Betriebswirten und Soziologen seine Zahlen und behauptete nun, daß 11,5 Prozent aller weißen Frauen, die Mitte der fünfziger Jahre geboren wurden und mindestens die High-School abgeschlossen haben, niemals heiraten würden.[7]

Andere Forscher jedoch meinen, daß die Zahlen keineswegs so hoch sind. Demographen des amerikanischen Bundesamtes für Statistik werteten andere Daten aus und kamen zu dem Ergebnis, daß die Heiratschancen einer fünfunddreißigjährigen, ledigen College-Absolventin zweiunddreißig bis einundvierzig Prozent betragen, die einer vierzigjährigen siebzehn bis dreiundzwanzig Prozent.[8]

Obwohl ein Drittel der amerikanischen Erwachsenen ledig ist, waren nur fünf Prozent aller Frauen über fünfunddreißig nie verheiratet. Aber das wird sich ändern: Schätzungen aus dem Jahre 1988 gehen davon aus, daß bis zu dreißig Prozent aller Amerikanerinnen ledig bleiben werden. 1972 lag diese Zahl noch bei dreizehn Prozent. Möglicherweise bleiben jetzt und in Zukunft mehr Frauen ledig, weil viele Vorteile, die eine Ehe früher mit sich brachte, wie Sex, finanzielle Sicherheit und sogar Kinder, jetzt auch ohne Trauschein zu haben sind.

Julie, fünfundfünfzig, Krankenschwester, ist aus dem am häufigsten angegebenen Grund unverheiratet geblieben: Sie hat nicht den Richtigen gefunden. Sie mochte keine Kompromisse eingehen und war sicher, es sei besser, ledig zu bleiben, wenn sie so starke Zweifel hatte:

> Ich habe keine Kinder, weil ich nie einen Mann so gern hatte, daß ich ihn hätte heiraten wollen. Ich wollte glücklich verheiratet oder glücklich ledig sein. Ich glaube, eine glückliche Ehe ist der glücklichste Zustand. Aber nach dem zu urteilen, was ich so höre, ist eine unglückliche Ehe der unglücklichste Zustand. Und ich würde nicht gern als ledige Frau ein Kind aufziehen müssen.

Auch wenn Julie recht damit hat, daß die Ehe der glücklichste Zustand ist – Verheiratete stufen sich selbst als glücklicher ein, als Ledige es tun –, beginnt sich die Lücke zu schließen. So sagten Anfang der siebziger Jahre dreißig Prozent mehr verheiratete als unverheiratete Frauen (zwischen fünfundzwanzig und neununddreißig Jahren), sei seien ›sehr glücklich‹. Anfang der achtziger Jahre war die Differenz auf zwölf Prozent geschrumpft.[9]

Julie ist ›recht‹ glücklich; sie hat seit neun Jahren einen festen Freund und bedauert nicht, nie geheiratet zu haben.

Auch Hilda, neunundsechzig Jahre alt, fand keinen

Mann, den sie gern geheiratet hätte, also blieb sie zu Hause bei ihrer Mutter, bis sie fünfzig Jahre alt war. Sie hatte immer wenig Geld, und als Hilda zwölf Jahre alt war, starb ihr Vater. Sie war die Älteste, die Mutter erwartete ihr viertes Kind, und die Familie lebte in den zwanziger und dreißiger Jahren von Sozialhilfe. Hilda konnte mit Stipendien das College besuchen und arbeitete schließlich für das Sozialamt, das ihre Familie Jahre zuvor unterstützt hatte. Sie war deren ›Paradebeispiel‹. Über Männerbeziehungen und Ehe sagt sie:

> Während des Colleges hatte ich einige Chancen bei Männern, danach brachten Freunde mich mit diesem und jenem zusammen. Aber ich verstand mich mit keinem wirklich gut, und als ich auf die Vierzig zuging, wurde mir klar, daß ich nicht heiraten würde.

Hilda wurde lange von einer kontrollierenden, dominierenden Mutter vereinnahmt. »Ich hatte keine Privatsphäre«, sagte sie mir. »Meine Mutter mischte sich immer ein, egal, was ich tat. Ich bin erst von zu Hause weg, als ich schon 50 war!« Hilda hätte sehr gern Kinder gehabt, und als ihre Schwägerin Mann und Kinder verließ, war sie froh, neun Jahre lang ihre Nichte und ihren Neffen betreuen zu können. Sie meint, wenn sie einige Jahrzehnte später geboren wäre, hätte sie, ob mit Ehemann oder ohne, Kinder bekommen:

> Ich bedaure, daß ich keine Kinder habe. Ich glaube, ich wäre eine sehr gute Mutter gewesen. Aber jetzt, wo ich älter bin, bin ich auch so sehr zufrieden. Manchmal gibt es mir einen Stich, wenn meine Freundinnen über ihre Kinder sprechen, und selbst wenn ich dann über meine Nichte und meinen Neffen spreche, die für mich wie meine Kinder sind, weiß ich doch, daß sie es nicht sind.
> Hin und wieder wünsche ich mir, daß ich Kinder bekommen hätte, aber so war es eben nicht, und das akzeptiert

man. Ich hatte ein gutes und erfülltes Leben und bin immer noch mit Vergnügen berufstätig.

Hilda zieht aus ihrer Arbeit als Sozialarbeiterin ungeheuer viel Befriedigung und Erfüllung; sie wurde vom Gouverneur zum ›Sozialarbeiter des Jahres‹ ernannt, organisiert noch immer Beratungsstellen zur Verhinderung von Schwangerschaften bei Minderjährigen und hilft, in ihrem Bundesstaat ständig neue Programme dieser Art einzuführen. Wenn sie ihr Leben noch einmal leben könnte, würde sie, wie sie sagt, »viel früher von meiner Mutter wegziehen. Ich weiß, daß mein Leben anders verlaufen wäre.« Sie bedauert, daß sie nicht früher eine Therapie begonnen hat, um genug Selbstvertrauen und Mut zu finden und sich der Kontrolle ihrer Mutter zu widersetzen.

Für viele Frauen, die nie verheiratet waren, scheint das Thema Kinder zweitrangig, weil so viele andere Bedingungen nicht erfüllt sind. Laura, fünfundvierzig, Stadtplanerin, nie verheiratet, beschreibt den Kontext, in dem sie sich Kinder immer vorgestellt hat:

> Ein Kind zu bekommen war für mich immer eingebettet in eine lange Reihe von Bedingungen. Ich dachte mir das etwa so: Wenn ich jemanden kennenlerne, den ich liebe und mit dem ich leben möchte, und wenn er wirklich Kinder haben will, und wenn er, in Worten wie in Taten, jemand ist, der es wirklich ernst damit meint, und wenn das Geld reicht, und wenn der Mond richtig steht – Sie verstehen. Ernster und gründlicher als auf diese Weise habe ich mich nie mit dieser Frage befaßt. Ich habe die Möglichkeit mit vierzig abgehakt. Das war der Wendepunkt, da ich zu diesem Zeitpunkt keine sexuelle Beziehung zu einem Mann hatte.

Lauras lange Liste von Bedingungen ist nicht vollständig. Um ganz präzise zu sein, müßte sie hinzufügen: »Und wenn ich schwanger werden und das Kind austragen könnte, und wenn ich meinen Job aufgeben oder eine gute Kinderbetreuung finden könnte«, und so weiter.

Die ehemalige Tänzerin Pamela hingegen, einundsechzig und sehr elegant, hat nicht geheiratet, weil sie es nicht wollte. Sie verwarf die Institution Ehe zugunsten eines unabhängigen, ungebundenen Lebens. Wie Susan B. Anthony schrieb: »Die Frau, die nicht *beherrscht* werden will, muß ohne Ehe leben.«[10] Ganz ähnlich die Schauspielerin Julie Christie in einem 1988 erschienenen Interview mit *Cosmopolitan:* »Seit Kinderzeiten hatte ich nicht die Absicht, jemals irgend jemanden zu heiraten. Was ich vom Leben wollte, war... ohne jede Bindung frei zu sein. Das hat sich nie geändert.«

Pamela lebt auf dem Land in Vermont, sehr abgelegen in einem kleinen Holzhaus, das sie vor zwanzig Jahren mitgebaut hat. Als wir miteinander sprachen, hatte sie ihr langes silberbraunes Haar zu einem lockeren Knoten hochgesteckt und trug Birkenstock-Sandalen. Im Gespräch gestikuliert sie so anmutig mit den Händen, wie nur eine Tänzerin es kann. Sie erzählte von ihren Jahren als Berufstänzerin und als Dozentin für Tanzpädagogik an einer großen Universität. Mit fünfzig bereiste sie ein Jahr lang die USA und sorgte mit ihren Auftritten in jeder Stadt für Aufsehen.

> Ich bin in New Orleans aufgewachsen und hatte schon als kleines Kind eigene Vorstellungen von meinem Leben. Ich bin immer davon ausgegangen, daß ich heiraten und Kinder bekommen würde, wußte aber zugleich sehr genau, wer ich war und was ich wollte.

Nach dem College unterrichtete sie kurze Zeit, gehörte in den fünfziger Jahren vier Jahre lang einer Modern-Dance-Compagnie an, tanzte dann in New York, machte eine Ausbildung zur Tanzpädagogin und begann mit sechsunddreißig, an einer Universität zu lehren. »Ich war sehr unabhängig«, erzählte sie mir. »Mein Vater hat mich darin immer bestärkt, außerdem führen Tänzer und Tänzerinnen kein normales Leben.«

Als sie an die Universität kam, habe sie gespürt, wie Männer, die nach einer Ehefrau Ausschau hielten, instinktiv einen Bogen um sie machten.

> Ich wollte nie, daß mir jemand sagt, was ich tun soll, das ist einer der Gründe, warum ich nie geheiratet habe. Wenn ich nah dran war, und das war recht oft, sagte ich jedesmal: »Ohhh, Moment mal!« Heutzutage ist es vielleicht einfacher, zu heiraten, ohne dieses Gefühl von Panik zu bekommen. Mein Ideal ist es, einen beständigen, nicht aber einen ständigen Gefährten zu haben. Das machen nicht viele Männer mit.

Jetzt hat sie Beziehungen zu jüngeren Männern. Sie weiß, daß diese Männer sich irgendwann einmal für eine jüngere Frau entscheiden, um mit ihr seßhaft zu werden. Bis dahin genießt sie ihre Gesellschaft. Und was ist mit Kindern?

> Ach, manchmal tut es mir leid. Ich bin sicher, daß diese Verbindung etwas Besonderes ist, vorausgesetzt, man schafft es, eine gute Beziehung aufzubauen, es gibt ja ganz wenige, aber ich kenne doch einige. Aber diese Gefühle sind nicht so intensiv. Wichtiger ist mir, jemanden zu haben, der mir nahesteht, einen Gefährten.

Auch Fran, die vierundfünfzigjährige Börsenmaklerin, die schon im dritten Kapitel zu Wort kam, ist immer ledig geblieben, weil sie nicht glaubte, heiraten und zugleich sie selbst bleiben zu können.

> Wenn ich hätte heiraten wollen, wäre ich verheiratet. Ich habe immer gewußt, daß ich das nicht wollte. Zu meiner

> Zeit waren Männer darauf programmiert zu dominieren, und ich glaubte, in einer Ehe nicht unabhängig bleiben zu können. Und ich bin nicht zu einer Zeit aufgewachsen, in der es akzeptabel war, ohne Ehemann ein Kind zu bekommen. Wäre ich zehn oder fünfzehn Jahre später geboren, ich hätte allein ein Kind bekommen.

Fran sagt, es tue ihr hin und wieder leid, keine Kinder zu haben. Sie ist aber wie viele kinderlose Frauen der Meinung, ihrer Nichte und ihrem Neffen ein wichtiger Mensch zu sein. Ihre Schwester wollte den Sohn nicht mehr um sich haben, als er ein rebellischer Teenager wurde, und so lebte er von seinem dreizehnten bis zu seinem dreiundzwanzigsten Lebensjahr bei Tante Fran. Ein Gutteil dieser Zeit wohnte auch seine Schwester dort.

Obwohl es noch nie so viele ledige Frauen gab, die Kinder bekommen und aufziehen, ohne mit dem Vater des Kindes zusammenzuleben (1989 waren es in den USA 2,6 Millionen)[11], werden neunzig Prozent der Frauen, die nie heiraten, auch nie Mütter.[12] Doch scheint sich dieser Trend rapide zu verändern. 1985 waren zweiundzwanzig Prozent (bei schwarzen Amerikanerinnen sechzig Prozent) aller Gebärenden ledig, im Gegensatz zu fünf Prozent (bei Schwarzen zweiundzwanzig Prozent) im Jahre 1960.[13] 1988 hatten siebzig Prozent der ledigen Frauen Anfang vierzig keine Kinder (dreiundachtzig Prozent der weißen, dreiunddreißig Prozent aller schwarzen Frauen).[14]

Viele unverheiratete Mittelschichtfrauen sagen, sie hätten gern ein Baby, aber nur in einer liebevollen, auf gegenseitiger Unterstützung basierenden Ehe. Solange sie ledig sind, bleibt der Kinderwunsch vage und wird selten zum Thema. So auch bei Phyllis. Sie kam 1913 als achtes von neun Kindern zu Welt und arbeitete viele Jahre als Diätköchin in einem Krankenhaus. Hätte sie geheiratet, hätte sie auch Kinder bekommen; aber da sie ledig blieb, hat sie sich mit dem Gedanken an ein Kind nie näher befaßt.

> Keine Kinder zu haben habe ich nie als Stigma empfunden. Ich denke, die Frage war eher, warum ich nicht geheiratet habe. Ein Kind zu haben fand ich nie wichtig, aber ich hätte gern geheiratet.

Janet, eine fünfundvierzigjährige College-Angestellte, hatte kaum Männerbekanntschaften und ging immer davon aus, daß sie ledig bleiben würde.

> Ich dachte nie, daß ich heiraten würde, darum habe ich mich auch nicht mit dem Gedanken an Kinder beschäftigt. Nicht, daß ich nicht gern geheiratet hätte, ich fand es nur nicht selbstverständlich wie die meisten Frauen. Ich war immer sehr wißbegierig, das war meine Priorität.

Beide Frauen sind sehr unabhängig, und auch wenn sie Kontakt zu Kindern im Freundes- und Verwandtenkreis haben, bedauern sie es nicht, selbst keine zu haben.

Nur wenige Studien haben sich mit älteren, nie verheirateten Frauen und ihrer Einstellung zu Kinderlosigkeit befaßt. Eine kleine, 1989 veröffentlichte Studie fand eine fast exakte Zweiteilung, wenn auch die Frauen, die nichts bedauerten, leicht in der Überzahl waren. Von fünfzehn Frauen des Jahrgangs 1910 bedauerten acht weder ihr Ledigsein noch ihre Kinderlosigkeit, da sie meinten, beides sei für sie die bessere Lebensentscheidung. Drei waren unschlüssig, weil sie gern Kinder gehabt hätten, es aber nicht bedauerten, nie geheiratet zu haben, vier waren über beides enttäuscht. Zwei Drittel der Befragten waren stolz, für Nichten und Neffen eine ›Ersatzmutter‹ zu sein.[15]

In einer anderen Untersuchung mit achtzig nie verheirateten Frauen zwischen dreißig und achtundsiebzig bedauerten nur wenige, nicht geheiratet zu haben. Die Wissenschaftler fanden allerdings bei älteren Frauen »mit einer Regelmäßigkeit Bedauern« darüber, keine Kinder zu haben. »Mit Sicherheit empfinden nicht alle alten Frauen so, aber bei denen, die sich Kinder gewünscht haben, ist das Anhalten dieses Wunsches bis ins hohe Alter hinein ebenso erstaunlich wie bewegend.«[16]

Eine andere Studie untersuchte fünfzig Frauen zwischen sechsundsechzig und einhundert Jahren, davon gut ein Drittel in akademischen Berufen. Sie wurde 1987 von Barbara Simon, Professorin für Sozialarbeit, durchgeführt. Die Studie ergab, daß fünfundsiebzig Prozent dieser Frauen ledig bleiben wollten. Die meisten nannten als Gründe finanzielle und emotionale Unabhängigkeit sowie Hingabe an ihren Beruf; sieben wollten nicht heiraten, weil sie keine Kinder haben wollten. Simon stellt zwar fest, daß »die meisten« bei der Erziehung ihrer Nichten und Neffen eine wichtige Funktion hatten und ihre Rolle als Tante überaus ernst nahmen, erwähnt aber nicht, wie sie ihre Kinderlosigkeit empfanden.

Heute können unverheiratete Frauen, die einen starken Kinderwunsch verspüren, auch Kinder bekommen, ohne wie früher mit schwerwiegender gesellschaftlicher Ausgrenzung rechnen zu müssen. Und doch finden viele Elternschaft an sich schon so schwierig, daß es zu aufreibend wäre, es allein zu versuchen. Sie haben allerdings einen Vorteil, der erst auf den zweiten Blick deutlich wird: Im Gegensatz zu Ehepaaren werden sie gesellschaftlich nicht unter Druck gesetzt, Kinder zu bekommen. Niemand erwartet von einer unverheirateten Frau, daß sie Kinder zur Welt bringt oder adoptiert.

Einige der ledigen Frauen, die für dieses Buch interviewt wurden, äußerten tiefstes Bedauern darüber, daß sie keinen Partner haben, mit dem sie ihr Leben teilen können. Selbst wenn sie früher einmal davon ausgegangen waren, Kinder zu haben, bedauerten sie ihre Kinderlosigkeit nur selten. Leid tat es ihnen vor allem dann, wenn ihre verheirateten Freundinnen sich mit den Leistungen ihrer Kinder brüsteten. Doch in den mittleren Lebensjahren haben sie gelernt, ihre Kinderlosigkeit ebenso zu akzeptieren wie ihr Ledigsein: Es gehört zu ihrem Leben, und sie haben auch die Vorteile schätzengelernt. Dazu die fünfundfünfzigjährige Julie:

> Ich hätte sehr gern Kinder und Enkel gehabt und die Freuden erlebt, die damit einhergehen. Aber mir ist ja auch der Kummer erspart geblieben, den ich bei manchen Müttern über ihre Kinder erlebt habe. Ich habe mein Leben genossen und glaube nicht, daß ich es anders machen würde, wenn ich noch mal von vorn anfangen könnte.

Diese Vorteile werden ebenfalls von den Frauen sehr geschätzt, die ganz bewußt keine Kinder bekommen haben. Ihnen wenden wir uns im nächsten Kapitel zu.

Sechstes Kapitel

Kinderfrei leben als Entscheidung

> Die Gründe für mein Leben ohne Kinder sind Unabhängigkeit, Stabilität und die Tatsache, daß ich nie einen starken Kinderwunsch hatte. Wir sind seit sechzehn Jahren verheiratet und haben eine sehr enge Beziehung. Anfangs war ein Kind eine entfernte Möglichkeit. Aber ich sah, wie gleichaltrige Frauen, meine Kolleginnen, Freundinnen und Verwandten ihre Kinder großzogen, und das hat mich nicht gereizt. Ich habe immer die Herausforderung geliebt, jeden Tag in der New Yorker Geschäftswelt zu bestehen. Ich wollte nie zu Hause bleiben, um Ehefrau und Mutter zu spielen. Ich war frei, zu tun, was ich wollte, zu reisen und mich zu amüsieren, ohne angebunden zu sein. Wir sind beide liebevoll und fürsorglich, aber wir sahen uns nie der schwierigen Aufgabe gewachsen, uns ein Leben lang um Kinder zu kümmern. Ich habe ein ausgefülltes Leben, ich fühle mich wohl. Ich bin im Fühlen und Denken völlig frei. *Louise, 42*

Wie die gerade zitierte zweiundvierzigjährige Louise wollen viele kinderlose Frauen es nicht anders haben. Sie haben sich bewußt gegen Kinder entschieden. Warum? Freiheit. Freiheit ist der mit Abstand am häufigsten genannte Grund für Frauen, kinderfrei leben zu wollen – frei von den Verantwortungen der Kindererziehung, frei, um persönliche Ziele und Selbsterfüllung zu verfolgen, frei von finanziellen Problemen, von den Sorgen und Belastungen, in einer schwierigen und vielschichtigen Gesellschaft Kinder aufzuziehen.

›Gewollt kinderfreie‹ Frauen lassen sich in zwei Kategorien einteilen: Die einen haben sich schon in jungen

Jahren entschieden. In die andere Gruppe gehören Frauen, die das Kinderkriegen immer wieder verschieben; sie sehen sich nie in der Lage zu einer endgültigen Entscheidung und treffen sie daher passiv, indem sie sich *nicht* entscheiden. Manche mögen der Meinung sein, man solle diese ›Zögernden‹ zu jenen Frauen zählen, denen der Zeitpunkt für ein Kind nie passend erschien (siehe Kapitel sieben), doch Forscher rechnen sie zu den gewollt Kinderlosen, da sie in langjährigen, festen Beziehungen leben, eine Schwangerschaft bewußt aufschieben und so in die Kinderlosigkeit hineindriften. Der wesentliche Faktor, der sie hindert, ein Kind zu bekommen, ist ihr eigener Entschluß zu warten.

Helen Brooks, heute sechsundsechzig Jahre alt, ist eine ›Frühentschiedene‹. Sie wußte schon als Jugendliche, daß sie keine Kinder wollte. Sie wuchs in Kansas, im Herzen Amerikas, auf und wollte trotz des Baby-Booms, der Mitte der fünfziger Jahre um sie herum tobte, kein Kind bekommen. Wie viele Frauen, die sich gegen Kinder entscheiden, wollte auch sie das mühselige Leben ihrer Mutter nicht wiederholen.

> Meine Mutter war ein richtiges Stadtmädchen und wäre gern Krankenschwester geworden, aber ihr wohlhabender Vater wollte nichts davon hören. Also wurde sie Lehrerin und bekam in dieser Zeit eine Stiefmutter. Für meine Mutter war die zweite Frau ihres Vaters die Verkörperung der ›bösen Stiefmutter‹, und sie rebellierte. Sie, eine College-Studentin mit hervorragenden Leistungen, heiratete einen Bauern, der nicht einmal die Volksschule beendet hatte, und führte zu Beginn der zwanziger Jahre ein Leben auf dem Land. Nach drei Kindern – ich war das zweite – ließ sie sich einreden, daß mein Vater die Familie nicht gut versorge, und kehrte mit uns zu ihrem Vater zurück. Aber zu ihrer ›bösen Stiefmutter‹ zurückzugehen war das größere von zwei Übeln, also ging sie zu meinem Vater zurück und bekam noch vier Kinder.

> Ich sah die zermürbende Arbeit, die Monotonie, die Mühsal, Kinder zu ernähren, zu kleiden und zu erziehen, und wußte, daß im Denken meiner Mutter nur das Alltägliche Platz hatte. Daher beschloß ich schon als Teenager, keine Kinder zu haben. Kinder haben das Leben meiner Mutter erstickt.

Für Jean Veevers, Verfasserin von *Childless by Choice* – eine der ersten und maßgeblichen Untersuchungen über gewollte Kinderlosigkeit –, sind derartige Geschichten typisch. Wie Helen hatte sich etwa ein Drittel der von ihr interviewten Frauen vor ihrer Heirat gegen Kinder entschieden. Eine andere Studie kommt zu dem Ergebnis, daß neun von zehn gewollt kinderlosen Ehepaaren sich, wie Helen und ihr Mann, bewußt gegen Kinder entscheiden. Die Statistik zu Eltern ist völlig anders: Zwei Drittel entschieden sich bewußt für Kinder, das letzte Drittel jedoch wurde eher passiv Eltern: Für sie war Kinderbekommen keine wirkliche Wahl, sie akzeptierten ihre Kinder, ohne sich aktiv für sie entschieden zu haben.[1]

Veevers fand heraus, daß es Frauen gibt, die wie Helen ihre Mutter *wegen* der Kinder als Märtyrerin empfanden. Die Opfer, die Mütter für ihre Kinder brachten, waren nach Meinung dieser Frauen einfach zu groß, und sie konnten sich nicht vorstellen, so zu leben.[2] Einige kinderfreie Frauen meinten auch, wegen der Kinder habe ihre Mutter die Kontrolle über ihr Leben verloren.[3]

Untersuchungen zu der Frage, ob die Kindheit kinderfreier Frauen anders verlaufen ist als die der Frauen, die Kinder haben, kommen zu unterschiedlichen Ergebnissen. Dennoch sagte etwa die Hälfte der gewollt kinderlosen Frauen, die ich selbst interviewt habe – auch Helen –, ihre Kindheit habe ihre Entscheidung beeinflußt.

Helen war nicht strikt gegen Kinder, wollte aber eigentlich keine und war froh, daß auch ihr Mann so dachte. Sie ist seit achtunddreißig Jahren glücklich verheiratet, liebte ihre Arbeit im Landwirtschaftsministerium, aber ihre Passion sind seit jeher Pferde. Da sie in Texas auf dem Land lebt, kann sie dieser Liebe frönen:

> Ich liebte Pferde schon immer, und ich wollte Unabhängigkeit, Geld und Zeit, um sie dressieren und reiten zu können. Ich habe immer Tiere gehabt – Kälber, Fohlen, junge Hunde, Kätzchen –, glaube aber nicht, daß ich einen ausgeprägt mütterlichen Pflegeinstinkt habe.
> Ich glaube genausowenig, daß ich eine gute Mutter geworden wäre. Vermutlich wäre ich zu gluckenhaft und fordernd gewesen. Ich konnte mein Leben bestimmen. Mein Mann hat mich immer in allem unterstützt. Wir hatten stets eine sehr enge Beziehung. Intimität, Sex und Spontaneität waren uns immer sehr wichtig.
> Aber am meisten schätze ich es, keine Verantwortung für das Leben eines anderen Menschen zu haben, und die Freiheit, mein Leben ohne die Ansprüche und Forderungen zu führen, die Kinder stellen. Ich habe viele Hobbys, und letztes Jahr ist mein erster Roman erschienen. Ich reite immer noch und nehme an Turnieren teil, in diesem Sommer bin ich 5000 Meilen gefahren und habe mir das Land angesehen.
> Es gibt nichts, was mir an meinem Leben ohne Kinder nicht gefiele. Ich bin mit meinen Entscheidungen völlig zufrieden – ich würde es jederzeit wieder so machen.

Obwohl Helen und die meisten kinderfreien Frauen Freiheit als wichtigsten Grund gegen Kinder nennen, sind ForscherInnen unschlüssig, wie entscheidend und allgemeingültig die genannten Gründe gegen Kinder sind. Dies liegt daran, daß die Studien mit unterschiedlichen Gruppen – wie alleinstehenden Frauen oder Ehepaaren – und unterschiedlicher Methodik arbeiten. Sharon Houseknecht von der Ohio State University hat 1988 neunundzwanzig Studien über gewollte Kinderlosigkeit ausgewertet. Sie fand heraus, daß vier von fünf Frauen, die nie Kinder hatten, Freiheit als wichtigsten Grund nannten. Zwei von drei wollten ihre enge Beziehung zu ihrem Ehepartner vor den Belastungen der Kindererziehung schützen. Etwa die Hälfte (im Gegensatz zu drei Viertel der Untersuchungen, die nur Frauen befragten) nannte die Berufstätigkeit der Frau und finanzielle Freiheit als sehr wichtige Gründe. Jede dritte sagte, daß es bereits zu viele Menschen gebe, daß sie Kinder nicht möge und/oder nicht glaube, daß sie eine gute Mutter geworden wäre. Jede vierte hatte Angst vor der Geburt, jede fünfte wollte kein Kind in eine Welt setzen, die durch Krisen, Umweltverschmutzung und dergleichen so sehr belastet ist.[4]

Hope, fünfzig Jahre alt, gehört zu den Frühentschiedenen und nannte viele dieser Gründe. Als zweitältestes von sieben Kindern fühlte sie sich weder ihrer Mutter noch ihrem Vater besonders nah – beide waren immer zu krank oder zu müde, um ihr viel Aufmerksamkeit zu schenken:

> Ich hatte keine sehr glückliche Kindheit. Wir waren eine Last für meine Mutter, harte Arbeit; meine Mutter war oft krank, erst Lungenentzündung, dann Geschwulste und anderes, mein Vater hatte ein Lungenemphysem. Ich sah, daß beide an ihren Kindern keine Freude hatten. Sie waren immer zu müde, zu beschäftigt, hatten zu große Geldsorgen. Ich habe Kinder nie als etwas erlebt, das man gern um sich hat.
> Ich wuchs also in dem Gefühl auf, daß Kinder eine Last sind und daß meine Mutter immer müde war – das ist es, woran ich mich erinnere. Sie hatte nie Zeit für sich und fand, sie hätte etwas Besseres verdient. Sie war Krankenschwester gewesen, und als sie mit dreiunddreißig heiratete, war alles vorbei.
> Schon als kleines Kind wußte ich, daß ich nie Kinder haben würde. Ich wußte es einfach. Ich sah, daß sie in mei-

nem Leben nicht vorkamen, und ich löste sogar meine zweite Verlobung, weil ich wußte, daß er eine Familie gründen wollte.
Als ich Bart kennenlernte, mußte ich ihn nicht überreden, keine Kinder zu haben. Ich glaube, ihm wäre beides recht gewesen.

Hope ist Volksschullehrerin und seit zweiundzwanzig Jahren verheiratet. Sie weiß, daß ihre Entscheidung für sie die richtige ist, und sagt: »Ich habe mich einfach nie als Mutter gesehen. Nie.«

Kinderfreie – so auch Helen, Hope und viele der von Veevers Interviewten – haben eins gemeinsam: Entweder verbrachten sie wesentliche Teile ihrer Kindheit damit, jüngere Geschwister zu versorgen, oder sie waren Einzelkinder. Eine Studie ergab, daß zwei Drittel der Kinderfreien in ihrer Jugend jüngere Geschwister hüten mußte, während das nur für ein Drittel der befragten Erwachsenen zutraf, die Eltern wurden.[5]

Erstgeborene und Einzelkinder finden sich unter den gewollt Kinderfreien überdurchschnittlich häufig. In Veevers Studie war sogar jede/r zweite Ehefrau/Ehemann, der/die sich gegen Kinder entschieden hatte, erstes und/oder einziges Kind, im Vergleich zu etwa einem Drittel der Gesamtbevölkerung.[6] (Helen und Hope sind zwar Zweitgeborene, doch beide hatten viele jüngere Geschwister, für die sie in vielerlei Hinsicht verantwortlich waren). Jede/r fünfte war Einzelkind, im Vergleich zu jedem zwanzigsten in der Gesamtbevölkerung.[7] Die inzwischen aufgelöste ›National Organization for Non-Parents‹ (Nationale Organisation der Nicht-Eltern) kam zu ähnlichen Ergebnissen: Dreiundfünfzig Prozent ihrer Mitglieder waren Erstgeborene und/oder Einzelkinder.[8] Schließlich ergab eine weitere Untersuchung von 1000 berufstätigen Frauen, die in *Kinder ja, aber später* veröffentlicht wurde, daß von den Frauen, die in der Mitte oder am Ende einer Geschwisterreihe standen, zwei Drittel ›sehr gern‹ Kinder haben wollten, während dies nur für die Hälfte der Einzelkinder und für fünfundfünfzig Prozent der Erstgeborenen galt.[9]

Warum dieser Unterschied? Erstgeborene und Einzelkinder bekommen sehr viel elterliche Aufmerksamkeit und sind daher typischerweise erfolgsorientiert und auch erfolgreich. Sie erreichen folglich ein höheres Ausbildungsniveau und eine höhere berufliche Position als Kinder, die in der Geschwisterreihe später kommen. Wie wir bereits sahen, beeinflussen diese Faktoren die Entscheidung, ob eine Frau erst spät oder gar keine Kinder haben möchte.

Manche Experten meinen, Einzelkinder wollten keine Kinder, weil sie nicht die Erfahrung machen konnten, Kinder zu versorgen oder ihre Eltern dabei zu beobachten. Andere fragen sich (auch wenn einige Untersuchungsergebnisse zu Einzelkindern dagegen sprechen), ob sie weniger bereit sind, für Kinder Opfer zu bringen, weil sie es nicht gewöhnt sind, ihre Bedürfnisse zugunsten jüngerer Geschwister hintanzustellen oder ganz aufzugeben.

Die dreiundvierzigjährige Candice zum Beispiel war das einzige Kind einer aufstiegsorientierten schwarzen Familie im westlichen Virginia.

> Ich wuchs nur unter Erwachsenen auf. Ich glaube, bei meiner Geburt waren meine Eltern schon über zehn Jahre verheiratet. Ich war sehr unabhängig, machte alles auf eine bestimmte Weise und mochte es nicht, wenn jemand das durcheinanderbrachte. Ich wollte immer ein eigenes Leben, tun können, was ich will, ohne daß mir jemand Vorschriften macht. Dies hat schon sehr früh dazu geführt, daß ich niemanden wollte, um dessen Wohlbefinden und Neigungen ich mich kümmern muß.

Familie und Kinder *per se* habe ich nie gemocht. Ich wollte immer meinen eigenen Haushalt, in dem ich allein das Sagen habe. Hin und wieder habe ich überlegt, ob es vielleicht einen Mann gibt, mit dem ich gern leben würde, aber ich bin ihm leider, leider nie begegnet.
Aber wenn ich mir meinen »Traummann« vorstellte, dann waren da nur wir zwei – keine Kinder. Ich habe mir nie, nicht eine Sekunde lang, ein Kind gewünscht.

Die fünfzigjährige Judy Long, Professorin für Frauenstudien, repräsentiert einen anderen, unter Kinderfreien recht üblichen Typus: Sie identifizierte sich schon seit jeher stärker mit ihrem Vater, was zur Folge hatte, daß sie sehr leistungsorientiert wurde. Parallel dazu lehnte sie ein Leben wie das ihrer Mutter ab.

Ich bin ziemlich sicher, daß meine Mutter überaus zornig und frustriert war. Sie hatte nach ihrer Heirat kein Geld, und als der Zweite Weltkrieg ausbrach und mein Vater eingezogen wurde, war sie nicht auf die Entbehrungen vorbereitet, drei Kinder praktisch allein aufziehen zu müssen.

Judy wollte werden wie er. Wie sie schon in Kapitel drei erzählte, war sie begeistert von seinem Leben als Kriegsheld und College-Professor. Mit zwölf Jahren beschloß sie, nicht wie ihre Mutter zu werden, sondern andere Prioritäten zu setzen – Ausbildung und Beruf. Interessanterweise sind auch ihre beiden Schwestern beruflich überaus erfolgreiche, kinderfreie Akademikerinnen: die eine ist Ärztin, die andere bekleidet eine Führungsposition in einer Krankenhausverwaltung.

Untersuchungen belegen, daß auch Frauen aus lieblosen, zerbrochenen oder gewalttätigen Familien die Mutterschaft scheuen. Jill Layton ist heute vierzig Jahre alt. Sie wuchs in Salt Lake City auf und wußte schon mit zehn, daß sie keine Kinder wollte. Ihr Vater verdiente als

Flugzeugmechaniker zwar gut, doch er hortete sein Geld, und seine vier Kinder wuchsen in Armut auf. Ihre Eltern hatten ein Haus mit drei Zimmern, und Jill schlief immer auf dem Sofa im Wohnzimmer, ihre Mutter in einem Sessel.

> Meine Mutter verbrachte ihre Zeit damit, nutzlosen Kram zu sammeln und jede Ecke des Hauses damit vollzustopfen. Mein Vater zog schließlich aus seinem Schlafzimmer in einen Wohnwagen, weil er fürchtete, das ganze Zeug, das rund um sein Bett aufgetürmt war, könne eines Tages auf ihn fallen und niemand würde ihn mehr finden. Jedenfalls ist das die Begründung, an die ich mich erinnere. Nachdem Dad ausgezogen war, räumte sie auch diesen Platz noch voll. Ich konnte nie allein sein – und im Haus herrschte ein solches Durcheinander, daß ich keine Freunde mitbringen mochte. Immer waren Rechnungen überfällig, und wenn das Telephon klingelte, mußte ich rangehen und den Gläubigern die neueste Lüge meiner Mutter erzählen. Sie konnte sehr gut lügen. Sie war auch jähzornig und warf Sachen nach mir. Meine Mutter war als Mutter sehr unglücklich. Ich habe keine Kinder haben wollen, seit ich neun bin.

Jill heiratete mit einundzwanzig, und als sie drei Jahre später schwanger wurde, machte sie ohne jede Gewissensbisse einen Abbruch. Sie fand auch einen Arzt, der sie sterilisierte. Etwa um diese Zeit überwarf sie sich mit ihrer Mutter:

> Meine Mutter sagte mir, ich solle nie mehr ihre Schwelle betreten. Ich habe sie seit mindestens siebzehn Jahren nicht gesehen, obwohl sie am anderen Ende der Stadt lebt.
> Ich würde nicht sagen, daß ich eine schlimme Kindheit hatte, aber sie war keine gute Grundlage, um zu lernen, wie man Kinder aufzieht. Ich kenne viele Menschen, die eine noch schlimmere Kindheit hatten als ich und die trotzdem Kinder bekommen, aber wenn es um ein Men-

schenleben geht, hat dann er oder sie nicht etwas Besseres verdient?

Jill sieht ihre Entscheidung aus einem zweiten Grund als Segen: Vor zehn Jahren wurde bei ihr Multiple Sklerose diagnostiziert, heute kann sie sich nur im Rollstuhl fortbewegen. Sie ist schmerzfrei dank kostspieliger Akupunktur-Behandlungen, die sie sich, wie sie sagt, mit Kindern niemals leisten könnte. »Ich kann mir nicht vorstellen, Kinder *und* diese Krankheit zu haben«, sagt sie.

Kein Kinderwunsch

Andere Frauen, die sich schon früh für ein Leben ohne Kinder entschieden, hatten durchaus eine glückliche Kindheit. Es fehlt ihnen nur eines: der Kinderwunsch. Die achtunddreißigjährige Natalie beispielsweise kommt aus einem sehr liebevollen Elternhaus. Ihre jüngere Schwester spielte mit Puppen, Natalie zog immer Stofftiere vor. Wie alle Mädchen in der Nachbarschaft paßte auch sie auf Babys auf, aber es machte ihr nie Spaß. Zwischen zwanzig und dreißig war sie zehn Jahre lang verheiratet, jetzt lebt sie seit fünf Jahren mit einem Mann zusammen. Eine ungeplante Schwangerschaft vor zehn Jahren endete mit einem Abbruch; dies war für Natalie die einzige Alternative. Kinder haben sie nie interessiert, und so war es schon immer:

> Es kommt mir nicht so vor, als sei das je eine Entscheidung gewesen. Ich habe weder gerungen noch gelitten und auch nicht viel darüber gesprochen. Es war einfach nie ein Thema für mich. Ich habe nie den Drang verspürt, Kinder zu haben. Ich sehe mich als sehr warmherzigen Menschen – ich gebe sehr viel in meinen Beziehungen –, aber dieses Gefühl hat nie Kinder mit einbezo-

gen. Ich hatte nie Zweifel, und ich glaube, das ist so, seit ich zwölf war.
Es gibt viel, was ich an Kindern wirklich toll finde, aber irgendwie fehlt mir dieser Mutterinstinkt, was immer das auch sein mag. Er fehlt einfach.

Auch die einundvierzigjährige Werbetexterin Tammy erwähnt ihren Mangel an mütterlichen Gefühlen:

Manchmal frage ich mich, ob mir der Mutterinstinkt fehlt. Ich *weiß*, daß mir das Bedürfnis fehlt, für Kinder Verantwortung zu übernehmen und meine ganze Kraft und Zeit in ihre Erziehung zu stecken. Aber ich frage mich auch, was mir an Liebe, Freude, Hingabe, sogar an Sorgen und Ärger entgeht. Möglicherweise würde es mir gefallen, wenn ich plötzlich mit einem überstarken Bedürfnis nach einem Kind aufwachen würde – bisher ist das nicht passiert.

Für einige entspringt der Mangel an mütterlichen Gefühlen einem unumwundenen Desinteresse an Kindern oder einer regelrechten Abneigung gegen sie. Dazu Jill Layton:

Ich glaubte, Kinder seien unordentlich, laut, fordernd, egoistisch und zerbrechlich. Das finde ich noch immer. Ich fühle mich auch nicht wohl mit Kindern; ich weiß nicht, was ich mit ihnen reden soll, und habe nicht das Gefühl, daß sie gern mit mir sprechen.

Candice, die bereits über ihre Vorstellungen einer kinderlosen Ehe sprach, sagte, sie finde Kinder ›langweilig und lästig‹. Lynn, College-Professorin, vierundfünfzig, die nach ihrer Scheidung schwor, nie mehr zu heiraten, äußerte sich noch negativer:

Im Grunde mag ich Kinder einfach nicht. Es tut mir leid, ich weiß, daß man Kinder mögen sollte, aber um die Wahrheit zu sagen, ich hasse sie. Ich habe als Kind – als Einzelkind – immer gedacht, daß Kinder mit Geschwi-

> stern benachteiligt sind. Es ist mir nie in den Sinn gekommen, mir ein Kind zu *wünschen* – das war eben etwas, das man machen mußte, wenn man heiratete.

Einige der interviewten Frauen fürchteten, ihr fehlender Kinderwunsch könne bedeuten, daß mit ihnen »etwas nicht stimmt«, aber Forscher, die sich mit gewollt kinderfreien Paaren befaßten, fanden keinerlei Hinweis auf Defizite oder Abweichungen auf den Gebieten der sozialen Anpassung, geistiger Gesundheit oder Geschlechtsidentität.[10] Die Entscheidung gegen Kinder folgt vielmehr aus dem Zusammenwirken von Lebensentwurf, persönlichen und familiären Umständen, Weltanschauung und Wertvorstellungen. So sind gewollt Kinderfreie auch nicht außergewöhnlich egoistisch oder auf irgendeine Weise anormal. Frauen und Männern, die keine Kinder wollen, geht es eher darum, die »Strafen des Elternseins« zu meiden, das heißt die finanziellen und zeitlichen Belastungen und den Druck auf ihre Ehe, oder sie wollen die Vorteile eines kinderfreien Lebens genießen: Karriere machen, spontan sein, reisen können, den Streß und die Verantwortung der Kindererziehung nicht haben, sich in der Ehe die Harmonie, Ebenbürtigkeit und Nähe erhalten usw.[11] Wenn Frauen keine starken mütterlichen Gefühle, aber einen erfüllenden, sinnvollen Beruf haben – und dies betrifft Tausende von erfolgreichen berufstätigen Frauen –, dann ist das Leben bereits ausgefüllt, und ein Kind würde als Störung empfunden.

So manches glücklich verheiratete Paar fürchtet – durchaus zu Recht –, daß der Druck, die Unwägbarkeit und die finanzielle Belastung, die Kinder bedeuten, ihre eheliche Harmonie zerstören würden. Die Forschung gibt ihnen recht: Elternschaft ist häufig der Untergang einer Ehe. Babys, Fläschchen, nasse Windeln und Tommys Geschrei können für ein Ehepaar zu einer schockierenden ›Krise‹, zum ›Trauma‹ werden. Eine Untersuchung nach der anderen belegt, daß Kinder sich negativ auf das Eheglück auswirken, und dies gilt unabhängig von Rasse, Religion, Erziehung und Berufstätigkeit der Ehefrau.[12] Junge Frauen sind selten auf die schlaflosen Nächte, den Lärm, die Erschöpfung, die Sorgen und die Verantwortung gefaßt, die mit Kindern einhergehen. Louis Genevie und Eva Margolies, Verfasser von *The Motherhood Report*, befragten 1100 Mütter jeden Alters. Ihr Ergebnis lautet, daß die tagtägliche Mühle der Kindererziehung die Frauen zermürbte, frustrierte und wütend machte. Die einundzwanzigjährige Mutter zweier Kinder beschreibt das so:

> Vierundzwanzig Stunden pro Tag, 365 Tage pro Jahr ... Die ständige Forderung der Kinder nach Aufmerksamkeit ... manchmal bin ich so müde, aber muß ihretwegen weitermachen, während sie weinen, streiten und ihr Ungehorsam an meinen Nerven zerrt. Manchmal glaube ich, wenn irgend jemand nur noch ein einziges Mal ›Mami‹ sagt, schreie ich los ... Die Anforderungen sind ohne Ende.[13]

Andere sagen: »Damit hatte ich nicht gerechnet.« »Mein Leben gehört mir nicht mehr. Die Kinder kommen immer zuerst, meine Gefühle und Bedürfnisse zuletzt.«

> Manchmal fühle ich mich wie eine Gefangene in meinem eigenen Haus – wirklich angebunden, nicht gewürdigt. Ich habe oft das Gefühl, mich zu verlieren – meine eigene Zeit existiert nicht mehr. Ich habe nicht gewußt, daß sich mein ganzes Leben um die Kinder drehen würde.

Erstaunliche siebzig Prozent waren in ihren Vorstellungen von Mutterschaft »außerordentlich idealistisch«, schreiben die Autoren. »Ihre unrealistischen Phantasien reichten von leicht romantisierten Vorstellungen bis hin zu Phantasien von Perfektion: perfekte Kinder, perfekte Mütter, perfekte Familien.«[14] Nahezu die Hälfte – fünfundvierzig Prozent – sagte, die täglichen Pflichten der Kindererziehung seien mehr Plackerei denn Freude[15], und nur wenige waren darauf vorbereitet, wie oft und wie leicht Muttersein sie die Wände hochgehen läßt – verärgert, zornig und manchmal unbeherrscht.

Die *New York Times* berichtete 1989, mehrere Studien hätten »fundierter als bisher die erstaunlich belastenden sozialen und emotionalen Konsequenzen der Elternschaft bewiesen«. Jedes zweite Ehepaar sagte, die Ehe sei schlechter geworden, seit man Kinder habe: Sie stritten häufiger, zeigten und erhielten vom Ehepartner weniger Zeichen der Zuneigung, zweifelten häufiger an ihren Gefühlen füreinander, waren hinsichtlich ihrer Ehe zwiespältiger, und viele, vor allem Frauen, hatten das Interesse an Sex verloren.[16]

Joan, vierzig Jahre alt, war als Kind Schauspielerin und Fotomodell und ist heute Kinderschwester. Sie hilft Kindern und ihren Familien, nicht nur mit Krankheiten, sondern auch mit den schrecklichen Folgen von Kindesmißhandlungen fertig zu werden. Täglich sieht sie Kinder, die leiden, weil ihre Eltern den durch sie entstandenen Anforderungen, Sorgen und finanziellen Belastungen nicht gewachsen sind. Joan und ihr Mann hingegen konnten als Erwachsene noch mal neue Berufe erlernen. Zum Thema Elternschaft sagt sie:

> Elternschaft ist die größte Verantwortung, die es gibt. Wer diese Aufgabe meistert, ist unglaublich talentiert und wichtig für die Gesellschaft.
> Mutter zu sein wird von der Gesellschaft massiv unterschätzt – das zeigt sich daran, wie viele es werden, ohne wirklich zu bedenken, worauf sie sich einlassen. Die Leute verwenden mehr Zeit darauf, ein Haus oder ein Auto

zu kaufen, als auf die Entscheidung, ob sie Eltern werden wollen oder nicht.

Joan weiß, wie belastend Kindererziehung sein kann. Daher hat sie sich entschlossen, das Glück ihrer Ehe nicht aufs Spiel zu setzen:

Meine Ehe ist sehr glücklich. Wir brauchen keine Kinder, die uns ›zusammenschweißen‹. Unsere Liebe endet nicht. Wir müssen uns nicht reproduzieren, um unserer Ehe einen Sinn zu geben.

Jackie, Einzelkind, vierzig Jahre alt und seit neunzehn Jahren verheiratet, ist der Auffassung, daß ihre Kinderlosigkeit möglicherweise ihre Ehe gerettet hat.

Ich bin zwar seit fast zwanzig Jahren verheiratet, aber es war sehr stürmisch – rauf und runter. Wir waren getrennt, und als die Ehe schlecht ging, war ein Kind das Letzte auf der Welt, was ich hätte haben wollen. Das hätte uns noch mehr unter Druck gesetzt und wäre für das Kind sicher nicht gut gewesen. Als wir schließlich zusammenfanden, wollte ich etwas Gutes nicht gefährden.

Einige Frühentschiedene führen als Grund gegen Kinder ihre Angst an, eine »schlechte, gewalttätige Mutter« zu werden. Jill beispielsweise ist jähzornig. Sie erinnert sich an eine Situation, als sie ein kleines Mädchen war und ein fünfjähriges Nachbarskind sie anstarrte:

Ich schrie sie an, sie solle aufhören, aber sie machte weiter. Ich wurde wütend und schlug sie. Seither habe ich das Gefühl, daß ich ein ganz reales Potential für Kindesmißhandlungen habe. Ich war etwa neun Jahre alt, und ich dachte: »So behandelt man kein Kind.« Die Angst, meinen Kindern ähnlich Schreckliches zuzufügen, hat zu dem Entschluß geführt, kinderlos zu bleiben.

Lynn, die geschiedene College-Professorin, glaubt, sie hätte ihre Kinder psychisch mißhandelt:

Ich glaube, ich wäre gewalttätig geworden, nicht weil ich grausam oder körperlich aggressiv bin. Aber ich habe eine Freundin mit zwei Kindern. Nach vier Stunden weiß ich, wenn ich nicht fortgehe, werde ich schreckliche Dinge sagen. Ich kann mir nicht vorstellen, vierundzwanzig Stunden am Tag Kinder um mich zu haben.

Auch andere Ängste können Frauen davon abhalten, Mutter zu werden: Angst vor der Schwangerschaft, der Geburt oder vor einem behinderten Kind. Susan Jeffries, zweiundvierzig Jahre alt und Helferin in einem Altenpflegeheim in Michigan, sagt:

Als ich jünger war, wollte ich keine Kinder, weil ich dachte, die Schmerzen wären zu groß, und ich würde sterben. Eigentlich habe ich bis zu meiner Teenagerzeit nicht verstanden, warum Frauen nicht starben, wenn sie ein Baby bekamen.

Susan hat als schwarze Amerikanerin zu viele ledige Mütter gesehen, die mit ihren Kindern in Armut leben: »Als ich das sah, dachte ich mir, ich müßte ein völliger Idiot sein, an ein Kind auch nur zu denken.« Da sie das älteste von fünf Kindern ist und einen Bruder hat, der neunzehn Jahre jünger ist als sie, hat sie jahrelang Kinder versorgt und nicht den Wunsch, selbst eines zu bekommen.

Karen, eine fünfundvierzigjährige verheiratete Professorin, die niemals Kinder wollte, erzählte, welch verheerende Auswirkungen ein behindertes Kind auf die Familie ihrer Tante hatte:

Ich hatte eine Tante, ein wunderbarer Mensch, und sie hatte vier Kinder. Ihr jüngster Sohn bekam Mumps und ist seither geistig und körperlich behindert. Er hat immer zu Hause gelebt, nie sprechen gelernt und muß sein ganzes Leben lang wie ein Kleinkind versorgt werden. Jetzt ist er Ende zwanzig, und meine Tante versorgt ihn noch immer.

> Kinderkriegen hat mich sowieso nie sehr interessiert, und wenn man etwas derart Hoffnungsloses sieht, dann stimmt einen das nicht gerade um.

Üblicherweise sind es die Frauen, die als erste über Kinderlosigkeit sprechen. Häufig denken Männer nicht so sehr darüber nach wie Frauen, und in einer Studie über gewollt kinderlose Paare sagte etwa die Hälfte der Ehemänner, sie würden ihre Meinung ändern, falls ihre Frau ein Kind wolle, wohingegen keine der befragten Frauen zu einer solchen Meinungsänderung bereit war.[17]

Frauen, die das Kinderkriegen verschieben

Etwa zwei Drittel aller Frauen, die sich gegen Kinder entscheiden, sind keine Frühentschiedenen, sondern Zögernde – Frauen, die in der Frage eigener Kinder so lange in einem Zustand der Unentschiedenheit leben, bis die Zeit für sie entscheidet. Wie viele Frauen der Nachkriegsgeneration war auch die einundvierzigjährige Werbetexterin Tammy in dieser Frage jahrelang unschlüssig und tat folglich nichts. Wie schon erwähnt, hatte sie keine ausgeprägt mütterlichen Gefühle. Sie wartete darauf, daß aus ihrem vagen Kinderwunsch ein verzehrendes Verlangen nach einem Baby werden würde, aber das geschah nicht:

> Ich bin in den fünfziger Jahren mit den typischen Fernsehserien wie ›Vater ist der Beste‹ und ›Mutter ist die Allerbeste‹ aufgewachsen, darum hielt ich es immer für selbstverständlich, daß ich Kinder haben würde. Ich habe nicht plötzlich ›erkannt‹, daß ich keine Kinder haben würde. Kinderkriegen schien immer etwas zu sein, was ich *später* machen würde. Ich habe mir vorgestellt, daß ich eines Tages einen unwiderstehlichen Drang fühle,

mein Mann mir einen Stoß oder einen guten Grund gibt, die perfekte Situation da ist.

Ich habe wohl darauf gewartet, daß der Wunsch nach einem Kind für mich entscheidet. Aber das tat er nicht. Ich will nicht *keine* Kinder haben. Ich will sie einfach nicht so sehr, daß ich mich darauf einlassen und mein ganzes Leben verändern würde. Solange ich zurückdenken kann, war ich neutral und unentschieden.

Seit ich (mit fünfunddreißig) zum zweitenmal geheiratet habe, hat es mehr den Anschein, als sei *keine* Entscheidung *für* ein Kind das gleiche wie die Entscheidung *gegen* ein Kind.

Zögernde wie Tammy, die in einer kinderorientierten Gesellschaft wie der unseren groß geworden sind, haben häufig ausgeprägte Karrierewünsche, die sie an männlich strukturierte Arbeitsplätze bringen, wo es kaum möglich ist, der Kinder wegen auszusetzen, und wenige oder keine Kindertagesstätten und Kindergärten angeboten werden. Ein Kind in ein solches Leben einzupassen bedarf immenser Mühe. Viele Frauen haben die Entscheidung für ein Kind endlos hinausgezögert, um sich dieser Mühe dann doch noch zu unterziehen. Marian Faux veröffentlichte 1984 ein populärwissenschaftliches Buch mit dem Titel *Childless by Choice* (nicht zu verwechseln mit Jean Veevers wissenschaftlicher Untersuchung, die 1980 unter gleichem Titel erschien) und merkt an, solche Frauen endeten häufig »in einer zwiespältigen Mutterschaft, einer Mutterschaft aus Versehen«:

Eine Pro-Kind-Entscheidung in letzter Minute mag bei Unschlüssigen wie eine gute, ja natürliche Lösung wirken, vor allem, da die Zeit knapp wird. Doch allzuoft ist es eben nicht die bessere ... Allein der Umstand, daß eine Frau die Mutterschaft zehn oder fünfzehn Jahre lang immer wieder hinausgeschoben hat, verrät oft eine tiefverwurzelte Ambivalenz – und läßt darauf schließen, wie unwahrscheinlich es ist, daß sich diese Ambivalenz durch eine Pro-Kind-Entscheidung in letzter Minute auflösen wird.[18]

Faux kam zu dem Ergebnis, daß viele dieser Mütter zwiespältig bleiben: Sie lieben ihre Kinder, fragen sich aber immer wieder, ob sie die richtige Entscheidung getroffen haben. Nach Auskunft des *Motherhood Report* läßt sich mit ›Zwiespalt‹ sogar am besten beschreiben, wie die meisten Mütter – fünfundfünfzig Prozent – über Mutterschaft denken.[19]

Da ist es nicht erstaunlich, daß viele Frauen wie Tammy in die Kinderlosigkeit ›hineinrutschen‹. Anfangs glauben sie, daß sie das Kinderkriegen nur für eine bestimmte Zeit verschieben. Die zweite Stufe, so Veevers, ist ein Verschieben auf unbestimmte Zeit. Auf der dritten Stufe gesteht eine Frau sich die reale Möglichkeit ein, keine Kinder zu bekommen. Die vierte und letzte Stufe ist erreicht, wenn die Zögernde erkennt, daß diese Entscheidung endgültig ist.[20]

Dennoch wird Tammy von Ängsten geplagt, möglicherweise einen großen Fehler begangen zu haben:

> Oft fühle ich mich gedrängt, ein Kind zu bekommen, weil ich so erzogen worden bin, daß ich eins haben *sollte*, und weil, glaube ich, der soziale Druck so groß ist. Ich würde selbst dann kein Kind haben wollen, wenn eine innere Stimme mir sagte, daß ich es ›sollte‹. Aber jetzt bin ich sehr nah an der endgültigen Grenze und habe bald nicht mehr die Wahl, kann mich nicht mehr für oder gegen ein Kind entscheiden... das ist ein Druck, der mir ziemlich Angst macht.
>
> Mache ich einen Fehler? Werde ich es mit den Jahren bereuen? Das frage ich mich. Ich vermute, daß ich wegen dieser Entscheidung oder dem *Fehlen* einer Entscheidung immer größere innere Konflikte haben werde, je näher ich dem Punkt komme, wo es kein Zurück mehr gibt.

Das Verschieben von Kindern führt nicht immer zu so starken Dissonanzen. Linda, die neununddreißigjährige Personalausbilderin aus dem vierten Kapitel, ist verheiratet, seit sie vor siebzehn Jahren ihren College-Abschluß machte, und bekam kein Kind, weil sie so häufig befördert wurde. Auch sie wartete auf den richtigen Zeitpunkt, der nie kam, und sie widmete ihre ganze Kraft einem anspruchsvollen Beruf, der immer befriedigender wurde. Die Konsequenzen belasten sie nicht:

> Ich habe Kinder immer geliebt, ich habe sogar einen Abschluß als Erzieherin. Wir haben über Kinder gesprochen, aber sie immer wieder verschoben, bis ich dreißig war. Der Wendepunkt kam, als ich Mitte dreißig war. Uns wurde klar, daß wir glücklich waren mit dem Leben, das wir führten – mit unseren Berufen, der Freiheit, reisen und uns viel leisten zu können, weil wir keine Kinder haben. Es war nie eine definitive Entscheidung, und ich weiß eigentlich nicht, wann ich das erstemal dachte, daß es jetzt zu spät dafür sei.

Wie zu erwarten, wird die Zwiespältigkeit mit dem Alter größer. In *Kinder ja, aber später* (1987, deutsch 1990) erforschte Molly McKaughan die Haltung von 1000 Leserinnen des Magazins *Working Woman.* Nach dieser Studie waren nur vierzig Prozent der Frauen Anfang dreißig, aber siebzig Prozent der Frauen Ende dreißig unsicher, ob sie Kinder wollten. »Ein Baby für einige Jahre zu verschieben kann also bedeuten, es auf immer zu verschieben« schreibt McKaughan.[21]

Im Vergleich zu anderen Frauen ohne Kinder sind die gewollt Kinderlosen oder Kinderfreien – wobei Frühentschiedene und Zögernde immer zusammengefaßt werden – am besten erforscht. Den Forschern war daran gelegen, herauszufinden, ob Frauen, die sich gegen Kinder entscheiden, in irgendeiner Weise anders sind als andere Frauen.

Eine der klarsten Verbindungen zu bewußt gewählter Kinderlosigkeit ist Arbeit: Neun von zehn Frauen sind zwar außer Haus erwerbstätig, doch bis zu zwei Dritteln der gewollt kinderlosen Frauen engagieren sich besonders stark in ihrem Beruf, der in aller Regel ein hohes Ansehen genießt und gut bezahlt wird.[22] Sie beziehen nicht nur einen wesentlichen Teil ihrer Identität und ihres Selbstwertgefühls aus ihrer Arbeit; Untersuchungen belegen, daß für die Hälfte bis zwei Drittel dieser Frauen der Beruf ebenso wichtig ist wie Ehe und Familie.[23] Ausbildungsniveau und Einkommen von Frauen ohne Kinder liegen folglich weit über dem Durchschnitt.

Es ist nicht bekannt, ob diese Frauen schon früh beschließen, daß ihnen Kinder weniger wichtig sind als ihre eigene Ausbildung, oder ob sie erst eine kostspielige Ausbildung machen, einen Job mit hohem Prestige erobern und dann zu dem Schluß kommen, daß Kinder in ein derart ausgelastetes und anstrengendes Leben schwer zu integrieren sind. Etwa die Hälfte der Frauen, die Veevers interviewte, meinte, »Kinderlosigkeit sei eine wichtige, wenn nicht gar unabdingbare Voraussetzung für außergewöhnliche Leistungen... Sie leisteten viel, aber strebten noch höhere Leistungen an, ...kinderfrei sein heiße frei dafür sein, ihre Fähigkeiten voll entfalten zu können.«[24]

Mit anderen Worten, Frauen, die sich entscheiden, keine Kinder zu bekommen, oder die eine klare Entscheidung für Kinder immer wieder verschieben, widmen sich meist einem Beruf, der ihnen wichtig ist, sie sehr befriedigt und häufig auch extrem fordert.

Janice, vierundvierzig, ist Anwältin und arbeitet zwölf bis vierzehn Stunden am Tag. Sie liebt ihre Arbeit und meint, erst die Kinderfreiheit ermögliche es ihr, in Arbeit und kreativen Tätigkeiten persönliches Wachstum und Selbsterfüllung zu finden.

> Ich weiß, wie sehr ich meine Arbeit liebe, und es ist für mich äußerst befriedigend, daß ich eine Aufgabe optimal erledigen kann, weil ich mich ihr ganz und gar widme. Ein Kind würde mich beruflich zuviel kosten, und ich wäre immer im Zwiespalt. Ich weiß, daß ich nie den ganzen Tag zu Hause bleiben und Mami spielen könnte. Dann wäre ich in zwei Rollen nur durchschnittlich statt in einer wirklich gut.

Kathleen Gersons Untersuchung, die unter dem Titel *Hard Choices* veröffentlicht wurde, zeigt, daß Frauen wie Janice – hochmotivierte, ehrgeizige Frauen der Nachkriegsgeneration mit hohen Ansprüchen – den anstrengenden Job der Kindererziehung als »sicheren Weg zum Scheitern« erachten. Diese Frauen, so Gerson, stellen an alles, was sie tun, die höchsten Anforderungen, »so auch an die Mutterschaft. Doch in diesen hohen Anforderungen stecke in gewisser Weise bereits deren Zurückweisung, denn die Frauen sahen keine Möglichkeit, beide Aufgaben gut zu machen«.[25]

Als die heute dreiundvierzigjährige Gail Mitte der sechziger Jahre aufs College ging, hatte sie keine Berufspläne. Als sie mit Anfang zwanzig heiratete, kamen Kinder für sie und ihren Mann nicht in Frage, da er beruflich erst Fuß fassen wollte. Sie wurde Sekretärin in einer großen Firma, einige Jahre später wurde sie in die Verwaltung, von dort ins Management befördert.

> Ich merkte damals, wie ich mich veränderte. Die Arbeit wurde sehr wichtig. Ich gab viele Geschäftsessen, mein Mann arbeitete viel, um seine Kanzlei in Gang zu bringen. Ich hatte zu tun, mir fehlte nichts.
> Will ist auch Einzelkind. Sein Vater war ein Selfmade-

Mann mit starkem Willen und einem Hang zur Gewalttätigkeit. Will stand unter immensem Druck, erfolgreich zu sein. Sein Vater hatte Kinderlähmung gehabt und hinkte. Der Sohn mußte alles tun, um jeden Preis zu gewinnen. Noch heute schaltet er ab oder verläßt den Raum, wenn Sie Sport in seiner Gegenwart auch nur erwähnen. Als er auf dem College war, ließen sich seine Eltern scheiden, und der Vater zwang ihn zu der Entscheidung, ob er der Sohn seines Vaters oder seiner Mutter sein wolle, er könne nicht beides sein. (Er wählte die Mutter.)

Wir haben eigentlich nicht über Kinder gesprochen, bevor wir heirateten. Ich war stillschweigend davon ausgegangen – hatte sogar schon ›Pu der Bär‹ und andere Milne-Bücher gekauft. Aber solange wir Schulden abbezahlten, ein Haus bauten, ich mich in meinen Beruf stürzte und mein Mann seine Anwaltskanzlei aufbaute, waren Kinder kein Thema.

Er ging davon aus, daß wir keine Kinder haben würden, und ich dachte nicht viel darüber nach. Ich glaube, ich kam einfach langsam zu der Ansicht, daß er es nicht wollte. Er war ein unglückliches Einzelkind und mag Kinder nicht. Die Kinder anderer Leute erträgt er mit Mühe, aber auch sie machen ihn hochgradig nervös. Ich wußte, daß er kein sehr hingebungsvoller Vater sein würde. Ich glaube, das hätte ich ihm übelgenommen.

Kinder hätten unsere Ehe verändert und sehr belastet. Ich weiß nicht, ob wir damit fertig geworden wären. Außerdem spürte ich keinen starken Drang danach. Wir waren beide in beruflichen Situationen, die ständig besser wurden und immer größere Anforderungen stellten.

Als sie vierunddreißig wurde, begann ihr Gynäkologe, sie zu einer Entscheidung für oder gegen Kinder zu drängen:

Wir sprachen darüber, ob Will oder ich uns sterilisieren lassen sollten. Ich war gerade an einem Punkt in *meinem* Leben angelangt, wo ich Entscheidungen fällte und es mir gut gefiel, Verantwortung zu übernehmen. Ich glaube, ich sah es als *mein* Problem, um das ich mich kümmern mußte. Ich ließ mich operieren, aber danach war ich sehr deprimiert. Ich hatte das Gefühl eines richtigen Verlustes.

Etwa um diese Zeit ging Gails Chef in den Ruhestand, und sie wurde Leiterin einer Abteilung mit über fünfzig Angestellten. Sie war zu beschäftigt, um noch viel an diesen Eingriff zu denken, und innerhalb von fünf Jahren hatte sie die von der Firma vorgegebenen Verkaufszahlen um mehrere Millionen Dollar übertroffen. Sie kündigte und hat jetzt eine eigene Consulting-Firma, für die sie ständig auf Reisen ist.

Ich muß sagen, daß da so etwas wie Bedauern ist, auch wenn ich nicht weiß, ob ich beides miteinander hätte verbinden können. Frauen in meinem Alter haben erst spät angefangen, Karriere zu machen, und wir stellen hohe Anforderungen an uns. Das war ein echtes Ziel. Um es zu erreichen, mußten wir unser Leben vereinfachen, was immer das konkret bedeutete.

Gail hatte zwar eine normale, glückliche Kindheit, aber die unglückliche Kindheit ihres Mannes beeinflußte ihre Entscheidung. Da sie keine Kinder hatte, konnte sie ihre ganze Kraft ihrem Beruf widmen, ohne die Belastung ständiger Kompromisse zwischen Kindern und Beruf aushalten zu müssen. Das gilt auch für die fünfzigjährige Judy Long, Professorin für Frauenstudien. Sie brauchte ihre ganze Zeit und Kraft für ihre Promotion und dann dazu, sich der Lehre und der Forschung zu widmen.

Ich hatte Glück, daß ich schon so früh wußte, was ich wollte. Ich begreife nicht, wie Frauen mit einem Beruf, der viel Konzentration verlangt und bei dem man auf lange Sicht investieren muß, bevor man etwas zurückbekommt, beides machen können. Ich kann mir nicht vorstellen, wie ich meine Arbeit tun und zusätzlich eine Verantwortung tragen könnte, die nie endet.

Andere Frauen nutzen ihre Unabhängigkeit, um sich oder ihrem Ehemann die Möglichkeit einzuräumen, die Arbeit weniger wichtig zu nehmen oder ganz aufzuhören, häufig die Stelle zu wechseln, wenn sie nicht wirklich zufrieden sind, oder, falls sie dies möchten, völlig ›auszusteigen‹.[26]

Ilene, fünfzig Jahre alt, nutzte diese Freiheit, um eine andere Stelle zu übernehmen. Sie war erst Sekretärin, dann Versicherungsagentin und Leiterin eines Versicherungsbüros.

> Ich arbeitete ein Jahr lang und machte dann sechs Monate Pause; dann arbeitete ich wieder und machte danach ein Jahr frei. Ich habe in New York und Los Angeles und je ein Jahr in Sydney und London gelebt. Bei meinem Job in Los Angeles war ich oft zwei oder drei Wochen hintereinander auf Reisen. Vor ungefähr drei Jahren wurde mir klar, daß ich das alles nicht mehr aushielt. Jetzt bin ich halb im Ruhestand.

Sie arbeitet halbtags in einer Buchhandlung und betreibt einen kleinen Party-Service, lebt an der Küste von Oregon und kann arbeiten und reisen, wann sie will.

Werte und Weltanschauungen

Beim Wertevergleich zeigt sich, daß kinderfreie Paare nicht so starke religiöse Bindungen haben wie Paare mit Kindern. Sie legen auch mehr Gewicht auf Individualität, Autonomie, Reisen, auf das Verfolgen persönlicher Ziele, auf Gleichberechtigung in der Ehe und in den Geschlechterrollen, auf eine flexible Lebensführung, die Möglichkeit, sich ungehindert ihrem Beruf zu widmen, und auf Kameradschaft.[27] Statistisch gesehen, haben Kinderfreie ein höheres Selbstwertgefühl und sind ebenso emphatisch wie Paare mit Kindern.[28]

Kinderlose Ehepaare sind bei Entscheidungen und der Hausarbeit meist gleichberechtigter, leben unkonventioneller und führen eine glücklichere Ehe.

Die höchste Rate gewollter Kinderlosigkeit von 7,7 Prozent findet sich bei weißen Amerikanern und bei Amerikanern asiatischer Herkunft, bei Indianern sind es sechs, bei Schwarzen nahezu drei Prozent.[29] Von den hispanisch-stämmigen Amerikanern entscheiden sich nur 1,6 Prozent gegen Kinder.

Verständlicherweise leben kinderlose Paare eher in der Stadt, wo Arbeits- und Ausbildungsmöglichkeiten besser sind und das Familienleben weniger dominiert. Kinderlose Städter führen ein sehr viel stärker an Erwachsenen orientiertes Leben als kinderlose Paare in den Vorstädten, Kleinstädten oder auf dem Land. Sie neigen auch eher dazu, zu arbeiten und ihre Freizeit mit anderen Kinderlosen zu verbringen, wodurch sie größere soziale Unterstützung und geeignetere Rollenmodelle finden.[30]

Fran, Finanzberaterin und einer der ersten weiblichen Börsenmakler der Vereinigten Staaten, hat viele Jahre in Manhattan gelebt und gearbeitet. Ihre Kollegen und Kolleginnen bewegten sich alle in der Finanzwelt. Familien traten im Berufsleben nie in Erscheinung, und die Restaurants, Konzerte und Theater, die Fran besuchte, wurden von Familien mit Kindern kaum frequentiert. »Ich hatte nie das Gefühl, anders zu sein«, sagte sie. »Ich lebe nicht in einer Welt, in der sich alles um Kinder dreht. Ich kenne sogar kaum Leute mit einer typisch amerikanischen Mittelschichtsidentität.«

Frauen ohne Kinder, die in Kleinstädten und auf dem Land wohnen, fühlen sich viel stärker »ausgeschlossen«. Hope, die fünfzigjährige Grundschullehrerin, hat immer in einer familienorientierten Kleinstadt gelebt. In den ersten Jahrzehnten ihrer Ehe wohnte sie mit ihrem Mann in gemieteten Häusern oder Wohnungen. Einige Nachbarn hatten Kinder, viele nicht, und ihr kinderloses Leben war nie ein Thema.

Im vergangenen Jahr jedoch haben die beiden ihr Traumhaus bezogen – einen schönen, modernen Bau zwischen Bäumen, schneeweiß eingerichtet, der mitten in einer kleinen Siedlung von fünfundzwanzig Häusern am Rande einer kleinen Stadt liegt.

> Als wir hierher zogen, fragte uns jeder – wirklich jeder – als erstes, ob wir Kinder haben. Ich weiß, sie meinten es nicht böse; vermutlich suchten sie Spielkameraden für ihre eigenen Kinder, aber es war ihre allererste Frage. Und weil wir keine Kinder haben, finden wir hier nur schwer Freunde. Gut, daß wir schon unseren Freundeskreis in der Stadt haben, denn ich glaube, hier wäre es sehr viel komplizierter, Anschluß zu finden, weil alle Kinder haben.
> Manchmal komme ich mir ein wenig so vor, als gehörte ich einer sozialen Randgruppe an – wir passen nicht wirklich hierher. Es ist schwierig, in dieser Gemeinschaft seinen Platz zu finden – man gehört bei vielen sozialen Gelegenheiten nicht dazu, weil sie sich um die Familie drehen.

Und doch weiß Hope, daß ihre Entscheidung richtig war. Kinder zu bekommen schien einfach nie der richtige Weg zu sein.

Andere Frauen hingegen nahmen immer an, daß sie Kinder bekommen würden, und wollten sie auch. Doch der Rhythmus ihres Lebens schien nie zu dem Rhythmus eines Kindes zu passen. Im folgenden werden wir uns einigen Frauen zuwenden, für die nie der richtige Augenblick kam, in dem Liebe, Ehe und ein Baby zugleich möglich gewesen wären.

Siebtes Kapitel

Der Zeitpunkt war nie richtig

> Ein jegliches hat seine Zeit, und alles Vornehmen unter dem Himmel hat seine Stunde. Geboren werden und sterben ... weinen und lachen, klagen und tanzen, Steine zerstreuen und Steine sammeln, herzen und ferne sein von Herzen ...
>
> *Altes Testament; Prediger 3, 1–8*

Der Zeitraum, in dem Frauen Kinder bekommen können, umfaßt, grob gerechnet, ihre mittleren Lebensjahre. Nur deckt er sich mitunter nicht mit ihrer Liebe, ihren Lebensumständen und ihren Wünschen.

Wie Diane im vierten Kapitel sagte, war sie immer davon ausgegangen, zu heiraten und Kinder zu bekommen. Es überrascht sie selbst, daß sie nun dreiundvierzig ist und ein Leben ohne Kinder führen wird. An ihrem Beruf liegt es nicht. Sie ist keine Karrierefrau, obwohl sie immer berufstätig war und viele interessante und unterschiedliche Posten hatte, darunter Diätköchin, Souvenirladenbesitzerin, Verkaufsleiterin, Schichtleiterin bei einer Telefongesellschaft und Personalausbilderin. Unmittelbar nach dem College Ende der sechziger Jahre genoß sie als ledige Frau eine angemessene Dosis psychedelischen Lebens, bevor es zu gefährlich wurde. Mit fünfundzwanzig war sie bereit für ein ruhigeres Leben und heiratete.

Doch wie jede zweite Ehe, die in den letzten fünfzehn Jahren geschlossen wurde, ging auch Dianes Ehe in die

Brüche. Sie ist dankbar, daß sie kinderlos blieb. Die Beziehung hätte nicht gehalten, und Diane wollte keine alleinerziehende Mutter sein. Sie glaubt, der nie endende Kampf, genügend Zeit und Geld für das Kind aufzubringen, wäre zu anstrengend gewesen und noch durch Probleme mit Beruf und Kinderbetreuung verschärft worden.

Sie hat nie längere Zeit ohne eine ihr wichtige, anregende Beziehung gelebt, aber sie hat nie wieder geheiratet:

> Mit den Männern, mit denen ich zusammen war, hat immer irgend etwas nicht gestimmt – einer hatte Diabetes und verfiel zunehmend, einer beendete nach zehn Jahren von heute auf morgen die Beziehung – ich weiß bis heute nicht, warum. Damals war ich sechs- oder siebenunddreißig und sehr deprimiert, daß ich niemals Kinder haben würde.
> Einige Wochen lang ging es mir sehr schlecht. Ich weinte und war sehr unglücklich. Das war wohl die Trauerphase. Und dann sagte ich mir: »Okay, ich werde nie Kinder haben, ich werde nicht heiraten, und so wird mein Leben eben sein.« Als mir klar wurde, daß ich keine Wahl mehr hatte, beschloß ich, mich lieber auf die Vorteile zu besinnen. Also machte ich mich daran, neue Prioritäten zu setzen.

Diane ist erleichtert, daß die Jagd nach einem Mann, einem möglichen Vater ihres Kindes, vorüber ist. Dieser Druck liegt hinter ihr, und in Philadelphia herrscht kein Mangel an Männern. Früher oder später taucht immer ein interessanter Mann auf. Sie ist nicht einsam; sie hat Freundinnen, die, ob durch Zufall oder unbewußt danach ausgesucht, auch keine Kinder haben. Nun kann sie ungehindert andere Ziele anstreben.

> Ich habe eine positivere Lebenseinstellung; ich fühle mich nicht bedürftig. Ich muß keinen Mann finden, darin bin ich jetzt viel entspannter. Unbewußt war es eine immen-

> se Last, den Richtigen finden zu müssen, um zu heiraten und Kinder zu bekommen. Jetzt kann ich Beziehungen zulassen, nicht weil ich heiraten möchte, sondern weil eine schöne Freundschaft und sexuelles Knistern entstehen. Alles ist sehr viel ungezwungener und entspannter.
> Was das Kind angeht – nun, ich habe einfach meine Zeit verpaßt und verkannt, wie schnell die Zeit vergeht.

Vor einigen Jahren wurde ihr ein Myom entfernt, und sie vermutet, daß sie gar nicht hätte schwanger werden können. Dianes gegenwärtiger Partner hätte gern eine feste Bindung und ein Kind. Aber für Diane ist es zu spät.

> Ich möchte wirklich kein Kind mehr. Bis ich schwanger würde, wäre ich fünfundvierzig, und ich glaube, daß ich dafür einfach nicht mehr die Kraft habe.
> Das ist eben meine Entwicklung. Reue? Nein. Damals war ich zu jung und zu naiv. Ich war einfach nicht bereit dafür.

Von den Frauen, die für dieses Buch interviewt wurden, war etwa jede dritte mindestens einmal geschieden. Alle empfanden es als Erleichterung, der Last einer unglücklichen Ehe entronnen zu sein. Aber sie waren auch traurig, denn große Hoffnungen und Kindheitsträume waren zu Bruch gegangen und hatten dabei ihr Selbstbild und ihre Zukunftspläne durcheinandergebracht. Sie hatten geheiratet, weil sie in dem Alter waren, wo alle heirateten, aber sie begriffen schon bald, daß sie zu jung gewesen waren. Ein Kind wäre eine Katastrophe gewesen. Sie alle erzählten tragische Geschichten von geschiedenen Bekannten mit kleinen Kindern, die sehr unter den Folgen der Trennung litten. Die Forschung belegt, daß Scheidungskinder emotional und geistig tief verletzt sind; es dauert viele Jahre, bis sich Gefühle und Psyche von dem Schmerz erholen.

Elizabeth ließ sich früh scheiden. Mit dreiundvierzig

ist sie nun ungebunden und kinderlos, obwohl das nie ihre Absicht war. Während ihrer stürmischen Kindheit, die sie »zwischen einem Eisberg (meine Mutter) und einem Vulkan (mein Vater) verbrachte«, wollte sie sich »so schnell wie möglich aus dem Staub machen« und eine Familie gründen.

»Als Kind dachte ich, daß ich Kinder haben würde. Das gehörte zu den ›Selbstverständlichkeiten‹ : Selbstverständlich würde ich das College besuchen, selbstverständlich würde ich heiraten, selbstverständlich würde ich Kinder bekommen«, sagt die Lektorin aus Kalifornien. »Ich hatte mir sogar vorgenommen, das erste Kind mit fünfundzwanzig zu bekommen – alt genug, um zu wissen, was ich tue, jung genug, um sehr belastbar zu sein.«

Nach dem College bekam Elizabeth Zukunftsängste und wollte unbedingt heiraten, um ihrer Zukunft ein Rückgrat, eine Struktur, einen Sinn zu geben. »Ich hatte solche Angst und war so verzweifelt, es war unausweichlich, daß ich heiraten würde, sobald ich jemanden fand.« Sie heiratete zwei Jahre nach ihrem College-Abschluß, doch mit fünfundzwanzig bekam sie kein Kind, sondern gravierende Zweifel an ihrer Ehe. Ein Jahr später ließ sie sich scheiden.

Jetzt ist sie fast vierundvierzig und versucht noch immer damit zurechtzukommen, daß sie unverheiratet und die Zeit für ein Kind vorüber ist:

> In den letzten drei bis fünf Jahren ist mir langsam klar geworden, daß ich wohl keine Kinder mehr bekommen werde. Ich habe es noch nicht ganz aufgegeben, aber es ist sehr unwahrscheinlich, daß ich in den nächsten Jahren einen Mann finden werde, mit dem ich mein Leben teilen und ein Kind aufziehen möchte.

Manchmal denkt sie an den Schwangerschaftsabbruch, den sie mit neunzehn hatte, bereut ihn jedoch nicht. Erst in den letzten Jahren fühlt sie sich reif und kompetent genug, den Anforderungen einer Mutterschaft gerecht zu werden, auch wenn sie, wie Diane, schon der Gedanke erschöpft: »Ich bin mir nicht sicher, ob ich das noch will.«

Elizabeth meint, je älter sie werde, desto schwieriger werde es für sie, ihr Kind an erste Stelle zu setzen. »Ich habe Angst davor, meinem Kind anzutun, was mir angetan wurde, und das ist sehr ernüchternd«, sagt sie. »Es wäre keine Absicht, aber ich selbst bin so verkorkst, ich würde das Kind auch verkorksen.«

Anders als Diane, die offenbar von einer Beziehung in die nächste gleitet, ist für Elizabeth die Suche nach einer engen, liebevollen Beziehung schwierig und schmerzlich, und sie lebt seit etwa zehn Jahren zölibatär. Damals hatte sie, nach einigen wenigen, nicht befriedigenden Beziehungen zu Männern, eine Beziehung mit einer Frau. Sie endete »katastrophal«, seither hat Elizabeth keinerlei intime Beziehungen mehr gehabt.

> Wenn ich einen Mann kennenlerne, der interessant aussieht und über meine Witze lacht, denke ich jedesmal: »Hm, der vielleicht?« Wie Wölkchen schweben vor meinem geistigen Auge Bilder eines Hauses am Meer mit Kindern, die am Herd spielen. Schneewittchen, Aschenputtel und Dornröschen flüstern mir ins Ohr. Einerseits weiß ich, daß ich in Phantasien verliebt bin. Andererseits weigere ich mich zu akzeptieren, daß ein Mann, der zuhört und liebevoll ist, ein unmöglicher Traum sein soll.

Inzwischen versucht sie, Männern anders zu begegnen. Sie gibt nicht unbedingt ihre geliebte Märchenphantasie auf, sondern hält nach anderen Arten von Zuneigung Ausschau, die vielleicht mit der Zeit reifen.

> Ich sagte mir, zum Teufel mit Sex, mal sehen, ob ich ein paar Freunde finde. Also habe ich all meine Wünsche

und Erwartungen aus dem Fenster geworfen und mich auf die Suche begeben wie ein Ethnologe in fremden Ländern. Wer sind diese Kerle? Was wollen sie? Was ist ihnen wichtig? Was empfinden sie? Bisher habe ich zwei Freunde gefunden, und unlängst vielleicht einen dritten.

Und doch schmerzt sie das Wissen, daß sie niemals Mutter sein wird.

Ich wollte wirklich ein Kind, auch wenn der Wunsch mich nicht verzehrt hat. Wäre er so stark gewesen, hätte ich ja vor ein paar Jahren zu einer Samenbank gehen können. Aber das Schwierigste an der Kinderlosigkeit waren die letzten Jahre. Ich hatte wundervolle Phantasien von Heirat und Familiengründung, und die muß ich nun Stück für Stück aufgeben, was sehr schmerzhaft ist. Daß ich mein Leben genieße, wie es ist, hilft mir, aber mein Aschenputteltraum hat ein zähes Leben.
Ich wünschte, ich hätte nicht vor lauter Angst und Verzweiflung einen so ganz und gar unpassenden Mann geheiratet, den ich nicht einmal mochte. Damit habe ich fünf Jahre vergeudet. Aber am meisten wünschte ich, daß ich mutig genug gewesen wäre, allein in die Welt zu ziehen, sie zu erkunden und kühn zu sein. Aber die Bäume wachsen nicht in den Himmel. Ich habe jeden Tag versucht, mein Leben so gut es ging im Griff zu behalten, und ich sehe nicht, wo ich angesichts der Möglichkeiten, die ich für mich sah, etwas hätte anders machen können. Ich kämpfe immer noch darum, allein in die Welt zu ziehen, sie zu erkunden und kühn zu sein. Es wäre sehr aufregend, wenn ich einen Mann fände, mit dem ich am Strand spazierengehen, lachen, mit dem ich vielleicht sogar Kinder haben könnte – aber ich zähle nicht drauf.
Ticktack. Ticktack. Die Zeit zwingt mich, von dem Gedanken an Kinder zu der Einsicht zu gelangen, daß ich vermutlich keine haben werde. Eine Hilfe ist mir die Entdeckung, daß mir mein Leben gefällt, wie es ist. Mit Kindern wäre ich auf so vielerlei Arten belastet und überfordert gewesen. Ohne sie hatte ich die Zeit und die Unabhängigkeit, die ich brauchte, um wachsen zu können, um erwachsen zu werden.

Die Phantasie lebt noch, aber ich lerne auch, wie die Wirklichkeit ist, und wer weiß? Vielleicht finde ich eines Tages jemanden, der gern an dem Stück Strand spazierengeht, das mir gefällt. Vielleicht hat er schon Kinder oder möchte welche adoptieren. Vielleicht möchte er keine Kinder; vielleicht gibt es ihn nicht. Bis dahin spaziere ich allein an meinem liebsten Strandabschnitt, schreibe meine Bücher, freue mich am Sonnenuntergang, habe Sex mit mir, rede mit meinen Freunden und umarme meinen Hund. Das Leben könnte viel schlimmer sein. Es war schon viel schlimmer.

Weder Diane noch Elizabeth glauben, daß sie gute *alleinerziehende Mütter* geworden wären. Und keine hat ein zweites Mal geheiratet, obwohl die Wahrscheinlichkeit auf ihrer Seite ist: Die meisten geschiedenen Frauen heiraten wieder (etwa fünfundsiebzig Prozent der weißen und siebenundsechzig Prozent der schwarzen Amerikanerinnen).[1] Wie Nancy Lucas Hampton, die im ländlichen Einzugsgebiet von Cincinnati lebt und ein zweites Mal heiratete, aber auch bei ihr stimmte der Zeitpunkt nicht.

Ich hatte mir nie vorgenommen, ein Kind zu bekommen oder kein Kind zu bekommen. Mit achtundzwanzig ließ ich mich von meinem ersten Mann scheiden, meinen zweiten habe ich erst mit vierzig geheiratet, dazwischen lagen die besten Jahre für ein Baby. Dann fanden wir uns ein bißchen zu alt dafür, hinter einem Kleinkind herzujagen.

Wie viele Frauen hat auch Nancy sehr gemischte Gefühle von Bedauern und Erleichterung. Wir werden im elften Kapitel (in dem es um Gefühle im Zusammenhang mit Kinderlosigkeit geht) sehen, daß kinderlose Frauen zwischen vierzig und fünfzig durchaus die positiven Seiten ihres Lebens schätzen und dennoch betrauern können, daß sie niemals ein Kind bekommen haben.

Tammy, die einundvierzigjährige Werbetexterin, die sich mit einundzwanzig scheiden ließ und mit fünfunddreißig zum zweitenmal heiratete, faßt zusammen, was viele Frauen empfinden:

> Bei gleichem zeitlichem Ablauf würde ich nichts anders machen. Meine erste Ehe war schrecklich. Da ein Kind zu bekommen wäre furchtbar gewesen. Danach war ich allein, und ich eigne mich ganz und gar nicht zur alleinerziehenden Mutter. Mein jetziger Mann und ich haben ein geradezu idyllisches Leben – sicherlich nicht perfekt, aber wir verwöhnen uns, arbeiten nicht allzu viel und verdienen nicht allzu viel, dafür leben wir gut und spielen viel. Ich denke immer noch, daß ich auch in Zukunft noch viele Möglichkeiten habe, und ich liebe meine Freiheit.

Vickie Riggan, fünfunddreißig, stammt aus Tennessee, war dreimal verheiratet und hat den Glauben an diese Institution immer noch nicht aufgegeben. Zu ihrer buntscheckigen Lebensgeschichte gehörte der ernsthafte Versuch, in ihrer zweiten Ehe schwanger zu werden. Sie war einundzwanzig und hoffte, ein Baby werde ihre Ehe retten. Die große katholische Familie ihres Mannes gierte nach einem Nachkommen, und Vickie hoffte, daß ihre Schwiegermutter sie ins Herz schließen würde, wenn sie ihr dieses Enkelkind schenkte.

> Als es mit der Schwangerschaft nicht klappte, stellte das die Männlichkeit meines Mannes in Frage. Ich hatte das Gefühl, kein Mensch, sondern eine Babyfabrik zu sein oder, genauer gesagt, *keine* Babyfabrik.

Aus diesem und anderen Gründen ging die Ehe bald in die Brüche. Wie die meisten geschiedenen Frauen war auch Vickie froh, ungebunden aus einer unglücklichen Ehe fliehen zu können: »Gott sei Dank war ich nicht schwanger geworden.«

Innerhalb eines Jahres hatte Vickie eine Beziehung zu einem verheirateten Mann mit zwei Kindern, und als sie schwanger wurde, hatte sie mit widerstreitenden und heftigen Gefühlen zu kämpfen:

> Er wollte das Kind, aber ich wußte, daß er seine Frau vermutlich nicht verlassen würde, und fragte mich: Selbst wenn er es tut, läßt er dann später *mich* wegen einer anderen sitzen? Ich wußte, daß ich diejenige war, die in letzter Konsequenz die Verantwortung für das Kind haben würde. Und würde ich als ledige Mutter uns beide versorgen können? Was wäre, falls ich ein behindertes Kind bekäme? Wie würde ich die Arztrechnungen bezahlen?

Nach langem Grübeln kam sie zu dem Ergebnis, daß sie nicht nur dieses Baby nicht wollte, sondern daß sie niemals die Verantwortung für ein Kind übernehmen könnte. Sie dachte an ihre eigene Kindheit, die von der ständigen Trunkenheit ihres Vaters und der »Biestigkeit« ihrer Mutter geprägt war. Sie glaubte, ein Kind nicht richtig aufziehen zu können, und sie hatte niemals einen starken Kinderwunsch. Also entschied sie sich für einen Abbruch und suchte dann monatelang einen Arzt, der sie sterilisieren würde. Zum Zeitpunkt des Eingriffs war sie vierundzwanzig, als sie dreißig war, mußte ihre Gebärmutter entfernt werden. Inzwischen ist sie fünfunddreißig und lebt in einer glücklichen Beziehung mit einem geschiedenen Mann, der zwanzig Jahre älter ist als sie und drei erwachsene Kinder hat. Seine älteste Tochter ist so alt wie Vickie. Vickie genießt es, Teil seiner Familie zu sein und hat Freude an seinen beiden Enkelkindern. Bislang bereut sie nichts.

Wie Vickie verspürt auch Lynn (die bereits im sechsten Kapitel zu Wort kam) niemals mütterliche Gefühle und erkannte erst, als sie schon schwanger war, daß sie das Kind nicht wollte. Doch im Gegensatz zu Vickie, die noch immer daran glaubt, wußte sie nicht, daß ihr auch die Institution Ehe nicht behagen würde. Als junges Mädchen wollte sie unbedingt beliebt sein und sehnte sich danach zu heiraten; Kinder schienen dazuzugehören. Sie arbeitete als Angestellte bei einer Fernseh-Show in New York, als ein Zahnarzt ihr einen Heiratsantrag machte. Sie nahm sofort an.

> Ich war neunzehn – das war damals das Alter zum Heiraten. Er war Akademiker, und ich dachte, ich heirate besser, mich nimmt sonst nie mehr einer. Ich bin dick, häßlich und nicht besonders gescheit, jedenfalls dachte ich das.

Frank war ein tüchtiger, unkomplizierter Mann mit einfachen Wünschen: Er wollte ein Zuhause, Kinder und ein ganz normales bürgerliches Leben. Lynns Mutter war entzückt, weil jemand ihr einziges Kind wollte, das ihr schon immer schwierig erschienen war. Sie gab Frank 30 000 Dollar als Grundstock für seine Zahnarztpraxis und organisierte ein Hochzeitsfest mit 500 Gästen.

Sechs Monate nach der Hochzeit wußte Lynn, daß sie einen furchtbaren Fehler gemacht hatte, aber sie wußte nicht, was sie tun sollte.

> Mir wurde klar, was für eine Idiotie ich begangen hatte. Er war der netteste Mensch auf Gottes weiter Erde, aber zu den Dingen, die ich keinesfalls wollte, gehörte, an einen anderen Menschen gebunden zu sein, und das Allerletzte, was ich wollte, waren Kinder. Das machte mir wirklich Angst, denn es hieß ja, dies sei der Sinn des Lebens – heiraten und Kinder kriegen. Aber ich wollte nichts als auf Entdeckungsreise gehen, neue Leute kennenlernen, mich amüsieren.
>
> Ich kam zu dem Schluß, daß ich verheiratet bleiben mußte. Niemand anders würde mich haben wollen, und *alle*,

die etwas auf sich hielten, waren verheiratet. Und ich dachte mir, okay, bevor Frank etwas merkt, bekomme ich ein Kind. Er macht einen solchen Aufstand wegen dieser verdammten Gören, also kriege ich jetzt eins. Ich bin ein braves Mädchen, also wurde ich schwanger.

Lynn erzählte, daß sie ihre Schwangerschaft als etwas sah, was getan werden mußte. Ihre Vorsätze, eine gute Mutter zu werden, waren aufrichtig. Sie war entschlossen, ihre Bestes zu geben. Aber im sechsten Monat hatte sie eine Fehlgeburt.

Alle kamen ins Krankenhaus: Franks Mutter, sein Vater, seine Schwester, sein Schwager und seine Schwägerin, meine Mutter, mein Vater, Tante Gertrud und ihr Mann Sam, meine Cousine Ellen, alle, alle. Und alle hatten Tränen in den Augen – alle, außer mir. Ich war froh, so erleichtert, und ich schämte mich so.

Sie führte ihre Ehe weiter, doch diese ging immer schlechter. Als Lynn Frank eines Abends die Scheidung vorschlug, antwortete er ohne Zögern: »Bitte sehr.« Er zahlte ihrer Mutter das Geld zurück, sie trennte sich mit Freuden von seinem Familienschmuck und machte ihn mit seiner nächsten Ehefrau bekannt. Deren erstes Kind wurde nach Lynn benannt.

Obwohl drei von vier geschiedenen Frauen wieder heiraten, schwört Lynn, heute vierundfünfzig, daß sie nie dazugehören wird. Aber sie liebt Männer, und sie liebt es, sie zu lieben. Nach der Scheidung lebte sie platonisch mit einem Mann zusammen. Ihre Familie war schockiert, aber das war ihr inzwischen egal. Sie machte Ferien in Europa und blieb zwölf Jahre fort. Sie lebte dort mit einem Witwer zusammen, half ihm einige Jahre lang bei der Erziehung seiner beiden Teenager, eröffnete eine Kunstgalerie und kehrte nach New York zurück, um ihrer verwitweten Mutter beizustehen. Sie arbeitete an einer Universität und fing an, Vorlesungen zu besuchen, promovierte schließlich und wurde Professorin am College.

Mit vierzig traf sie die Liebe ihres Lebens, und beide planten eine gemeinsame Zukunft. Er setzte sich in Kalifornien zur Ruhe, und sie besuchten einander in den Ferien. Lynn war überglücklich, es war ihre Traumbeziehung, und sie dauerte zehn Jahre.

Doch die Zeiten veränderten sich, ihr Partner starb plötzlich an einem Herzanfall.

Seit seinem Tod sind vier Jahre vergangen. Sie unterrichtet noch und sucht eine neue Stelle in einer anderen Stadt. Ihr Leben langweilt sie, aber sie glaubt, daß sie jetzt für die Jahre bezahlt, in denen sie »wie eine Prinzessin lebte«, viel reiste und sich vergnügte. Fast alle ihre Freundinnen sind ebenfalls alleinstehend und haben keine Verpflichtungen gegenüber Kindern.

Die meisten Frauen, die ich für dieses Buch interviewte, pflegen und schätzen ihre eigene Familie. Lynn jedoch lebt betont unabhängig und unterhält nur sehr spärliche Familienbeziehungen. Sie weiß, daß sie diese Isolation selbst gewählt hat, weil sie häufig Einladungen ablehnt. Was Kinder angeht, ist sie immer noch »über alle Maßen froh«, daß ihre einzige Schwangerschaft mit einer Fehlgeburt endete. Sie lachte über meine Frage, ob es ihr Sorgen bereite, ohne Kinder alt zu werden. Auch wenn es gegenwärtig keinen Liebespartner in ihrem Leben gibt, liebt sie sich selbst und tut, was sie möchte. Allein leben ist genau das, was sie immer wollte. Nein, es mache ihr keine Sorgen, sagte sie, und sie bedaure absolut nichts.

Die Frauen, die bisher in diesem Kapitel zu Wort kamen, heirateten jung und ließen sich dann scheiden. Einige heirateten ein zweites Mal, andere suchen noch, und

Lynn beispielsweise will nicht wieder heiraten. Das Gegenstück zu diesem Leben ist die Frau, die zu spät heiratet, um noch Kinder zu bekommen.

Nicht mehr allein

Zu spät für Kinder. Zu alt für eine Schwangerschaft, zu alt, um ihr Leben drastisch zu ändern. Manche Frauen finden ihren Traummann erst, wenn ihre besten Jahre zum Kinderkriegen vorüber sind. Manchmal hat er schon erwachsene Kinder, manchmal nicht, in jedem Fall ist es für ein gemeinsamen Kind zu spät.

Mary, siebzig Jahre alt, wollte ihre Jugendliebe heiraten. Kurz vor der Heirat verließ er sie wegen einer anderen Frau. Mary war völlig zerstört und brauchte viele Jahre, um wieder Vertrauen fassen zu können. Unterdessen waren die meisten Männer ihres Alters als Soldaten in den Zweiten Weltkrieg gezogen.

Am Wochenende fuhr Mary mit dem Bus zu ihren Eltern und half ihrer Schwester, die mit ihren Kindern dort wohnte. Auch ihre Kolleginnen waren kinderlos, denn damals bekamen nur unverheiratete Frauen die wenigen verfügbaren Arbeitsplätze. Wer heiratete, mußte aufhören.

Mit dreiunddreißig durchlebte Mary einen Wendepunkt in ihrem Leben: Ihre Gebärmutter wurde entfernt.

> Es war die einzige Operation, die ich je hatte. Mit ihr ging etwas zu Ende, und das löste bei mir eine Krise aus. Nachdem ich als junges Mädchen so verletzt wurde, war ich Einzelgängerin geblieben. Aber mit dieser Operation brach für mich alles zusammen, und ich wußte, jetzt ist es vorbei.

Erst mit Anfang vierzig freundete sie sich mit einem verwitweten Kollegen an. Als die beiden heirateten, war sie fünfundvierzig, er hatte zwei erwachsene Kinder. »Ich hätte gern Kinder gehabt, aber ich habe zu spät geheiratet«, sagte sie. Punkt. Ihr Mann hat inzwischen fünf Enkelkinder, und obwohl sie sich mit Kindern und Babys unbehaglich fühlt, gibt sie sich große Mühe, Großmutter zu sein. Sie erkennt allerdings, daß sie dabei sehr distanziert ist.

> Ich glaube immer noch, daß Kinder zu bekommen das Wichtigste ist, was eine Frau tun kann, aber man kann auch ohne sie ein erfülltes Leben haben. Ich hätte gern Kinder gehabt, aber wenn man älter wird, dann lernt man, daß man nicht immer bekommt, was man möchte, und wenn man Kinder hat, kann es sein, daß man sie verliert. Und außerdem, wer weiß, vielleicht wäre ich eine furchtbare Mutter geworden.
> Ich war lange Zeit sehr verletzt, aber ich habe nie darüber nachgegrübelt, daß ich keine Kinder habe. Ich bin nicht traurig deswegen. Ich denke einfach nicht daran. Das Leben, das ich führe, gefällt mir, ich freue mich an meiner Gesundheit und meiner schnellen Auffassungsgabe und bin dafür dankbar.

Auch Grace Downs, vierundsiebzig, heiratete zu spät, um noch an Kinder denken zu können. Viele Jahre blieb sie ledig und arbeitete in Manhattan für eine Telefongesellschaft. »Unverheiratet zu sein war schwierig«, sagte sie. »Alle meine Freundinnen waren verheiratet und hatten Kinder. Sie interessierten sich nicht für meine Probleme im Büro, und sie hatten Freundinnen, mit denen sie sich über Kinder unterhalten konnten.«

Aber Grace nutzte ihre Freiheit und finanzielle Sicherheit. Sie verdiente gut und reiste viel. Sie war in China, in Südamerika und häufig in Europa. Mit vierzig Jahren traf sie während eines solchen Urlaubs ihren späteren Ehemann. Beide heirateten noch im gleichen Jahr.

> Hätte ich früher geheiratet, hätte ich auch Kinder bekommen. Mit einundvierzig dachte ich, ich wäre schwanger, und hatte sehr gemischte Gefühle. Es wäre ein Problem geworden – was sollte ich tun? Ich war so alt, mein Mann wechselte gerade seine Stelle und so weiter. Es stellte sich heraus, daß ich nicht schwanger war, und wir sprachen über Adoption. Wir dachten an ein älteres Kind, zehn oder elf Jahre alt, aber das ist ein schwieriges Alter. Wir holten Informationen ein, aber es kam nie dazu.

Doch der Gedanke an Kinder führte dazu, daß Grace und ihr Mann beschlossen, junge Menschen in ihr Leben zu bringen. Sie nahmen in ihrem großen Bauernhaus Studenten und Studentinnen auf, und zu einigen entwickelten sich enge Freundschaften. Dann geschah etwas Tragisches: Ein junger Mann, den sie besonders gern hatten, fiel in Vietman. Grace sagte, es sei »ein furchtbarer Schlag« gewesen. Wenige Jahre später starb ein anderer junger Mann, der bei ihnen gewohnt hatte, bei einem Autounfall.

Dennoch wohnten weiterhin Studenten und Studentinnen bei den Downs. Grace schätzt, daß über die Jahre etwa sechzehn junge Menschen bei ihr gelebt haben, sie öffnet ihnen gern ihr Haus und beherbergt noch immer ein oder zwei pro Jahr. Wie aber geht es ihr damit, keine eigenen Kinder zu haben?

> Es war einfach nicht das Wichtigste. In mancher Hinsicht sind meine Gefühle mit den Jahren anders geworden. Ich liebe meine Nichten und Neffen, einige von ihnen sehe ich sehr oft, da mein Bruder in der Nähe wohnt, aber es ist nicht das gleiche, als wenn es meine Kinder wären.

Grace ist seit neunzehn Jahren verwitwet. Meist ist sie zufrieden und sehr beschäftigt damit, das Bauernhaus in Ordnung zu halten. Sie mäht das Gras noch selbst und hält die sechs Hektar Land fast allein instand.

Manchmal denke ich, wie schön es wäre, das Gefühl von Nähe zu einem Kind zu haben, aber darüber grübele ich nicht nach. Ich habe genug zu tun. Ich gehöre mir selbst, ich brauche auf niemand Rücksicht zu nehmen. Seit ich im letzten Jahr von der Leiter gefallen bin und mir den Arm gebrochen habe, erzählt mein Bruder mir ständig, was ich tun und lassen soll, es ist wirklich ärgerlich. Ich glaube, wenn Kinder älter werden, versuchen sie manchmal auch, einen so herumzukommandieren.

Hin und wieder denke ich an die Zukunft, aber ich mache mir darüber keine Sorgen. Es ist klug, ein wenig zu planen, und das tue ich. Meistens bin ich sehr zufrieden. Jetzt werden immer mehr Freundinnen von mir Witwen und sind auch frei.

Manchmal tut es mir leid, keine Kinder zu haben. Es ist natürlich, daß man sich manchmal schlecht fühlt; es wäre nett, wenn jemand anrufen würde, der sich sorgt und dafür interessiert, wie es einem geht, aber heutzutage sind Kinder soviel unabhängiger, ich denke, sie kümmern sich nicht immer so wie wir früher. Also, wer weiß?

Außerdem habe ich zu tun und bin glücklich; meine Nichte zieht im Herbst hier ein, um aufs College zu gehen, ich habe eine Dauerkarte für die Hockeyspiele, ich sehe gern Sport im Fernsehen, ich nähe, lese und bemale Porzellan; ich arbeite am Haus und habe immer in der Kirche zu tun.

Auch Iris, eine siebenundsiebzigjährige Witwe, heiratete zu spät für Kinder, aber sie denkt noch weniger daran als Mary und Grace. Es ist, als habe sie mit dieser späten Heirat einen bestimmten Weg eingeschlagen und danach niemals zurückgeblickt. Sie sagt, sie habe spät geheiratet, weil sie als junge Frau Männer nicht besonders anziehend fand. Ihr Vater verließ die Familie, als sie sehr klein war, und sie wuchs mit ihrer Mutter und ihrer Schwester sowie einer kinderlosen Tante und deren Ehemann auf.

Mutter führte ihnen den Haushalt und half im Geschäft. Insgesamt gab es fünf Tanten und Onkel, und die Männer waren alle sehr schwach. Meine Tante hat sich viel mit uns beschäftigt; für mich war sie wie eine zweite Mutter.

Iris besuchte das College, traf sich aber selten mit Männern. Sie unterrichtete an der High School und engagierte sich sehr in sozialen und politischen Organisationen. Als sie mit sechsundvierzig heiratete, war der Gedanke an Kinder schon lange verblaßt.

Ich habe Kinder sehr gern, und man sagt, daß ich mit kleinen Kindern sehr gut umgehen kann, aber ich hatte nie einen ausgeprägten Kinderwunsch. Wir sprachen nach der Hochzeit über Adoption, aber es war nicht sehr wichtig. Hätte ich früher geheiratet, hätte ich sicher Kinder bekommen – das war einfach üblich –, aber heute denke ich nicht mehr daran.

Ich habe drei Schwägerinnen, drei Cousinen, und ich war Lehrerin, hatte also ständig Kinder um mich. Es waren wunderbare Kinder, aber ich war froh, sie ihren Müttern zurückgeben zu können. Keine eigenen Kinder zu haben habe ich nie bedauert. Sicherlich entgeht mir etwas – bestimmte Freuden, Momente des Glücks vielleicht –, aber das bekümmert mich nicht. Ich hatte andere Dinge. Frauen, die Kinder gehabt haben, konnten vieles nicht tun, was sie gern getan hätten, und sie hatten nichts von dem, was ich hatte.

Kinder haben oder nicht haben, das hat mich nie sehr interessiert oder beschäftigt. Ich denke nicht darüber nach.

Die Geschichten dieser Frauen behandeln nicht alle Fragen, die eine Frau beschäftigen können, die »ihre Zeit verpaßt« hat, doch sie berühren die wichtigsten Punkte. Unabhängig von den Plänen oder Vermutungen, die diese Frauen in jüngeren Jahren hatten, war der Gedanke an Kinder davon abhängig, daß sie zum richtigen Zeitpunkt in ihrem Leben eine stabile Beziehung eingegangen wären. Dies war bei ihnen nicht der Fall, und sie sind dankbar, daß ihnen die Schmerzen einer Scheidung mit kleinen Kindern erspart blieben.

Im Unterschied zu diesen Frauen finden andere »den Traummann« durchaus zur richtigen Zeit. Es gibt nur einen Haken: Es ist für *ihn* die falsche Zeit.

Achtes Kapitel

Wenn der Partner kein Kind will

> Aber in dieser Frau ist noch das Kind; in ihr geistert noch das kleine Mädchen, klagt von innen her, klagt über den Verlust des Vaters ... Besser wäre es, zu sterben, als verlassen zu werden, denn du verbringst dein Leben auf der Suche nach dem verlorenen Vater, diesem Teil deines Körpers und deiner Seele, diesem verlorenen Fragment deines Ichs.[1]
>
> *Anaïs Nin, während ihrer einzigen Schwangerschaft an ihr ungeborenes Kind, das tot zur Welt kommen sollte.*

Wenn es um Kinder geht, liegen die Schwierigkeiten allzu häufig bei den Männern. Selbst wenn es ihnen mit einer Beziehung ernst ist, wollen sie nicht unbedingt auch Vater werden. Und viele Frauen möchten mit einem Mann, der nur halbherzig Vater wäre, kein Kind haben. Es ist zu riskant, nicht nur für das Kind, auch für die Mutter selbst.

Paula beispielsweise wußte von Anfang an, daß Gregory keine Kinder wollte. Mit achtzehn floh sie zur Armee, um ihrem Vater zu entkommen, der sie mißhandelte. Mit neunzehn lernte sie Gregory kennen, den sie ein Jahr später heiratete. Sie dachte damals kaum darüber nach, daß er keine Kinder wollte. Sie war jung und glaubte, er werde seine Meinung ändern; außerdem hatte sie noch viel Zeit. In den ersten Jahren sprachen beide selten darüber, zogen oft um und wechselten oft ihre Stellen. Als Gregory ein Studium begann, verdiente Paula das Geld für beide.

Mit Anfang dreißig war Paula eng mit einem Kreis

gleichaltriger Frauen befreundet, die viel darüber nachdachten, ob sie Kinder bekommen sollten oder nicht.

> Wir diskutierten stundenlang. Mich beschäftigte das nicht so wie meine Freundinnen, für die es ein schwieriges Problem war. Sie waren sehr starke Frauen, die ihre Arbeit ernst nahmen und denen der Beruf sehr wichtig war. Sie fanden Selbstbestätigung in ihrer Arbeit. Mir ging es einige Zeit ähnlich wie ihnen, aber dann wurde mir klar, was ich wirklich empfand. Plötzlich piepste in dieser Gruppe ein Stimmchen: »Ich bin häuslich.« »Ich will ein Nest und backen und weben.« Aber ich hatte den Gedanken an ein Kind aufgegeben, weil ich noch mit Gregory zusammen war.

Nicht völlig aufgegeben. Hin und wieder sprach Paula mit Gregory über Kinder. Aber dieses Thema war für ihn abgeschlossen.

> Es durfte nicht einmal erwähnt werden – er verließ einfach das Zimmer, wenn ich damit anfing. In einer solchen Angelegenheit gibt es keine Kompromisse, das ist einfach unmöglich. Man bekommt ein Kind oder nicht – dazwischen liegt nichts. Wenn einer nachgibt, muß es in Ordnung sein. Mehr als bloß in Ordnung. Und bei Gregory war es das nicht.

Paula wußte, daß es eine Katastrophe wäre, mit Gregory ein Kind zu bekommen. Sie wußte, daß selbst Männer, die sehr gern ein Kind wollten, allzu häufig unaufmerksame, unengagierte Väter sind. Amerikanische Väter verbringen im Durchschnitt pro Tag achtunddreißig Sekunden mit ihren Babys, sechsundzwanzig Minuten mit ihren Kindern im Vorschul- und sechzehn Minuten mit ihren Kindern im Schulalter. Etwa jeder zweite hat nie eine Windel gewechselt, drei von vier Vätern übernehmen keine Verantwortung für die Erziehungsarbeit ihrer Kinder.[2]

Trotz des ganzen Geredes vom »neuen Vater« überwiegt noch immer der alte Vater. Als 1000 Mütter bei einer Befragung ihre Ehemänner als Väter bewerten sollten, fanden unglaubliche fünfzig Prozent sie miserabel – unbeteiligt und/oder zu kritisch. Dreiviertel wünschten sich mehr Unterstützung bei der Kindererziehung, ein Fünftel sagte, sie bekämen von ihren Männern so wenig Hilfe und Unterstützung, daß sie sich wie alleinerziehende Mütter vorkämen. Nur ein Viertel der befragten Mütter meinte, ihre Ehemänner seien gute, liebevolle Väter, die sie bei der Erziehung ausreichend unterstützten.[3]

Wenn schon die Mehrzahl der sogenannten »engagierten« Väter ihre Vaterrolle so schlecht erfüllt, wie würde ein Vater wider Willen wie Gregory sein? Paula wußte, daß ein Kind ihre Ehe zerstören würde, und wenn Ehen auseinanderbrechen, verlieren Männer – selbst engagierte Väter – schnell die Verbindung zu ihren Kindern. »Es ist alarmierend, wie weit verbreitet das Phänomen des verschwindenden Vaters ist«, so die *New York Times* in einem Artikel über Scheidungen. Studien belegen, daß viele Männer sich nur so lange als Vater verstehen, wie die Beziehung anhält. »Zerbricht die Beziehung, verkümmert binnen weniger Jahre in aller Regel auch die Beziehung zu den Kindern«, sagt eine Familiensoziologin.[4] Ein Viertel aller Kinder in den USA wächst ohne Vater auf, und dies wird, so ein Wissenschaftler, »zur größten sozialen Katastrophe führen, die unserem Land bevorsteht«.[5] Ein Leben ohne Vater ist, wie einige Fachleute meinen, nicht nur die Ursache von Armut, rapide steigender Kriminalität und Drogenabhängigkeit, sondern auch von schlechten Schulleistungen bei den Kindern sowie deren emotionaler und psychischer Zerrüttung.

Und verschwindende Väter sind ganz normal: Eine Studie über Scheidungen erbrachte, daß mehr als die Hälfte der Kinder, die bei ihrer Mutter lebten, das neue Zuhause ihres Vaters nie gesehen hatte; über vierzig Prozent hatten ihren Vater in den letzten zwölf Monaten überhaupt nicht gesehen.[6] Wenn Männer, die Vater werden wollen, so wenig Engagement zeigen, wie verhält sich dann ein Mann, der dies explizit nicht wollte?

Paula hat eine Bekannte, die gegen den Willen ihres Mannes ein Kind bekam. »Dieses Kind ist jetzt zehn Jahre alt, und der Vater will es immer noch nicht«, sagte sie. »Es ist furchtbar traurig.« Eine andere Frau hat zwei kleine Töchter und einen zehnstündigen Arbeitstag als Maklerin. Wenn sie ihren Mann bittet, den Fernseher auszumachen, um ihr zu helfen oder mit den Kindern zu spielen, knurrt er: »Du wolltest sie, also mach es selbst.«

Deswegen versuchte Paula nicht, mit Gregory um Kinder zu streiten. Mit den Jahren wuchsen ihr Selbstvertrauen und ihre Unabhängigkeit, während die Bindung an ihre Ehe schwächer wurde, und mit achtunddreißig verließ sie ihn. Sie hatte, wie sie sagt, »den Gedanken an ein Kind aufgegeben«. Sie hatte andere Männerbeziehungen, und als sie von einem Mann schwanger wurde, den sie nicht liebte und mit dem sie nicht zusammenleben wollte, wußte sie, daß sie das Kind nicht zur Welt bringen würde. Sie war gerade geschieden worden und wußte kaum, wie ihr Leben weitergehen würde. Sie bedauert den Abbruch nicht, doch es tut ihr leid, wie die Entscheidung über ihre Kinderlosigkeit für sie getroffen wurde:

> Wirklich zornig und traurig macht mich, daß ich diesen Punkt nicht geklärt habe, bevor ich Gregory heiratete. Heute würde ich nicht zulassen, daß jemand eine solche

Entscheidung für mich fällt. Ich weiß, daß man für Kinder viele Opfer bringen muß, aber es hätte meine Entscheidung sein sollen, meine Wahl. Das tut mir leid.

Sie lebt inzwischen an einem See in einem umgebauten Schuppen mit lila Küche, umgeben von ihrer Katze und Dutzenden von riesigen Pflanzen. Sie pendelt vierzig Minuten in die Stadt, wo sie als Verwaltungsangestellte in einer großen Bibliothek arbeitet. Sie ist jetzt achtundvierzig Jahre alt, verbringt viel Zeit allein mit Spinnen, Weben, Stricken, geht mit Freunden und Freundinnen wandern und sagt wehmütig:

Ich hatte das Gefühl, als sei für mich die Zeit vorüber, ein Kind zu bekommen. Die Entscheidung war gefallen; ich glaube nicht, daß ich viel dazu gesagt habe, und ich glaube nicht, daß ich mich damit je wirklich befaßt habe. Ein Kind mit Gregory wäre niemals gegangen. Er hätte sich dagegen gewehrt, ich wäre heute allein mit dem Kind, das wäre finanziell und emotional sehr schwierig geworden.
Mit einem anderen Mann, in einer perfekten Situation und einer perfekten Beziehung hätte ich sicher ein Kind. Das wäre natürlich und lebensbejahend gewesen. Es gibt in meinem Leben keine richtige Trauer, aber ein Gefühl von Verlust. Ich habe etwas nicht erlebt, das wichtig gewesen wäre.
Einerseits weiß ich, daß manche Kinder schwierig sind und ihren Eltern keine Freude, sondern großen Kummer bereiten. Man kann nicht bestimmen, was geschieht. Das gehört zu den Risiken, und es macht große Angst. Diese Sorgen und diese Belastung habe ich nicht. Ich habe nicht den Schmerz der Enttäuschung, wenn ein Kind mißrät. Ich habe Freundinnen, die wegen ihrer Kinder viel Schmerz erleben.
Andererseits sterben unsere Eltern und verlassen uns. Wenn man keine Kinder hat, fehlt das Gefühl, daß nach einem noch etwas kommt. Wissen Sie, niemand kümmert sich um mich wie meine Mutter. Wenn Ihre Mutter Sie nicht liebt, wer dann? Das fehlt mir. Ich werde nie

Kinder haben, die das von mir sagen. Das macht mich nicht sehr traurig, aber ich empfinde es als Verlust, und ich sorge mich, daß dieses Gefühl stärker werden könnte, wenn ich älter werde.

Manche Frauen sagen, sie hätten gern ein Kind bekommen, wenn sie dafür nur soviel Verantwortung hätten übernehmen müssen wie ein traditioneller Vater. Väter »lassen machen«, was diesen Frauen als ideale Art erscheint, Eltern zu sein. Janice, vierundvierzigjährig, engagierte Anwältin, sagt:

Ich hätte liebend gern Kinder gehabt, wenn ich nur soviel hätte investieren müssen, wie es ein durchschnittlicher Mann als Vater tut. Aber ich konnte nicht die Pflichten übernehmen, die Mütter normalerweise haben – es ist ja immer die Mutter (ob sie ganztags arbeitet oder nicht), die Babysitter und Tagesmutter organisiert, Geburtstagsgeschenke für die eigenen Kinder und deren Freunde kauft, die sich Faschingskostüme ausdenkt, für den Kindergarten Plätzchen backt und so weiter.
Mein Mann hätte nur das übliche geringe Maß an Zeit und Energie in seine Vaterschaft gesteckt, und mit uns als Eltern hätte ein Kind nicht genug bekommen. Ich glaube, ich habe etwa die gleichen Gefühle des Bedauerns wie ein kinderloser Mann in meinem Alter – ich wäre gern »Vater« gewesen, aber es gibt für mich viele andere Möglichkeiten, mich zu verwirklichen, kreativ und produktiv zu sein.

Wie viele Frauen mußte sich auch Janice entscheiden, ob sie mit einem nicht sehr engagierten Partner ein Kind bekommen wollte oder nicht. Wenn Männer bei dem Gedanken an Kinder »lauwarm bis kalt« reagieren, so die Soziologin Kathleen Gerson in ihrem Buch *Hard Choices: How Women Decide About Work, Careers, and Motherhood*, erscheint »eine Mutterschaft nahezu ebenso schwierig und riskant, als gäbe es gar keinen Partner«. In diesen Fällen fürchten Frauen, ein Kind könne nicht nur ihre berufliche Karriere, sondern auch ihre Beziehung zerstören, was bei ihnen schließlich »die wenig verlockende Vorstellung hervorruft, jedes Kind, das sie zur Welt bringen, mehr oder weniger allein aufziehen zu müssen«.[7] Ohne einen Partner, der bereit ist, die Aufgaben der Kindererziehung und alle damit verbundenen Pflichten gleichberechtigt zu teilen, könnte ein Kind, so fürchten sie, zu einer ernsten Gefahr für ihr eigenes emotionales Wohlbefinden werden.

Wenn also ein Mann keine Kinder haben möchte, hat eine Frau gute Gründe zu zögern, bevor sie den Sprung wagt. Gerson schreibt, genau wie bei alleinstehenden Frauen erscheine unter solchen Umständen »die Entscheidung für ein Kind kurzsichtig und irrational, da die Folgen mit hoher Wahrscheinlichkeit letztendlich auf die Frau zurückfallen würden. Kinderkriegen war eine große Verlockung, der sie bewußt widerstanden.«[8] In solchen Situationen entschieden sich die Frauen, so Gerson, meist »ohne Begeisterung« für Kinderlosigkeit als die beste von mehreren unerfreulichen Alternativen.

Dorothys Mann wollte ein Kind, aber nur ein eigenes. Nach zehn Jahren Ehe war klar, daß sich keine Schwangerschaft einstellen würde. Sie führten damals – und führen nach fünfundvierzig Jahren immer noch – eine sehr gute Ehe. Dorothy wollte unbedingt ein Kind und hätte sehr gern eines adoptiert, aber ihr Mann war dagegen:

> Er wollte nicht. Ich glaube, er hatte Angst. Er wollte es einfach nicht. Ich hasse Auseinandersetzungen und bestand nicht darauf.

Sie wußte, daß es ihr nicht gelingen würde, ihn von einer Adoption zu überzeugen. Selbst wenn er sich hätte umstimmen lassen: Seine unnachgiebige Einstellung gegen eine Adoption war für sie ein Zeichen. Mit der Zeit gewöhnte sie sich an ein Leben ohne Kinder, und mit Ende dreißig begann sie die damit verbundene Freiheit zu schätzen.

> Unser Leben war wunderbar. Wir konnten vieles unternehmen, was unsere Freunde nicht tun konnten, weil sie das Geld für die Kinder brauchten. Mehr als einmal haben Leute zu mir gesagt: »Sie wissen gar nicht, wie gut es Ihnen geht, dieses und jenes Problem nicht zu haben.« Und wir hatten diese Probleme nicht. Als ich Mitte dreißig war, ließ ich mir sogar ein Diaphragma anpassen.

Da sie keine Kinder haben, konnten sich Dorothy und ihr Mann Jerry mit Anfang fünfzig zur Ruhe setzen. Vor einigen Jahren hatte Jerry einen Herzanfall, und Dorothy vermutet, daß er ihn früher und schwerer bekommen hätte, wenn er unter hoher Anspannung gelebt hätte. Sie sagt: »Man kann nicht Kinder haben und ohne Sorgen sein.«

Dorothy und Jerry stehen sich noch immer außergewöhnlich nah. Trotz ihrer guten Ehe wünscht Dorothy sich manchmal, Jerry in den ersten Jahren stärker zu einer Diskussion über Adoption gedrängt zu haben. In den letzten Jahren sind sowohl ihre Eltern als auch ihre beiden engsten Freundinnen gestorben, und die Lücke, die durch das Fehlen von Kindern entstanden ist, hat sich vergrößert.

> Ich empfinde diese Lücke jetzt stärker. Es fehlt etwas, und zur Zeit ist es mir viel deutlicher. Gerade in den letzten Jahren habe ich das empfunden.

Dorothy weiß nicht, was geschehen wäre, wenn sie ein Kind adoptiert hätten. Wäre Jerry eines Tages doch noch ein überzeugter Vater geworden? Hätte er das adoptierte

Kind immer als »Eindringling« empfunden? Hätten sie eine schwierige und nervenaufreibende Beziehung gehabt, die Jerrys Herz früher oder später vielleicht tödlich belastet hätte? Dorothy hat keine Antworten auf diese Fragen. Sie hat keine Anhaltspunkte dafür, ob es besser oder schechter, erfüllender oder belastender gewesen wäre, gegen den Wunsch ihres Mannes ein Kind zu adoptieren.

Die fünfundsiebzigjährige Lucille hingegen empfand es als Glück, einen Mann zu finden, der keine Kinder wollte. Als sie sechsundzwanzig und das erstemal verheiratet war, hatte sie eine Eileiterschwangerschaft. Damals wohnte sie mit ihrem Mann und seiner herrischen Mutter in einer Dreizimmerwohnung:

> Es war sehr unangenehm, ich war von der Schwangerschaft völlig überrumpelt. Hätte ich damals ein Kind bekommen, es wäre eine Katastrophe gewesen. Mein Mann war im Grunde mit seiner Mutter verheiratet, und sie mochte mich nicht. Nach der Eileiterschwangerschaft wurde es so schlimm, daß ich auszog.

Die Ärzte rieten ihr von weiteren Schwangerschaften ab, da das Risiko zu groß sei. Doch das machte nichts: Sie war froh, dieser Ehe entronnen zu sein, und führte als alleinstehende Frau während des Zweiten Weltkrieges ein wunderbares Leben.

> Ich weiß nicht, was geschehen wäre, wenn ich ein Kind gehabt hätte. Vermutlich wäre ich verheiratet geblieben, und es wäre furchtbar gewesen. Statt dessen ging es mir prächtig.

Mit dreißig lernte sie Christoph kennen. Er hatte schon einen Sohn aus erster Ehe, und Lucille war »heilfroh«, daß er keine Kinder mehr wollte. Sie sagte: »Das war für uns beide wunderbar.« Sie liebte ihre Arbeit als leitende

Angestellte einer Telefongesellschaft, wurde ständig befördert, war finanziell sehr gut gestellt, reiste viel und genoß ihr Leben.

> Mein Leben spielte sich im Beruf ab; ich befaßte mich nicht mit anderen Leuten und deren Kindern. Das tut man in Kleinstädten, ich führte ein Stadtleben. Meine Kolleginnen waren auch meine Freundinnen, es hat mir nie leid getan, keine Kinder zu haben. Ich war viel zu beschäftigt mit meinem Beruf. Ich habe mich nie benachteiligt gefühlt.

Mit fünfzig kündigte sie und wurde Innenarchitektin. Heute ist sie fünfundsiebzig, verkauft ihre Gemälde, ist Mitbesitzerin einer Kunstgalerie, an deren Leitung sie auch beteiligt ist, spielt eifrig Golf und geht regelmäßig auf Reisen.

> Ich hätte gern die Erfahrung gemacht, ein Kind zu bekommen. Aber so, wie ich gelebt habe, bedauere ich nichts. Mit Kindern wäre es einfach nicht gegangen; daß ich keine hatte, hat mein Leben sogar verbessert.
> Man glaubt wohl das ganze Leben lang, etwas verpaßt zu haben, weil man die Liebe und Wärme nicht hatte, die man angeblich mit Kindern erlebt. Aber wenn ich Kinder gehabt hätte, wäre meine zweite Ehe unmöglich gewesen, und wir waren sehr glücklich miteinander. Ich habe mir nicht vorgenommen, kinderlos zu sein, aber wie sich zeigt, war es sehr gut für mich. Es hätte einfach nicht zu meinem Lebensstil gepaßt.

Einige Frauen zögern mit einem Kind, weil sie – oft mit gutem Grund – daran zweifeln, daß ihr Partner sich gleichberechtigt an den Elternpflichten beteiligen werde. Die meisten Männer wurden nicht dazu erzogen, hingebungsvolle, fürsorgliche Väter zu sein; aber wenn Frauen heute Arbeit und Kind verbinden wollen, brauchen sie einen Mann, der diese Aufgaben mit ihnen teilt. Würden

Männer einen größeren Teil dieser Verpflichtungen übernehmen, fiele es vielen Frauen leichter, sich für ein Kind zu entscheiden. Dazu die Demographin Martha Farnsworth Riche, Herausgeberin von *American Demographies:*

> Wenn ich mir die Zahlen ansehe – ob es um Zeitaufteilung geht, um Sorgerecht oder darum, wieviel Zeit mit den Kindern verbracht wird –, dann sehe ich, daß sich Männer in aller Regel nicht besonders für Kindererziehung interessieren. Dadurch wird die Bürde der Mütter größer, wenn sie auch noch weiterhin berufstätig sind. Das ist das fehlende Glied in der Kette: Die Gesellschaft drängt Frauen, Beruf und Kinder zu verbinden, doch sie brauchten auch Männer, die mit ganzem Herzen Väter sind. Wenn die Männer den Frauen auf halbem Wege entgegenkämen, wäre das Kinderkriegen kein solches Problem.[9]

Lisa *wußte,* daß Adam ihr nicht auf halbem Wege entgegenkommen würde. Sie hätte gern Kinder bekommen, doch da ihr Mann sich für die Idee eines Kindes nicht erwärmen konnte, glaubte sie nicht, daß er ein guter Vater geworden wäre. Er war das einzige Kind recht alter Eltern (seine Mutter war bei seiner Geburt vierunddreißig, sein Vater fast fünfzig), war immer allein gewesen, hatte keine Erfahrung mit Babys oder Kleinkindern und konnte sich nicht vorstellen, Kinder zu haben. Er war nicht ausdrücklich *gegen* Kinder, hatte aber auch kein besonderes Interesse an ihnen.

> Wäre ich mit einem anderen Mann verheiratet gewesen, mit einem, der wirklich gern Kinder gehabt und sich auch aktiv an ihrer Erziehung beteiligt hätte, ich hätte sicher Kinder bekommen, ein Familienleben geführt mit allem, was dazu gehört. Aber ich konnte mir nicht vorstellen, daß Adam für ein Kind viel aufgeben würde. Alles, was die Kinder anging, wäre meine Aufgabe gewesen, und mir wurde klar, daß ich nicht so leben wollte.

Wir waren uns auch einig, daß unsere Beziehung vielleicht durch Kinder gefährdet werden könnte. Wir haben viel dadurch gelernt, daß wir unsere Freunde als Eltern beobachteten. Ich glaube, es hätte viel Ärger gegeben, und bin froh, daß wir uns dem nicht aussetzen mußten.

Lisa, sechsundvierzig, und Adam sind sich einig, daß sie als Ehepaar sehr gut, als Eltern möglicherweise gar nicht zusammenpassen. Lisa sagt, sie sei sehr glücklich. Sie liebt das Leben, das sie mit ihrem Mann führt, und ist zufrieden, daß sie sich gemeinsam gegen Kinder entschieden haben. Sie bedauert nichts. Beide haben keinerlei Verpflichtungen – keine Tiere, keine Pflanzen, kein Haus. Sie leben in einer Mietwohnung und genießen ihre Freiheit.

Es gibt jedoch Frauen, die kinderlos sind und dennoch viele Mutterpflichten haben: Sie sind Stiefmütter.

Stiefmütter: Frauen, die Kinder haben und doch keine

Tagtäglich gehen in den Vereinigten Staaten etwa 1300 Geschiedene mit Kindern eine neue Ehe ein, bilden damit Zweitfamilien und vergrößern die Zahl der zur Zeit fünfunddreißig Millionen Stiefeltern.[10] Etwa 8,7 Millionen Kinder – das ist jedes fünfte Kind – leben in 4,3 Millionen Stieffamilien.[11] Fachleute prognostizieren, daß schon in wenigen Jahren mehr Menschen in einer zweiten als in einer ersten Ehe leben werden.

Wenn eine Frau ohne Kinder einen Mann mit Kindern heiratet, wird sie »Sofortmutter«. Aber ihre Rolle wechselt ständig: mal handelt sie als Elternteil, ruft zur Ordnung, rät oder plant Familienereignisse; mal hat sie als »Stiefmutter« mit Kindern zu tun, die an ihrer abwesenden, leiblichen Mutter hängen; dann wieder ist sie »Nicht-Mutter« und hält sich zurück, damit ihr Mann bestimmte schwierige Dinge allein regeln kann.

Manche kinderlosen Frauen freuen sich, plötzlich mit Kindern zu leben, andere, die es an sich nicht wollten, wissen, daß der Mann, den sie lieben, nur mit Anhang zu haben ist – »liebe mich, liebe meine Kinder«. Der Übergang von alleinstehender Frau zur Sofort-Stiefmutter ist allerdings oft schwierig und belastend. Der Kinderpsychiater Dr. Richard A. Gardner schreibt dazu:

> Eine kinderlose Frau, die einen Mann mit Kindern heiraten möchte, hat mitunter unrealistische Phantasien über das wunderbare Leben, das sie mit ihm und seinen Kindern führen wird... Nach der Heirat, wenn die romantische Begeisterung nachläßt, wird die Ehefrau unter Umständen von der neuen Bürde erdrückt, die sie sich aufgeladen hat. Andere finden sich langsam in die Mutterrolle ein und gewöhnen sich mit der Zeit an die Frustrationen. Wenn ihr diese Rolle aufgedrängt wird, muß das Gefühl entstehen, in eine Falle gelockt und überwältigt worden zu sein.

So erging es der neunundvierzigjährigen Anna. »Als ich Dan kennenlernte, war ich fast vierzig und nie verheiratet gewesen. Ich hätte immer gern Kinder gehabt, und an Dan gefiel mir unter anderem, daß er Vater zweier Kinder war. Ich hatte mir vorgestellt, Teilzeitmutter zu sein, aber ohne die Probleme einer vollen Verantwortung.« Dan und seine Frau teilten sich das Sorgerecht; die Kinder verbrachten jeweils zwei Wochen bei einem Elternteil.

Anna hatte zwar Phantasien von ihrer neuen Familie und davon, wie herzlich und liebevoll alles sein werde, war aber auf das, was dann wirklich geschah, nicht vorbereitet. Die alltägliche Hektik und die Probleme, die mit dem Versuch einhergingen, die neunjährige Heather und den zwölfjährigen David erziehen zu wollen, ließen ihr ruhiges, geordnetes Leben schlagartig völlig aus den Fugen geraten. Nach einem langen Arbeitstag als Marktforscherin kam sie nach Hause zu dem banalen Kleinkram, den Kinder bedeuten: mit ihnen zum Zahnarzt, zur Tanzstunde, zum Handball gehen, ihre Wäsche waschen, bei den Hausaufgaben helfen, mit Lärm und Unordnung fertig werden (der Zwölfjährige ließ seine Rockmusik auf voller Lautstärke laufen; sie hätte ihn gern öfter gebeten, sie leiser zu stellen, fürchtete aber, nach der »bösen Stiefmutter« zu klingen). Sich ihre Liebe und ihre Achtung zu erwerben war ein langwieriger Prozeß und gelang niemals so vollständig, wie sie es sich erträumt hatte. Sie fühlte sich immer von dem Schreckgespenst der bösen Stiefmutter oder der Perfektion der leiblichen Mutter verfolgt.

Von solchen Sofort-Stiefmüttern, besonders von denen, die selbst nie Kinder hatten, wird eine überaus schwierige Anpassung verlangt, sagte Claire Berman, Autorin des Buches *Making It As A Stepparent.*[13] Sie sind nicht an das Durcheinander gewöhnt, das Kinder schaffen können, und sie haben mit Eifersucht und Haß zu kämpfen, wenn ihr neuer Ehemann seinen Kindern, die sie möglicherweise auch noch ablehnen, sehr viel Kraft widmet. Diese Stiefmütter »haben oft das Gefühl, sich an der Fensterscheibe die Nase platt zu drücken, während drinnen das Fest ohne sie stattfindet«, schreiben Karen Savage und Patricia Adams in dem Buch *The Good Stepmother: A Practical Guide.* Allzuoft erleben kinderlose Stiefmütter, die ursprünglich gern mit den Kindern leben wollten, daß sie diese Kinder lediglich versorgen dürfen. Oft müssen sie ihre kostbaren Wochenenden, Feiertage und Ferien mit Kindern teilen, die sie nicht akzeptieren, sondern zurückweisen und ärgern. Sie sollen für sie einkaufen, kochen, hinter ihnen aufräumen, mit ihnen spielen, ihnen raten und auf ihre Bedürfnisse eingehen, bekommen aber nicht die vorbehaltlose Liebe und Zuneigung, die Kinder häufig ihren eigenen Müttern entgegenbringen.

»In den meisten Familien läßt sich die ›gute‹ leibliche Mutter im Fühlen und Denken der Kinder nicht ersetzen, und der Versuch einer Stiefmutter, diese Rolle zu erfüllen, führt zu Verbitterung«, schreiben die Verfasser von *Women and Stepfamilies.*[14] Selbst wenn Stiefkinder ihre Stiefmutter gern haben, fürchten sie häufig, ihrer leiblichen Mutter gegenüber illoyal zu sein, und zeigen diese Zuneigung nicht. Gleichwohl müssen Stiefmütter den Kindern Zeit und Energie widmen, und es mag ihnen einen Stich versetzen, daß ihr Mann ein Gutteil seines Einkommens für die Kinder, manchmal auch für seine Exfrau ausgibt. So ist in Stieffamilien Geld oft ein heikles Thema, das bei der Scheidung solcher Ehen als zweithäufigster Grund genannt wird (der häufigste sind Schwierigkeiten mit den Stiefkindern).

Als Christine Gary heiratete, war sie Ende zwanzig, und beide wollten keine Kinder. Sie hatte nie welche gewollt, da sie »nicht sehr mütterlich« war, Gary hatte schon zwei Kinder, einen zehnjährigen Sohn und eine fünfzehnjährige Tochter, die aber bei der Mutter lebten. Als Christine und Gary zwei Jahre verheiratet waren, wurde klar, daß der neue Ehemann von Garys früherer Frau die Kinder mißhandelte. Als Gary Christine um ihr Einverständnis bat, das Sorgerecht zu beantragen, konnte sie nicht nein sagen. Er hätte sich zwischen seiner zweiten Frau und seinen beiden Kindern entscheiden müssen, und da er wußte, daß sie mißhandelt wurden, wäre dies keine Frage gewesen. Christine jedoch hatte das Gefühl, als seien ohne ihr Zutun die Spielregeln verändert worden und war verständlicherweise verstimmt. Schon bald war sie Sofort-Stiefmutter eines zwölfjährigen Stiefsohns und einer siebzehnjährigen Stieftochter, die sie von Anfang an auf die Probe stellten und herausforderten.

Die ersten beiden Jahre waren »furchtbar«. Emily (das Mädchen) und Christine konkurrierten von Anfang an um Gary; manchmal waren die Kinder frech zu Gary (Christine meinte, dahinter stecke ihre Mutter). Gary gab nicht auf und versuchte, ihnen ein guter Vater zu sein. Christine ertrug über die Jahre tausend kleine Kränkungen und Verletzungen, weil sie die versorgende Stiefmutter, die »böse« Stiefmutter war. Mit der Zeit gewann sie die Kinder lieb, und als sie daran dachte, Gary zu verlassen, tat sie es nicht, weil sie fürchtete, es könne ihnen schaden.

In den folgenden drei Jahren hatte Emily einen Schwangerschaftsabbruch, Gary wurde entlassen, Christine bekam ein Geschwür und ließ sich sterilisieren.

> Manchmal habe ich Angst, daß ich diese Entscheidung bereuen werde, wenn ich alt und allein bin und keine Familie habe, ... aber mein Mann sagt mir immer wieder, daß ich doch Kinder habe ... aber ich frage mich, ob diese zwei Kinder, die nicht mein eigen Fleisch und Blut sind, sich wirklich noch für mich interessieren werden, wenn ich alt bin und allein.

Jetzt ist sie froh, daß sie mit Gary kein Kind hat. »Ich bin in der Kindererziehung völlig anderer Meinung als er«, sagt sie. Aber sie liebt ihn noch immer als Ehemann und fühlt sich in der Wärme und Stabilität ihrer Ehe geborgen. Die Kinder sind aufrichtig und liebevoll, und trotz vieler Höhen und Tiefen sagt sie, es gehe ihr sehr gut.[15]

Die einundvierzigjährige Cathy hätte, anders als Christine, gern eigene Kinder gehabt. Sie hegt heute einen wachsenden Groll gegen ihren zweiundsechzigjährigen Mann, der kein Kind mit ihr haben wollte. Sie war mit Anfang zwanzig schon einmal verheiratet. Damals wollte sie ein Kind, wurde aber nicht schwanger. Nach vielen Untersuchungen stellten die Ärzte fest, daß ihr Mann eine extrem geringe Spermiendichte hatte.

> Aber sie sagten mir, ich solle ihm das verschweigen, weil es sein Selbstwertgefühl verletzen würde. Darüber starb ich innerlich. Ich war so depressiv und funktionierte überhaupt nicht mehr, bis ich mit einem Nervenzusammenbruch ins Krankenhaus eingeliefert wurde. Schließlich hielt ich es nicht mehr aus und sagte es ihm. Er war so unreif damals, es machte ihm nicht einmal etwas aus. Wie sich zeigte, war es besser, daß wir keine Kinder hatten, denn ein paar Jahre später, als ich siebenundzwanzig war, ließen wir uns scheiden.

Zwei Jahre später lernte sie in der Firma, in der sie als Sekretärin arbeitete, ihren jetzigen Mann kennen. Er war älter, wohlhabend und lebte als Witwer mit seiner damals neunzehnjährigen Tochter zusammen, die nur zehn Jahre jünger war als Cathy. Vor ihrer Heirat waren sie drei Jahre befreundet, und er bestand darauf, daß sie ihre Stelle aufgab.

> Er sagte mir erst nach der Heirat, daß er unmittelbar vor der Heirat eine Vasektomie hatte vornehmen lassen. Aber ich glaubte immer noch, daß er seine Meinung ändern werde und hoffte weiterhin, daß wir später ein Kind adoptieren oder in Pflege nehmen würden. Ich war verletzt, daß er es mir nicht erzählt hatte, aber ich machte trotzdem mit. Was sollte ich tun?

Cathys Beziehung zu ihrer Stieftochter war jahrelang schwierig. Vom Bild der idealisierten und toten, aber

›perfekten‹ Mutter verfolgt, standen sie in erbitterter Konkurrenz um den wichtigsten Mann in ihrem Leben.

> Sie hatte ihren Vater vier Jahre lang ganz für sich allein gehabt und mochte mich überhaupt nicht. Da war ich nun, jung verheiratet, und konnte mit meinem Mann nicht einmal allein sein. Es war mehr so, als konkurrierte ich mit einer anderen Frau, als daß ich ein Kind miterziehen sollte.

Cathy fühlte nie eine enge Verbindung zu ihr. Jetzt ist die Stieftocher einunddreißig, und Cathy hofft, daß sie heiraten und Kinder bekommen wird, auch wenn gegenwärtig nichts dafür spricht.

> Es würde mir helfen, wenn sie ein Baby bekäme. Das würde mein Bedürfnis nach einem Kind stillen und nahezu alles erfüllen, was ich ersehne. Ich hoffe es sehr, aber bislang hat sich nichts getan.

Also unterdrückt Cathy ihre Verbitterung und widmet sich ganz ihrer ehrenamtlichen Tätigkeit als Notfall-Sanitäterin. Sie hat immer einen Piepser dabei und stürmt mitten in der Nacht aus dem Haus, wenn sie in der örtlichen Ambulanz gebraucht wird. Außerdem besucht sie mehrmals in der Woche Abendkurse, um sich zur ausgebildeten, voll bezahlten Sanitäterin hochzuarbeiten.

> Ich mache die Arbeit sehr gern. Leben zu retten ist ein gutes Gefühl – das ist mein Beitrag zur Welt. Ich weiß, es klingt albern, aber ich habe zwei Achtzehnjährige aus meiner Abteilung sozusagen adoptiert. Sie nennen mich »Ma«, und sie reden mit mir. Mit ihnen fühle ich mich wie im Himmel. Ich albere mit ihnen rum; wir sind liebevoll miteinander. Es ist wunderbar.

Ihr Mann mag nicht, daß sie einfach verschwindet, sobald der Piepser ertönt, egal ob sie zu Besuch sind oder selbst Gäste haben. Aber sie besteht darauf.

Mit jemandem verheiratet zu sein, der anders denkt als man selbst, schränkt wirklich ein. Man kann nicht einfach trotzdem tun, was man will. Das eigene Leben ist von dem beherrscht, was der andere denkt.
Ich warne Frauen, die Kinder haben möchten und daran denken, jemand zu heiraten, der das nicht will. Solche Männer ändern ihre Meinung in den seltensten Fällen. Man gewöhnt sich mit der Zeit daran, keine Kinder zu haben, aber ich glaube nicht, daß das Gefühl jemals aufhört.
Irgendwann fangen Sie an, es Ihrem Mann wirklich nachzutragen, vor allem, wenn Sie verärgert sind. Es ist mir immer präsent, und ich muß mich manchmal zurückhalten, nicht zu sagen, »Wenn ich ein Kind hätte haben können...«. Ich könnte deswegen schrecklich verbittert werden – aber wozu wäre das gut?

Die traurigste Geschichte aber erzählte Fran. Sie ist jetzt einundfünfzig und hat mit vierundzwanzig geheiratet. Ihr Mann war damals achtunddreißig, geschieden und Vater von vier Kindern zwischen zwei und zehn Jahren. Sie lebten in der gleichen Kleinstadt wie die Mutter und die Großmutter der Kinder, die beide über die Scheidung verbittert waren. Zwanzig Jahre lang betreute sie die Kinder am Wochenende und in den Ferien, die sie bei ihrem Vater verbrachten.

Es war ja wie eine komplette Familie, und mehr konnten wir nicht verkraften. Ich hatte die idealistische Vorstellung, es sei nicht wichtig, daß es nicht meine Kinder sind – sie sind unsere Kinder. Und ich dachte, es werde alles gut werden. Wir sprachen darüber, selbst Kinder zu bekommen, aber es kam nicht dazu. Insgeheim habe ich immer gehofft, es werde doch geschehen.

Fran brauchte sehr lange, bis sie eine Verbindung zu den Kindern herstellen konnte, hatte nie das Gefühl, die Kluft völlig überbrückt zu haben. Sie machte mit einem oder zwei der Kinder Fortschritte, eine Stunde oder einen Tag später waren sie wieder für die kommende Woche verschwunden, und sie mußte von vorne anfangen.

> Man glaubt, ihnen nah zu sein, kann eine Minute lang Vertraute oder Freundin sein, aber das ist nur vorübergehend. Zwei Stunden später kehren sie zur Mutter zurück, und ich bin nur noch die Frau ihres Vaters. Mit Kindern, die nicht die eigenen sind, ist es anders. Man kommt nie an erster Stelle. Mit den eigenen Kindern kann man eine Beziehung haben – auch wenn viele leibliche Eltern das nicht haben. Mit den eigenen Kindern gibt es ein Wissen, daß man sich liebt, trotz allem, was man nicht gut findet oder billigt, man hat sich gern, egal was passiert. Aber bei Stiefkindern bleibt immer eine Distanz. Dieses Akzeptieren tritt nicht ein. Es fehlt immer etwas.

Wie andere Frauen, die mit Anfang zwanzig einen Mann heiraten, der schon Kinder hat, hatte auch sie vor der Heirat kaum an eigene Kinder gedacht. Doch als sie Anfang dreißig war, begannen ihre Prioritäten sich zu verändern, und sie wollte ein Baby. Wie viele wiederverheiratete Väter wollte jedoch ihr Mann keine weiteren Kinder.

> Er wollte keine zweite Familie gründen und mit allem von vorn anfangen. Er wurde richtig wütend – seine Heftigkeit überraschte mich. Diese Diskussionen lösten bei ihm die Angst aus, ich könnte ihn reinlegen und schwanger werden. Später habe ich erfahren, daß er jahrelang solche Gefühle hegte, daß das Thema für ihn, im Gegensatz zu mir, durchaus nicht erledigt war.
> Ich habe viel darüber nachgedacht, warum ich ein Kind wollte, und fand die Gründe egoistisch. Ich wollte jemand, auf den ich mich verlassen kann, dem ich etwas bedeute, und ich wollte das Gefühl haben, an erster Stelle zu kommen.

Fran und ihr Mann verstanden sich nicht, die Ehe ging immer schlechter. Mit fünfunddreißig ließ sie sich mit Rücksicht auf ihre eigene Gesundheit und ihr Wohlbefinden sterilisieren: ihr Mann wußte nicht einmal davon. Mit Anfang vierzig begann sie eine neue Ausbildung, um aus dem Sekretärinnen-Trott herauszukommen, und freundete sich mit Frauen an, die von der Frauenbewegung beeinflußt waren und sie zu mehr Selbstbewußtsein ermutigten. Als die Ehe in die Brüche ging, wie zwei Drittel aller Zweitehen mit Kindern[16], war sie mutig und unabhängig genug, sie zerbrechen zu lassen.

Nach der Trennung versuchte sie, die Verbindung zu den Kindern, die damals zwischen zweiundzwanzig und dreißig waren, nicht abreißen zu lassen. Obwohl sie sich zwanzig Jahre lang um sie gekümmert und sämtliche Feiertage und Ferien mit ihnen verbracht hatte, wollten diese nichts mit ihr zu tun haben.

> Das hat mich wirklich schockiert. Mir wurde klar, daß ich meine Familie verlassen hatte, um Hunderte von Meilen entfernt zu diesem Mann und seiner Familie zu ziehen. Ich hatte meine Zeit und Kraft in seine Familie gesteckt und sie zu meiner Familie gemacht, aber ich hatte das nicht für Menschen getan, denen ich etwas bedeutete. Nach der Scheidung war alles vorbei.

Fran schaffte es, die Büroarbeit hinter sich zu lassen, und arbeitet heute mit großer Freude als Personalausbilderin. Vor drei Jahren verliebte sie sich in einen Mann mit vier Kindern!

> Ich dachte, »Nein, das mache ich nicht noch einmal durch!« Aber diese Kinder sind viel älter, sehr nett, und die Beziehung zu ihnen findet über weite Entfernungen statt.

Fran wagte den Sprung und heiratete vor sechs Monaten. Eine Zeitlang war die jüngste Tochter viel bei ihnen, da sie ein College am Ort besuchte.

> Es gab immer diese Distanz. Jedesmal, wenn ich etwas tat, was sie nicht wollte, sagte sie Dinge wie: »Meine Mutter hätte das nicht getan – bei ihr hätte ich das gedurft.« Solche Sätze eben.

Unlängst wechselte diese Tochter auf ein College in einem anderen Bundesstaat, näher bei ihrer Mutter. Fran glaubt, daß sie dieses Mal keine Schwierigkeiten mit ihren Stiefkindern haben wird, weil diese geographisch entfernt und höflicher sind und daher keine großen Auswirkungen auf ihre Ehe haben.

Frans Geschichte gehört natürlich zu dem Schlimmsten, was passieren kann. Für Karen – die fünfundvierzigjährige College-Professorin aus dem sechsten Kapitel, die nie einen Kinderwunsch verspürte – war Stiefmutter sein bislang eine ungezwungene, kühle Beziehung. Die sechzehnjährige Tochter ihres Mannes lebt bei ihnen, seit ihre Mutter im vergangenen Jahr starb. Karen ist freundlich, versucht aber nicht, sie zu bemuttern, und Karens Ehemann ist ein sehr engagierter Vater. Karen sagte dazu:

> Ich versuche nicht, bei ihr eine wichtige Elternrolle einzunehmen. Ihr Vater nimmt seine Verpflichtung sehr ernst und macht das sehr gut. Ich überlasse ihr die Regie, ich spiele die Rolle: »Ich bin hier, wenn Du mich brauchst« – eher wie eine Tante. Sie muß mit mir keine Beziehung wie zu einer echten Stiefmutter aufbauen. Es war ein weicher Übergang.

Wenn die Kinder älter sind, stehen die Stiefeltern meist weniger unter Druck. Erwachsene Kinder sind häufig froh darüber, daß ihr Vater jemand gefunden hat, der ihn liebt, vor allem, wenn er nicht geschieden, sondern verwitwet ist.

Mary, der wir schon im letzten Kapitel begegneten, heiratete mit fünfundvierzig zum erstenmal. Arthur war verwitwet und hatte drei erwachsene Kinder, die auf eigenen Füßen standen. Bis Mary sechzig war, hatte sie kaum je ein Baby im Arm gehalten, dann aber bekam eine Tochter ihres Mannes ein Kind. Mary nähert sich ihrem Status als Stiefgroßmutter »vorsichtig«, versucht nicht, Hilfe und Rat aufzudrängen, sondern die Begegnung mit dem Enkelkind zu genießen.

> Daß es jetzt in meinem Leben ein Kind gibt, ist eine angenehme, wenn auch keine bewegende Erfahrung. Ich bin Stiefgroßmutter und versuche nicht, mehr zu sein, aber bei allem, was sie tun, schließen sie mich ein.

Natürlich gelingt manchen Zweitfamilien der weiche und zufriedenstellende Übergang zur »Mischfamilie«. Erfolgreiche Stiefmütter versuchen nicht, ihre Stiefkinder zu bemuttern, sondern finden für sich eine andere Rolle, als Beraterin, Freundin, Rollenmodell, Gefährtin oder Tante. Manche Experten meinen, Zweitfamilien glückten eher mit einem neuen, gemeinsamen Baby.[17] Das bedeutet keinesfalls, daß Frauen ohne eigene Kinder keine glücklichen Stiefmütter sein können. Wie erfolgreich eine Zweitfamilie ist, hängt von vielen Faktoren ab: davon, wie gütlich die Scheidung verlief, wie unterstützend und fürsorglich der Vater ist, wie sich die finanzielle Situation gestaltet, um nur einiges zu nennen. Aber niemand sollte behaupten, daß es einfach ist.

Neuntes Kapitel

Unfruchtbarkeit

> Eine erfolglose Unfruchtbarkeitsbehandlung ist eine tiefe Tragödie für Menschen, die Hoffnung, Zeit und Geld investiert und ihr Leben verändert haben, um ein Kind zu bekommen. Irgendwann aber müssen das Paar und der behandelnde Arzt erkennen, daß eine weitere Behandlung wenig erfolgversprechend ist und das Paar seine Hoffnung auf ärztliche Hilfe aufgeben sollte...
> Wie ein unfruchtbarer Mensch sein Leben auch gestalten mag, der Schatten der Unfruchtbarkeit verschwindet selten völlig... sie wird immer zu seinem Leben gehören.
>
> *Constance Shapiro*[1]

Denise heiratete 1972. Damals war sie Anfang zwanzig, und beide wollten zunächst ihr Leben als Jungverheiratete genießen. »Wir dachten, es sei klug, erst richtig zusammenzuwachsen, bevor wir Eltern werden«, sagt sie. Ein Jahr später setzte sie die Pille ab, benutzte aber weiterhin empfängnisverhütende Mittel: »Ich wollte sichergehen, daß ich keine künstlichen Hormone mehr im Körper habe, und achtete darauf, daß wir alles richtig machten.«

Ab Sommer verhüteten sie nicht mehr, weil sie ein Frühjahrskind planten, »so naiv waren wir damals«. Sechs Jahre, zwei Operationen und ›Berge naßgeweinter Papiertaschentücher‹ später waren Denise und ihr Mann immer noch ohne Kind. Sie gehören zu den 3,5 Millionen amerikanischer Paare – das ist jedes sechste –, deren Leben von Sterilität erschüttert wurde, einem Problem, das heute fünfundzwanzig Prozent häufiger vorkommt als noch in den sechziger Jahren. Kinderwunsch im fortgeschrittenen Alter, Geschlechtskrankheiten und die nachteiligen Folgen früherer Empfängnisverhütung sind nur einige Gründe dafür.

Jeder und jede kennt eine Frau, die nicht ohne weiteres schwanger wird – selbst im Fernsehen und im Kino. Joyce Davenport, die engagierte Staatsanwältin der Serie ›Hill Street Blues‹, ist unfruchtbar (ihr Fernseh-Ehemann Captain Frank Furillo versichert ihr, er habe sie *ihretwegen* geheiratet und nicht wegen ihrer Empfängnisfähigkeit). In der verrückten Filmkomödie *Arizona Junior* will Holly Hunter so verzweifelt ein Kind, daß ihr Ehemann einen neugeborenen Fünfling kidnappt. Glenn Close und James Woods unterziehen sich in dem Film *Second Hand Family* zahlreicher Fruchtbarkeitsbehandlungen, bis sie sich für eine Adoption entscheiden. Dies tut auch das Anwaltsehepaar Kelsey und Stuart Markowitz in ›L. A. Law‹; allerdings platzt dieser Plan im letzten Moment: Dank Hollywood wird Ann wundersamerweise trotz Stuarts verheerend geringer Spermiendichte schwanger.

Aber wir leben nicht in der Kino-Wunderwelt, und selbst von denen, die es tun, können einige nicht schwanger werden oder ein Kind austragen. Sterilität kann Paare schwer belasten und mitunter eine Lebenskrise auslösen. Allein der erste Schock darüber, daß es überhaupt Schwierigkeiten gibt, kann eine Beziehung erschüttern. Denise dazu:

> Wir waren sehr eigenständig und hatten gelernt, daß wir alles erreichen können, wenn wir hart genug dafür arbeiteten – Bildung, eine gute Stelle, ein eigenes Haus und ein Baby im Kinderzimmer. Niemand hatte mich darauf vorbereitet, daß man nicht immer bekommt, was man möchte, vor allem keine Schwangerschaft. Ich war sehr verzweifelt. Jemand hatte die Spielregeln geändert und mir nichts davon gesagt.

Denise und ihr Mann suchten ärztliche Hilfe. Etwa die Hälfte aller Paare bekommen auf diesem Weg schließlich ein Kind, aber Denise gehörte nicht dazu. Ihre Unfruchtbarkeit war nicht erklärbar, und als ein Versuch nach dem anderen fehlschlug, fühlte sich Denise immer hilfloser und hoffnungsloser.

Die Fruchtbarkeitsbehandlungen können Monate, manchmal Jahre dauern und Tausende von Dollar kosten; in den USA werden für solche Behandlungen jährlich etwa eine Milliarde Dollar ausgegeben. Während der Bemühungen sinkt meist das emotionale Wohlbefinden eines Paares. Manche haben das Gefühl, sie hätten die Kontrolle über ihr Leben verloren. Viele erleben schwere Gefühlskrisen und werden von Ängsten verfolgt: Angst, daß ihr Partner sie verlassen wird; Angst, daß sie nie ein Kind bekommen können; Angst, daß sie im Alter allein und einsam sein werden. Mitunter fühlen sich Unfruchtbare panisch, depressiv, wertlos oder verletzlich, oder sie beginnen, an sich und/oder ihrer Beziehung zu zweifeln.

Zu Beginn tat Denise alles Erdenkliche, um schwanger zu werden. Wie so viele Paare wurde sie ›unfruchtbarkeitsabhängig‹ und war geradezu besessen von Temperaturtabellen, Ovulationstests, postkoitalen Untersuchungen und Hormonbehandlungen als Weg, ein gewisses Maß an Kontrolle auszuüben. Denise wollte mit allen Mitteln den Kampf gegen die Natur gewinnen:

> Ich glaube, ich wollte dann vor allem schwanger werden, weil ich es nicht konnte, und nicht, weil ich mir so sehr ein Kind wünschte. Ich war so besessen von diesem Kampf und davon, zu beweisen, daß mein Wille stärker war; ich dachte nicht mehr an das Kind, nicht mehr daran, Mutter zu sein, oder daran, daß dies eine lebenslange Aufgabe ist.

Gilda Radner, die verstorbene Komödiantin und Ehefrau des Schauspielers Gene Wilder, berichtete von einer ähnlichen Reaktion:

> Mir fiel die Entscheidung für ein Kind wirklich schwer... aber wenn es kein natürlicher Vorgang mehr ist, sondern mit medizinischen Verfahren und freiwilligen Eingriffen erreicht werden soll, dann wird die Entscheidung plötzlich zu einer Besessenheit. Für mich ging es weniger darum, ob ich ein Kind wollte oder nicht; ich war einfach unfähig zu akzeptieren, daß ich es nicht haben konnte.[2]
> Ich konnte mein Schicksal nicht annehmen und begann, mit den Fäusten gegen die Tür zu schlagen, die ich möglicherweise von der anderen Seite selbst verschlossen hatte.[3]

Radner bezieht sich auf eine illegale Abtreibung zwanzig Jahre zuvor und auf die neunzehn Jahre danach, in denen sie sich ohne einen Gedanken an Schwangerschaft ihrer Ausbildung und ihrem Beruf widmete.

Denise wurde nicht schwanger. In dem Maße, wie medizinische Behandlungen ihr Denken und ihren Körper besetzten, mußte sie ständig mit Verlusten fertig werden – von Privatheit, von Kontrolle über ihre Reproduktion und ihren Alltag. Das vermeintlich Natürlichste auf der Welt war klinisch und unpersönlich geworden. Jedes Detail ihres Sexuallebens und ihrer Genitalien wurde untersucht und analysiert.

Denise wurde mit der Zeit deprimiert und zornig, beides übliche Reaktionen bei Frauen in ihrer Situation. Sie sind häufig deprimiert, weil sie so wenig Kontrolle haben, und sie sind wütend auf ihren Körper, der sie im Stich läßt, wütend auf das Schicksal, das sie betrügt, wütend auf die Ärzte, die sie mit Spiralen und anderen schädlichen Methoden der Empfängnisverhütung betrogen haben, wütend auf die Spezialisten für Sterilität, die bohren und nachhaken und schmerzhafte Untersuchungen machen, wütend auf Freunde und Familie, die sie unter Druck setzen, oder die selbst Kinder bekommen, und wütend auf Menschen, die unabsichtlich verletzende Bemerkungen machen.

Wo Intimität war, entsteht durch Sterilität eine Barriere. Da Frauen dazu erzogen wurden, auf Bindungen Wert zu legen und ihre Gefühle zu zeigen, trifft sie Unfruchtbarkeit fast immer tiefer, und die mangelnde emotionale Unterstützung ihres Mannes frustriert und verletzt sie. Eine Untersuchung kam zu dem Ergebnis, daß siebenundfünfzig Prozent der Frauen, aber nur zwölf Prozent der Männer ihre Unfruchtbarkeit als schwerste Krise ihres Lebens bezeichneten. Achtundfünfzig Prozent der Frauen, aber nur zweiunddreißig Prozent der Männer sagten, daß ihnen eine fundamentale Lebenserfahrung fehlen würde, wenn sie keine Kinder bekämen.[4]

Da Partner auf Unfruchtbarkeit unterschiedlich reagieren, entsteht zwischen ihnen ein Gefühl von Distanz und Isolation. Zugleich wird Sex überwacht, geplant und erzwungen und verliert so jede Vertrautheit und Spontanität.

Für Frauen, die Männer mit Kindern heiraten, ist es am schwierigsten, mit ihrer Unfruchtbarkeit fertig zu werden, denn diese Männer sind kaum motiviert, an einer Sterilitätsbehandlung teilzunehmen. Viele meinen, ihre Frau könne gern ein Baby bekommen, wenn sie das wolle, doch sobald Schwierigkeiten auftauchen, kommt von diesen Männern besonders wenig emotionale Unterstützung. »Diese Frauen sind wirklich eine vergessene Gruppe, die ständig größer wird. Ihre Männer sind an einer ärztlichen Behandlung kaum interessiert, wir sehen die Frauen in der Klinik, sie kommen Tag für Tag, Monat für Monat allein, und haben nicht die emotionale

Unterstützung, die sie in dieser Zeit so dringend brauchen«, sagte Linda Hammer-Burns, klinische Psychologin an der Gynäkologie der Universitätsklinik Minnesota. Und sie haben auch weniger Wahlmöglichkeiten: Männer, die aus einer vorangegangenen Ehe bereits Kinder haben, sind am wenigsten gewillt, auf Spendersamen zurückzugreifen oder eine Adoption in die Wege zu leiten.

Denise' Mann Randall hatte noch keine Kinder und war während der endlosen und teuren medizinischen Behandlungen überaus liebevoll. Doch das Paar lebte jahrelang im emotionalen Niemandsland. Wenn eine Behandlung nicht anschlug und/oder Denise ihre Menstruation bekam, trauerten sie jedesmal um das Kind, das sie nicht zeugen konnten. Zugleich klammerten sie sich an den letzten Rest Hoffnung, daß es ihnen eines Tages doch noch gelingen würde.[5]

Jedes zweite unfruchtbare Paar bekommt jedoch kein lebend geborenes Kind und muß irgendwann anfangen, um sein Traumkind zu trauern, damit es die Krise seiner Unfruchtbarkeit überwinden kann. Beide müssen trauern, weil ihnen der Traum von Schwangerschaft, Geburt und der Pflege eines Säuglings so lieb geworden ist. Sie haben sich in ihrer Phantasie ausgemalt, wie das Kind aussehen und wie es ihr Leben verändern wird, wie sie sich im Schein seiner Liebe wärmen werden.

Aber der Trauerprozeß um ein Kind, das es nie gab und nie geben wird, ist ein einsamer, isolierter Kampf. Unfruchtbarkeit ist eine ›unsichtbare Behinderung‹, die von anderen kaum als solche anerkannt wird.[6] Es fehlt keine reale Person, es gibt keine gemeinsamen Erinnerungen, keine gesellschaftliche oder öffentliche Anerkennung eines Verlustes, keine Beisetzung. Andere wissen nichts von ihrem Kummer, es sei denn, sie wollen ihn teilen. Dieser Schmerz kann verletzen und lähmen, bis die Betreffenden mit ihm fertig geworden sind.

Der Übergang

Wenn ein Paar kein Kind zeugen kann, muß es seine Unfruchtbarkeit als Verlust anerkennen und alle Stufen von Trauer durchleben, um sich dann für eine Adoption oder ein kinderfreies Leben entscheiden zu können. Leugnen beide den Schmerz und Verlust, weigern sie sich, darüber zu sprechen, können diese Gefühle der Ehe Schaden zufügen. So erging es Deanna, einer dreiundvierzigjährigen Fotografin aus Kalifornien. Sie empfand es als so schmerzlich, nicht schwanger werden zu können, daß sie deswegen nie zum Arzt ging. Ihre Ehe hielt der Belastung einer chronischen Unfruchtbarkeit nicht stand.

> Ich glaubte, jederzeit schwanger werden zu können, und mein Mann hoffte von Monat zu Monat, was mich sehr unter Druck setzte. Ich zählte jeden Monat die Tage. Er verließ mich nach acht Jahren, als ich neunundzwanzig war, im wesentlichen wegen meiner Kinderlosigkeit. Es war eine sehr schwierige Zeit für mich, und ich brauchte zwölf bis vierzehn Jahre, um mich emotional davon zu erholen.

Andere Paare suchen ärztliche Hilfe, bis sie entweder Erfolg haben oder entscheiden, mit ihren Bemühungen aufzuhören. Paare können erst dann wieder Kontrolle über ihre Gefühle und ihr Privatleben erlangen, wenn sie sich nicht mehr nach einem Kind sehnen, sagt die Fruchtbarkeitsexpertin Constance Shapiro, Autorin des Buches *Infertility and Pregnancy Loss* und Professorin an der Cornell University. Erst wenn sie den Verlust als solchen anerkennen, können sie die Trauer verarbeiten, ihren Verlust akzeptieren und irgendwann ihre Identität und ihr Selbstbild, ihre Erwartungen, Hoffnungen neu definieren und wieder in die Zukunft blicken.

Manchmal bereitet der Schritt zur Akzeptanz offenbar kaum Schwierigkeiten, vor allem wenn die Frauen nicht wählen können. Für ältere Frauen, die zu einer Zeit aufwuchsen, als Sterilität noch nicht offen diskutiert werden konnte, gab es kaum ärztliche Behandlungsmöglichkeiten. Viele meiner älteren Gesprächspartnerinnen sagten, sie hätten ihre Kinderlosigkeit ohne Gefühlskrise hingenommen. Einige fanden Stärke in dem Glauben, daß Gott sie für ein anderes Leben als das der Mutter ausersehen hat.

Ruth, die fünfundachtzigjährige Witwe eines College-Professors, lebt allein in einer Altenwohnanlage. Sie heiratete mit sechsundzwanzig und wurde nicht schwanger, ohne daß ihr Arzt einen Grund finden konnte. Heute sitzt sie im Rollstuhl und wird tagsüber von einer Pflegerin versorgt.

> Für uns war das nie ein Problem. Wir stammten beide aus gläubigen Familien, und wir hatten gelernt, daß man geboren wird und stirbt und dazwischen hinnimmt. So habe ich mein Leben lang gelebt. Man kann nicht ständig weinen. Ich habe alles genommen, wie es kam.

Florence, eine fünfundfünfzigjährige Buchhalterin, ist seit vierunddreißig Jahren verheiratet. Sie wurde nie schwanger, und da sie annahm, der Arzt werde sowieso nichts tun können, ging sie gar nicht erst hin. Sie ließ es einfach auf sich beruhen. »Ich liebe Kinder, und ich war jedesmal neidisch, wenn jemand ein Kind bekam«, sagt sie. »Aber mit dreißig ließ das Gefühl nach, und ich überwand meinen Wunsch nach einem Kind.«

Andere Paare hingegen müssen in einer solchen Situation nicht nur ihrem Leben, sondern auch ihrer Ehe einen neuen Sinn geben. Paare, die imstande sind, für sich und ihre Ehe neue Ziele zu definieren, meistern eine solche Krise am besten. Weitere wichtige Hilfen sind hohe Selbstachtung, finanzielle Sicherheit und ein erfolgreiches Berufsleben, das ein Gefühl von Identität und Selbstwert verleiht.[7]

Vor allem Frauen müssen ihre Identität und zukünftigen Ziele vom Muttersein auf das Nicht-Muttersein umstellen. Anne und Ralph Matthews, Soziologen und Experten für ungewollte Kinderlosigkeit, schreiben, dieser Übergang zum Nicht-Elternsein könne ebenso bedeutsam sein wie der zum Elternsein. »Nicht-Elternsein beeinflußt die Familie und die persönliche Identität ebensosehr wie die Elternschaft.«[8]

Um mit der Sterilität wirklich fertig werden zu können, müssen Paare ihren Verlust auf gleiche Weise betrauern wie Überlebende den Tod eines geliebten Menschen. Gespräche und das Äußern von Gefühlen sind in dieser Zeit sehr wichtig – übliche Gefühle sind Schock, Verleugnung, Zorn, Schuld, Verlangen, Hilf- und Hoffnungslosigkeit. Dieser Schmerz kann Monate, sogar Jahre dauern, und es wird immer wieder Phasen des Weinens und der Verzweiflung geben, aber das Zulassen dieser Gefühle gehört zur Trauerarbeit, ist die natürlichste und gesündeste Art, mit einem Verlust fertig zu werden. Diese Trauerarbeit führt zur Akzeptanz, und erst dadurch können Hoffnung und Kraft zurückkehren.

Die Psychoanalytikerin Judith Viorst, Autorin des Buches *Necessary Losses*, spricht davon, daß jeder Mensch mit Verlust und »Loslassen« umgehen muß:

> Wir wachsen ein Leben lang, indem wir unsere engsten Bindungen aufgeben ... geliebte Teile unserer selbst. Wir müssen uns in unseren Träumen und engsten Beziehungen all dem stellen, was wir niemals haben und niemals

sein werden. Wer sich mit tiefen Gefühlen bindet, setzt sich der Möglichkeit eines Verlustes aus. Und wie umsichtig wir auch sein mögen, manchmal verlieren wir.[9]

Deanne erzählte mir, aus verzweifelter Hoffnung sei zunächst verzweifelter Kummer und schließlich Hinnahme geworden. Sie wird ihre Sterilität immer als schmerzlich empfinden, sieht aber die neue Bedeutung, die ihr Beruf für sie gewann, als positive Seite ihrer Kinderlosigkeit. Er ist keine Kompensation für ein Kind, aber ein lebensbejahender Weg, ihre Kraft zu investieren und ihrem Leben eine neue Bedeutung und einen Sinn zu geben.

Meine Arbeit war sehr wichtig für das Gefühl, nützlich und auf positive Art beschäftigt zu sein. Inzwischen widme ich meine ganze Zeit meiner Arbeit, ich brauche sogar eine Haushaltshilfe. Mein Mann muß mich aus meinem Arbeitszimmer zerren, damit ich einmal entspanne. Mein Leben hat jetzt so viel Sinn, daß Kinder störend wären. Ich genieße mein ›kinderloses‹ Leben, denn ich kann mich wichtigen sozialen Aufgaben, lebenslangen Träumen und Zielen widmen.

Die achtunddreißigjährige Terri, von der schon in der Einleitung die Rede war, hatte nie berufliche Ambitionen, investierte aber ihre ganze Kraft in die Pferdezucht, in den Entwurf und Bau eines luxuriösen Hauses und in die Pläne für Aufteilung der 16 Hektar Land, die sie und ihr Mann vor zehn Jahren erworben haben. Wie war der Übergang für sie?

Eine Familie zu haben war für mich sehr wichtig, und ich habe nie bezweifelt, daß ich sie haben würde. Aber nachdem ich sechs Jahre lang zu Ärzten gegangen und in einem Jahr viermal operiert worden war, Untersuchungen und Analysen aller Untersuchungen gemacht wurden und man mir dann sagte, ich könne keine Kinder bekom-

men, fühlte ich eine Woge der Erleichterung. Ich war froh, endlich etwas Definitives zu hören.
Ich weinte den ganzen Tag, schloß mich mit einer Schreibmaschine in ein Zimmer ein und schrieb mir von Freitag bis Sonntagabend alles von der Seele. Ich habe getippt und getippt, und als ich am Sonntag rauskam, fühlte ich mich wie neu.

Einige Frauen erreichten Frieden, indem sie ihre Unfruchtbarkeit als Schicksal akzeptierten. Viele waren nicht religiös, wußten aber, daß ein weiteres Ankämpfen gegen ihre Unfruchtbarkeit zum Kampf gegen sie selbst würde. Margret, sechsundsechzig, litt viele Jahre unter Myomen, und als sie neununddreißig war, wurde ihre Gebärmutter entfernt.

Nach dieser Operation sagte ich mir, das war's also. Es ist vorbei. Ich glaube, es ist viel schwieriger, ständig zu bangen und hoffen, daß man schwanger ist. Aber als ich wußte, okay, so ist das eben, da dachte ich, ich muß jetzt auf die Füße kommen und mein Leben weiterführen.

Eine Frau verweist auf das Gebet der Anonymen Alkoholiker als Quelle der Kraft: »Gott gebe mir die Gelassenheit, die Dinge zu akzeptieren, die ich nicht ändern kann; den Mut, die Dinge zu ändern, die ich verändern kann; und die Klugheit, zwischen beidem zu unterscheiden.«

Sobald diese Frauen den Gedanken aufgaben, Mutter sein zu müssen, und erkannten, daß sie nicht reproduktiv sein mußten, um produktiv und kreativ sein zu können, konnten sie ihr Leben wieder in die Hand nehmen.

Wichtig hierfür ist, die Verbindung zum Partner zu festigen; wenn die emotionalen Bedürfnisse einer Frau nicht durch das erhoffte Kind gestillt werden, muß dies durch ihren Mann geschehen, sagt Dr. Linda Hammer-Burns. »Wenn eine Frau ihre Beziehung nicht als emotional sehr befriedigend erlebt, ist es sehr viel wahrscheinlicher, daß sie nach einer erfolglos abgeschlossenen Behandlung ihre Ehe beendet. Die Unfruchtbarkeit wird zur Wasserscheide – das hat weniger mit Kinderlosigkeit zu tun als vielmehr damit, daß emotionale Bedürfnisse erfüllt werden müssen. Ich habe Frauen sagen hören, ihre Ehemänner seien ganz in Ordnung, wenn es Kinder gäbe; gibt es sie nicht, sei die Situation unerträglich.«

Hammer-Burns hat in einer kleinen Studie herausgefunden, daß sich jedes zweite ungewollt kinderlose Paar trennt, und zwar vor allem, weil Frauen die Ehe, wenn sie kinderlos bleibt, nicht als emotional befriedigend empfinden. »Nachdem sie ihre Ehe beendet hatten, waren diese Frauen sehr viel mehr mit sich in Frieden«, sagt Dr. Hammer-Burns. Bei Paaren, die zusammenbleiben, wird die Beziehung viel enger. Beide haben miteinander eine Lebenskrise überstanden und neue Ziele definiert. Frauen, die für dieses oder auch für Diana Burgwyns Buch *Marriage Without Children* interviewt wurden, fühlten sich nach einer solchen Behandlung ihren Ehemännern nah und waren mit ihren Beziehungen zufrieden.

Warum manche keine Kinder adoptieren

Das Leben wieder aufzunehmen kann bedeuten, ein Kind zu adoptieren, sich langsam an ein Leben ohne Kinder zu gewöhnen oder sich bewußt für ein kinderfreies Leben zu entscheiden. Experten sagen, es sei für den Erfolg einer Adoption unabdingbar, daß Eltern erst die bereits beschriebene Trauerarbeit um ihr leibliches Traumkind zu Ende geführt haben. Ein Adoptivkind sollte kein *Ersatz* für ein leibliches Kind sein, die Entscheidung, ein nicht-leibliches Kind mit ganzem Herzen anzunehmen, muß davon unabhängig sein.

Von den unfruchtbaren Amerikanerinnen, die 1988 nicht schwanger wurden, interessierten sich nur siebzehn Prozent für eine Adoption, und weniger als die Hälfte derer, von denen man es am meisten erwarten würde – nämlich verheiratete, weiße, unfruchtbare, kinderlose Frauen zwischen dreißig und vierundvierzig – adoptierten tatsächlich, so das überraschende Ergebnis einer Untersuchung aus dem Jahr 1990.[10] Entgegen früherer Schätzungen, nach denen sich jährlich zwei Millionen Paare und eine Million Ledige um die Adoption von nicht einmal 20 000 Babys bemühten, kam diese Untersuchung zu dem Ergebnis, daß 1988 nur 200 000 Frauen ein Kind adoptieren wollten. Viele Paare lassen sich von der zwei- bis fünfjährigen Wartezeit auf ein gesundes, weißes Baby abschrecken und können sich die Kosten einer Adoption (8500 Dollar) nicht leisten – ganz zu schweigen von den 10 000 bis 30 000 Dollar, die eine Adoption über private Agenturen kostet. Andere haben nicht die Nervenstärke, das Ende der Schwangerschaft einer Unbekannten abzuwarten, denn es ist bekannt, daß zwanzig Prozent der privat getroffenen Adoptionsvereinbarungen nicht eingehalten werden. Oder sie ertragen einfach die Befragungen nicht, die indiskret und kritisch sind. Denise dazu:

> Wir sprachen immer wieder von einer Adoption, unternahmen aber nichts. Nicht, weil wir gegen Adoption wären, sondern weil es ein Weg war, psychisch gesund zu bleiben, nicht verletzt zu werden. Die Adoptionsagentur hätte vermutlich viele Fragen gestellt, wie die Ärzte es schon getan hatten, und hätte versucht, alles über uns zu erfahren.
>
> Wir fühlten uns nach den Erfahrungen der Fruchtbarkeitsbehandlung verletzlich und nicht stark genug, diese

Art von Überprüfung zu ertragen. Es war mehr Selbstschutz als die Entscheidung gegen eine Adoption.

Andere Paare fürchten, mitunter zu Recht, daß sie als Adoptionseltern abgelehnt werden könnten. Dies gilt beispielsweise für Paare, die gesundheitliche oder finanzielle Probleme haben, zu alt oder stark behindert sind. Noch vor fünfzehn Jahren wurden Paare unterschiedlicher Religionszugehörigkeit abgelehnt. So erging es auch Barbara, heute achtundvierzig: Sie und ihr Mann konnten kein Kind adoptieren, weil sie Katholikin ist und er Presbyterianer. Barbara heiratete mit siebenundzwanzig, verhütete nicht und wurde zwei Jahre später schwanger.

Ich nahm an, daß alles normal verlaufen würde. Wir waren zwei Jahre verheiratet, und ich wußte nicht einmal, daß ich schwanger war, bis ich im fünften Monat eine schreckliche Fehlgeburt hatte. Wir waren auf einer Wanderung, und ich wäre fast verblutet.

Sie litt, wie sich später herausstellte, an Endometriose. In den folgenden sechs Jahren versuchte sie, schwanger zu werden, begann aber statt dessen zu unerwarteten Zeiten heftig zu bluten.

Ich war beispielsweise in der Stadt, und plötzlich schoß Blut aus mir heraus. Dann rief ich immer ganz verzweifelt meinen Mann an, damit er mir einen Mantel brachte. Ich wußte nie, wann es wieder passieren würde.

Nach nahezu einem Dutzend Ausschabungen erhielt sie Medikamente, um die Blutungen zu unterdrücken. Aber sie wurde nicht schwanger, und sie und ihr Mann durften kein Kind adoptieren.

Andere Paare adoptieren kein Kind, weil einer der Partner es nicht möchte. Der Grund dafür ist Angst: Angst, keine wirkliche Beziehung zu dem Kind aufbauen zu können, Angst, daß es während der Schwangerschaft unzulänglich versorgt wurde oder unbekannte genetische Schäden hat; Angst, daß die leibliche Mutter eines Tages das Kind zurückfordern könnte; Angst, ein Kind aufzuziehen, daß sich nach seiner leiblichen Mutter sehnt und sie sucht.

Einige Frauen meinen, Adoption sei gesellschaftlich nicht akzeptiert, und lehnen sie daher ab. Bei einer Befragung sagten einundsiebzig ungewollt kinderlose Frauen zwischen fünfundzwanzig und fünfundvierzig, die Liebe zu einem Adoptivkind sei zweitklassig, da ihr das biologische Band fehle, die Kinder seien zweitklassig, weil ihre genetische Herkunft unbekannt sei, und Adoptiveltern seien keine ›wirklichen‹ Eltern.[11] Wer so denkt, meinen die Verfasser des Buches *Let's Talk About Adoption*[12], ist *immer noch* unfruchtbar, statt *nicht mehr* unfruchtbar. Wenn sie auf dieser Stufe ein Kind adoptierten, wäre es für sie lediglich eine ständige Erinnerung an das ihnen versagte leibliche Kind. Eine Adoption kann nur erfolgreich sein, wenn sie nicht als zweitbeste Lösung angesehen wird. Nur wenn Unfruchtbarkeit als Möglichkeit empfunden wird, ist eine Adoption sinnvoll.[13]

Manche Frauen möchten kein Kind bemuttern, dessen Gene nicht ihre eigenen sind. Sie wollen Schwangerschaft und Geburt selbst erleben. Ellen, die Therapeutin aus dem dritten Kapitel, heiratete mit zweiundvierzig zum zweitenmal, hatte eine Eierstockoperation, unterzog sich einer In-vitro-Fertilisation und entschied sich mit fünfundvierzig dann doch gegen die Mutterschaft. Sie erzählte mir, warum eine Adoption für sie nicht in Frage kam:

> In mancherlei Hinsicht fühle ich mich bei meinen Patienten schon wie eine Adoptivmutter. Ich hätte wirklich gern gewußt, wie es ist, schwanger zu sein, ein Kind zur

Welt zu bringen, zu sehen, was unsere Gene produziert hätten. Aber mein Wunsch nach einem Kind war nicht stark genug, um ein Adoptionsverfahren auf mich zu nehmen.

Terri hat sich mit ihrer Unfruchtbarkeit vor über zehn Jahren nach vier Operationen abgefunden. Sie hat sich nie um Adoption bemüht, weil ihr eigene Kinder sehr wichtig waren. Zweimal wurde ihr in den letzten zehn Jahren über Verwandte, die Ärzte sind, ein Neugeborenes zur Adoption angeboten. Sie zögerte.

> Das erste Angebot kam, als wir noch mitten in der Sterilitätsbehandlung waren, damals konnten wir nicht ernstlich darüber nachdenken. Aber das zweite Baby wurde uns vor vier Jahren angeboten, und ich war wirklich unsicher. Meine Mutter sagte, natürlich adoptierst du es, aber das war ihr Wunsch, nicht meiner. Sie wollte, daß ich diese Chance wahrnahm, aber ich wollte schwanger sein.

Terri mußte bei ihrem Kinderwunsch die eigenen Prioritäten und Bedürfnisse abklären. Sie nahm keines der beiden Kinder, und meist ist sie froh darüber.

Andere Frauen adoptieren nicht, weil sie fürchten, die Adoption könne mißlingen. Sie wollen das Risiko nicht eingehen, weil sie unglücklich verlaufene Adoptionen kennen. So erging es Ruth, der jetzt fünfundachtzigjährigen Frau eines College-Professors, die bis heute nicht weiß, warum sie nicht schwanger werden konnte: »Wir hatten über Adoption gesprochen, aber unter unseren Bekannten gab es viele Familien, die ein Kind adoptiert hatten und die damit nicht glücklich waren.«

Andere verzagen angesichts der unerfreulichen Statistik möglicher schwerer emotionaler Belastungen: In den USA sind nur ein bis zwei Prozent aller Kinder adoptiert, in psychiatrischen Kliniken jedoch machen sie fünf Prozent der ambulanten und zehn Prozent der stationären Patienten aus; sechs bis neun Prozent der lern- und verhaltensgestörten Kinder in den Schulen sind adoptiert.[14] Viele Adoptierte durchleben früher oder später eine emotionale Krise, wenn sie zu verstehen versuchen, warum ihre leibliche Mutter sie weggab.

Einige Paare versäumen auch einfach eine Adoption, wie fruchtbare Paare es mitunter ohne explizite Entscheidung versäumen, ein Kind zu bekommen. Vielleicht konnten sie sich die endgültige Niederlage im Kampf gegen die Sterilität nicht eingestehen, vielleicht war ihr Wunsch nach einem Kind nicht so stark, um all das auf sich zu nehmen, was zu einem Adoptionsverfahren gehört. Sylvia ist siebenundsiebzig und seit vierundfünfzig Jahren verheiratet. Sie erfuhr zwei Jahre nach ihrer Heirat, daß wegen ihres Bluthochdrucks eine Schwangerschaft lebensgefährlich für sie wäre.

> Wir haben das eben akzeptiert und unser Leben weitergeführt, das immer aktiv und ausgefüllt war. Nachdem wir wußten, daß ich nicht schwanger werden durfte, war das erledigt, die Entscheidung gefallen, ich habe danach nicht mehr viel daran gedacht. Das war's eben.
> Wir haben wohl über die Möglichkeit einer Adoption gesprochen, waren aber mit unserer Arbeit und unserer Gemeinde einfach zu beschäftigt. Die Berufe forderten einen Gutteil unserer Kraft, und die Jahre gingen ins Land.

Sylvia arbeitete sich in einem großen Warenhaus von der Verkäuferin zur leitenden Angestellten hoch. Der Beruf wurde zum Mittelpunkt ihres Lebens. Aber Sylvia hatte Glück. Sie fand den Weg in ein kinderfreies Leben, ohne ihre Seele erforschen und sich fragen zu müssen, welche Erwartungen sie an das Leben hat. Die meisten Experten auf dem Gebiet der ungewollten Kinderlosigkeit halten es für ganz entscheidend, den Verlust erst bewußt zu betrauern und neue Ziele zu definieren, um sich von dem Trauma des Unfruchtbarseins befreien zu können.

Ohne Kinder leben

Wut, Angst, Aufbegehren, Niedergeschlagenheit und Hoffnungslosigkeit gehören zum gesunden Prozeß des Trauerns, sagen die Experten. Nimmt man den Verlust an, kann sich ein Gefühl des Friedens einstellen und zu einer positiven Lebenswende werden.

Um ein kinderfreies Leben nicht nur zu akzeptieren, sondern auch bejahen zu können, muß, so Jean und Michael Carter in ihrem Buch *Sweet Grapes: How To Stop Being Infertile And Start Living Again*, eine eindeutige Wahl zugunsten eines Lebens ohne Kinder getroffen werden.

Das bedeutet nicht, sich resigniert in ein Leben ohne Kinder zu finden, sagen die Carters, die selbst keine Kinder bekommen konnten und diese Tragödie zu einem positiven Wendepunkt ihres Lebens gemacht haben. Statt auf das zu starren, was man nicht hat, und in eine lebenslange Kinderlosigkeit hineinzutreiben, empfehlen die Carters, es umzudrehen, da »jeder Verlust ein potentieller Gewinn ist.[15] Kinderfrei sein bedeutet für uns, im Negativen die Möglichkeit für etwas Positives zu sehen.«[16] Mit einer bewußten, eindeutigen Entscheidung für ein kinderfreies Leben kann man die Richtung seines Lebens wieder selbst bestimmen und sich von der drückenden Last der Unfruchtbarkeit befreien. Da sie sich auf das Verfügbare und Erreichbare konzentriert, bietet diese Einstellung zur eigenen Kinderlosigkeit die Chance für andere Erfahrungen und neue Ziele.

Unter diesen Umständen ein kinderfreies Leben zu

wählen bedeutet nicht, die Hoffnung aufzugeben, betonen die Carters; es bedeutet, wieder Hoffnung auf ein sinnvolles Leben zu fassen, nur dieses Mal ohne Kinder. Diese Entscheidung ist ein Gewinn, da sie Kräfte freisetzt – für Beruf, Hobbys, Familie, Freunde, Nachbarschaftshilfe, Kirche, Kunst, Liebesbeziehungen, Sport und so weiter. Eine solche aktive Entscheidung ermöglicht es einem Paar, die Vorteile eines Lebens *ohne* Kinder zu genießen, ohne ein Leben *mit* Kindern herabsetzen zu müssen.

Die Bedeutung dieser Entscheidung liegt nicht so sehr darin, daß sie ›richtig‹ ist – in Fragen der Lebensführung gibt es kein ›richtig‹ oder ›falsch‹ –, sondern darin, daß sie *bewußt* gefällt wurde. Die Entscheidung muß für beide annehmbar sein und aufrichtig und gemeinsam gefällt werden. Nur wer seinen Weg *wählt*, kann seine Selbstbestimmung wiedergewinnen. Wer in ein kinderfreies Leben hineindriftet, verpaßt die Gelegenheit, das eigene Schicksal in die Hand zu nehmen und die neu gewonnenen Kräfte auf neue Ziele zu richten; er treibt vielmehr ziellos dorthin, wohin das Schicksal ihn trägt.

Die Carters betonen auch, der Übergang von der ungewollten Kinderlosigkeit zum gewählt kinderfreien Leben bedeutet nicht zwingend eine Veränderung der Prioritäten. Er sei vielmehr eine Art, Ziele, die bislang mit der Vorstellung von Elternschaft verbunden waren, auf andere, ebenso positive und konstruktive Weise zu verfolgen. Der Kinderwunsch ist meist Ausdruck des Bedürfnisses, das Leben zu verändern, zu geben und zu lieben. Paare, die bewußt kinderfrei leben, können dies auf vielfältige Weise tun.

Denise mußte nach sechsjähriger Sterilitätsbehandlung erkennen, daß sie nicht schwanger werden würde, und besprach mit ihrem Mann nochmals die Gründe für ein Kind.

> Wir sind liebevolle Menschen, und wir dachten, daß wir wirklich gute Eltern sein würden. Aber im Laufe der Jahre habe ich Hunderte von wirklich klugen, fähigen Menschen gesehen, die sich als Eltern sehr schwer taten.

In ihrem Bekanntenkreis bekamen alle Kinder. »Ich wollte akzeptiert sein«, sagt sie, »ich wußte nicht, wie man eine ›Nichtmutter‹ ist. Was würde ich mit meinem restlichen Leben anfangen?«

In den Jahren ihrer Sterilitätsbehandlung kauften Denise und ihr Mann einen jungen Hund, engagierten sich in der Kirchenarbeit, übernahmen die Leitung der dortigen Jugendgruppe und kauften ihr erstes altes Haus, das sie von Grund auf renovierten. All das half Denise, ihre Kraft von der Unfruchtbarkeit auf anderes zu lenken, und verschaffte ihr dazu die Möglichkeit, Liebe und Wärme zu geben. Sie und ihr Mann steckten viel Energie in die Renovierung ihres Traumhauses und gründeten gleichzeitig in ihrer Stadt eine Selbsthilfegruppe für unfruchtbare Paare.

> Damals wußten wir nicht, was kinderfrei bedeutet. Es gab nichts dergleichen. Die einzigen, die keine Kinder hatten, waren Tante Sally und Onkel Harry. Sie waren schon über siebzig, und keiner wußte, warum sie keine Kinder hatten. Darüber wurde nicht gesprochen.

Während ihrer Fruchtbarkeitsbehandlung erlebten Denise und Randall, wie immer mehr Freunde Kinder bekamen und Elternschaft als sehr kompliziert empfanden. Denise: »Im Vergleich dazu war unser Leben so angenehm und ruhig.« Sie tat Mutterschaft nicht als unbedeutend ab, sondern begann vielmehr, ihre eigene Lebensweise höher zu schätzen. Mit der Zeit schloß sie die Kinder einiger Freunde ins Herz. Ihre ehrenamtliche Jugendarbeit wurde ihr immer wichtiger. Die Selbsthilfegruppe wuchs, und jede erfolgreiche Schwangerschaft oder Adoption wurde zu einer persönlichen Freude und zu einem Erfolg.

> Wir rutschten in ein kinderfreies Leben, ohne es zu wissen. Man könne meinen, ›kinderfrei sein‹ bedeutet, ein Leben ohne Kinder zu führen. Doch dieses ›frei‹ bedeutet auch, wieder Kinder in das eigene Leben mit einbeziehen zu können – es nicht mehr als Verlust zu empfinden, selbst kein Kind zu haben, sondern als Gewinn, wieder Kinder in die Beziehung integrieren zu können, ohne traurig zu sein. Es ist eine veränderte Einstellung.

Denise' Äußerung beschreibt ihren Übergang zur Akzeptanz und zeigt, wie sie als Mensch wachsen und aus Kummer, Schmerz und Verlust zu einer kreativen Anpassung kommen konnte. Sie hat auch erkannt, daß sie nicht erwerbstätig und beruflich erfolgreich sein muß, nur weil sie keine Kinder hat. Statt dessen verbringt sie ihre Zeit damit, an ihrem Haus am See zu arbeiten, ihren Garten zu bestellen und begeistert zu kochen.

> Mein Heim ist mein Beruf. Nicht daß wir keine Kinder wollen – das wäre zu negativ. Wir leben seit Jahren ohne Kinder, und abgesehen von dem Schmerz über die Unfruchtbarkeit waren es sehr glückliche Jahre.

Denise sieht ihre Nachbarinnen, die erwerbstätig sind und außerdem versuchen, perfekte Mütter zu sein – die mit ihrem Beruf kämpfen und dennoch ihre Kinder zu den Pfadfindern und zum Turnen fahren, die einkaufen, kochen, das Haus sauber und gemütlich halten und den Hund füttern.

> Eine meiner Freundinnen sagte mir, ihr Leben sei außer Kontrolle geraten. Ich erlebe, wie manche Frauen zu beweisen versuchen, daß sie perfekte Mütter sind; es ist ein Zwang. Ich finde, daß ich jetzt viel mehr Kontrolle über mein Leben habe, innerlich ruhig und ausgeglichen bin,

was auch daran liegt, daß ich eine solche Krise erlebt habe. Mich regt nichts mehr auf. Ich nehme alles, wie es kommt, und lasse es an mir abgleiten.

Sie hat den Übergang von kinderlos zu kinderfrei geschafft. Für die Carters ist dieser Unterschied sehr wichtig:

> Eines der Merkmale, das ein Akzeptieren der Kinderlosigkeit von einem gewählt kinderfreien Leben unterscheidet, ist das Maß an Arbeit, das investiert wird. Akzeptanz kommt von allein, wenn man den Verlust nicht leugnet; das ist vor allem eine Frage von Zeit und Ausdauer. Der Übergang zur Kinderfreiheit aber bedarf einer bewußten Anstrengung – eben der Arbeit, die für Entscheidungen nötig ist.[17]

Das bedeutet, mit dem Partner immer wieder über die Gefühle von Ambivalenz, über Entscheidungen, Ziele, Verlust, Hoffnung, Verzweiflung und Träume zu sprechen, statt davon auszugehen, daß der andere weiß, was man empfindet. Für die Carters stand am Ende all dieser Gespräche die Erkenntnis, daß sie zwar kein eigenes Kind haben konnten, ihnen aber gleichwohl Alternativen und Möglichkeiten zur Wahl offenstanden:

> Das Wichtigste für uns war die Erkenntnis, daß wir tatsächlich wählen konnten. Wir konnten kinder*los* sein und unser Leben durch das definieren, was uns fehlte, oder kinder*frei*, und damit die potentiellen Vorteile betonen, die ein Leben ohne Kinder hat. Wir haben uns für Letzteres entschieden ... Statt erfolglose Möchtegern-Eltern zu sein, sind wir sehr erfolgreiche Nicht-Eltern. Versagen ist nicht mehr das wichtigste Thema unseres Lebens ... Wir wußten beide nicht, wie sehr die Unfruchtbarkeit unser Leben besetzt hatte, bis wir beschlossen, kinderfrei zu leben.[18]

Die Carters sprechen auch davon, wie unpopulär die Entscheidung für ein kinderfreies Leben ist. Andere unfruchtbare Paare finden sie angsteinflößend, Freunde verstehen nicht, warum man sich nicht für Adoption entscheidet. In der Regel findet das Paar wenig Unterstützung, muß in der eigenen Entscheidung Trost finden und hoffen, daß sich andere mit ihnen über ihre positive Sicht freuen, so wie sie sich mit anderen unfruchtbaren Ehepaaren freuen, wenn diese schließlich doch noch ein Kind bekommen oder eines adoptieren.

Ist der Übergang vollzogen, empfinden Frauen Erleichterung und Frieden. Sie sprechen auch von dem Gefühl, wieder über ihr Leben zu bestimmen und die Kraft, die sie in die vergeblichen Versuche investieren, nun anderen Dingen widmen zu können. Indem sie ihre Kinderlosigkeit nicht mehr als Tragödie, sondern als Chance für neue Erfahrungen sehen, schaffen sie Platz für neue Möglichkeiten. Dazu Judith Viorst:

> Verlieren ist der Preis, den wir für das Leben bezahlen. Verlieren hilft uns zu wachsen und voranzukommen. Auf unserem Weg von der Geburt zum Tod bleibt uns auch der Schmerz nicht erspart, immer wieder etwas aufgeben zu müssen, was uns viel bedeutet … Durch das Aufgeben unmöglicher Erwartungen werden wir liebevoller und liebesfähiger, verwerfen die Idealbilder eines perfekten Lebens.
> Und nur wenn wir uns den vielen Verlusten stellen, die Zeit und Tod bringen, werden wir zu einem Menschen, der trauern und sich anpassen kann, der in jeder Lebensphase – bis zum letzten Atemzug – Möglichkeiten kreativer Wandlung findet …
> Ohne etwas zu verlieren, ohne zu verlassen und verlassen zu werden, erlangen wir keine Eigenständigkeit, werden wir nicht zu einem verantwortungsvollen, liebesfähigen und reflektierenden Menschen.[19]

Folgen der Unfruchtbarkeit

Nur wenige Studien beschäftigten sich mit den Langzeitfolgen von Unfruchtbarkeit und ungewollter Kinderlosigkeit, doch nach Aussagen von Experten führt die Entscheidung für ein kinderfreies Leben in der Regel zu Erleichterung und gibt Betroffenen neue Kraft. Je mehr Unsicherheit und Schmerz der Vergangenheit angehören, um so leichter wird es, neue Ziele und Pläne zu fassen. Paare verändern ihr Leben auf positive Weise und beginnen, die Vorteile eines kinderfreien Lebens zu schätzen. So mag denn die Vorstellung einer Schwangerschaft störend werden, und das Paar wird sich für Empfängnisverhütung entscheiden, um dem vorzubeugen. Für Frauen, die dann empfängnisverhütende Mittel benutzen oder sich sterilisieren lassen, ist dies oft ihre persönliche ›Unabhängigkeitserklärung‹ von der Unfruchtbarkeit, wie Jean Carter es nennt. Sie nehmen ihr Leben in die Hand, durchbrechen den monatlichen Kreislauf von Hoffnung und Verzweiflung.

Wenn Frauen vierzig Jahre alt oder älter sind, werden die Kinder ihrer Freunde erwachsen und verlassen das Elternhaus; das Thema Kinderkriegen ist weniger wichtig. »Sie können sicher sein, daß Ihre Kinderlosigkeit für Sie weniger schwierig wird, wenn Ihre Freunde und deren Kinder älter sind«, sagt Merle Bombardieri. Sie ist ärztliche Leiterin des Bostoner Büros von *Resolve*, einer gemeinnützigen Organisation, die Menschen mit Zeugungsproblemen berät, an geeignete Fachleute weitervermittelt und unterstützt. Bombardieri ist auch Autorin des Buches *The Baby Decision* sowie eines Informationsblattes mit dem Titel ›Child-Free Decision-Making‹.[20]

Rückblickend meint Margret, wenn sie die Zeit der Sterilitätsbehandlung nochmals durchleben müßte, würde sie eine Adoption ernsthafter erwägen, ohne zu wissen, ob sie es tatsächlich tun würde. Doch ihre Unfruchtbarkeit verfolgt sie nicht mehr:

> Ob es mit den Jahren einfacher geworden ist? Nun, eines ist sicher: Es ist jedenfalls nicht schwieriger geworden. Die Familien meiner Freundinnen sind in alle Winde zerstreut. Ihre Kinder leben nicht in der Nähe, die Enkelkinder kommen in ihrem Alltag kaum vor.
> Natürlich fehlen mir Enkel, aber einige meiner Freundinnen haben Kinder, doch keine Enkel. Es gibt keine Garantien. Die Sorgen, mit denen sich meine Freundinnen jahrelang rumschlagen mußten, hatte ich nicht. Mein Leben war immer freier und viel ungebundener als das meiner Freundinnen.
> Ich denke, es ist besser, wenn man Kinder hat, aber keine zu haben ist ganz sicher nicht das Ende der Welt. Wirklich nicht. Man kann auch so ein sinnvolles Leben führen. Es liegt an der eigenen Einstellung.

Bombardieri schreibt, wer sich für ein kinderfreies Leben entscheide, solle nicht glauben, sich rechtfertigen oder Außergewöhnliches von sich fordern zu müssen, nur weil er/sie keine Kinder hat (auch wenn ein berufliches Engagement häufig die größte Befriedigung bietet). Frauen, die sich unter diesen Umständen zur Kinderfreiheit entschließen, müssen lernen, sich um sich selbst zu kümmern, bestimmte Festtagstraditionen zu etablieren und Freunde/Freundinnen, Nachbarn und Verwandte zu ihrer Familie zu machen. Kinderfreie Frauen können inneren Frieden finden und der nachfolgenden Generation etwas von sich geben, wenn sie mit Kindern arbeiten, sich künstlerisch oder geistig betätigen, sich ihrem Garten, der Religion oder Meditation widmen.

Unfruchtbare Frauen, die sich gegen Adoption entschieden haben, befürchten häufig, zeitlebens unter dem tiefen Schmerz leiden zu müssen, den ihnen ihre Kinderlosigkeit zufügt. Bombardieri und die Carters hingegen weisen darauf hin, daß dieser scharfe Schmerz zu gelegentlichem Aufwallen verebbt, sobald ein Paar die Trauer verarbeitet hat. Dazu die Carters:

> Nur ein Aspekt Ihres gegenwärtigen Schmerzes gilt der tatsächlichen Abwesenheit eines Kindes. Ein anderer ist der Trauerprozeß, in dem Sie sich befinden, ein weiterer die furchtbare Ungewißheit, ob Sie jemals ein Kind bekommen werden oder nicht. Wenn Sie sich entscheiden, kinderfrei zu bleiben, können Sie das Bemühen und Warten beenden. Sie werden die Bürde der Trauer abwerfen können und bereit sein für ein neues Leben.[21]
> Die Entscheidung für ein kinderfreies Leben ist kein Zaubermittel, das den schmerzhaften Verlust der Fruchtbarkeit ungeschehen macht. Wir erleben immer noch Momente der Trauer, wenn wir an unseren Traum von einem Kind denken oder etwas erleben, das wir gern mit diesem Kind geteilt hätten. Das wird vermutlich auch in Zukunft so sein. Sich dem Gewinn zuzuwenden bedeutet nicht, den Verlust nicht mehr zu empfinden.[22]

Rechnen Sie vielmehr damit, nach Aussöhnung mit dem unausbleiblichen Auftreten widerstreitender Gefühle relativen Frieden zu finden. Kinderfreiheit ist, wie die Carters sagen, nicht gleichbedeutend damit, nie mehr ein Verlustgefühl zu haben. »Es bedeutet, den Verlust ebenso annehmen zu können wie die Vorteile.«[23]

Shapiro schreibt in *Infertility and Pregnancy Losses,* daß Sterilität immer Teil des eigenen Lebens sein wird. Aber den Frauen, die für dieses und ähnliche Bücher – wie Diana Burgwyns *Marriage Without Children* – interviewt wurden, bereitet ihre Kinderlosigkeit offenbar keine nennenswerten Probleme mehr, sobald sie die Vierzig überschritten haben. Es spricht vieles dafür, daß der Kummer über Unfruchtbarkeit und Kinderlosigkeit in der Lebensmitte verblaßt. Kinderlosigkeit kann im

Alter wieder zu einem Thema werden, nicht jedoch als Identitätskrise oder emotionales Problem, sondern vielmehr als ein Aspekt der Altersversorgung.[24] (Das fünfzehnte Kapitel befaßt sich eingehender mit der Frage des Älterwerdens.)

Vielleicht wirken unfruchtbare Frauen ohne Kinder so gut angepaßt, weil es ein menschliches Bedürfnis ist, Entscheidungen vor sich selbst zu rechtfertigen – ein Prozeß, der kognitive Dissonanz genannt wird. Gelegentliche Gefühle von Bedauern, Trauer oder Zweifel darüber, ob die Entscheidung für ein kinderfreies Leben richtig war, können unabhängig davon auftreten und sind normal, wie ja auch leibliche und Adoptiveltern sich mitunter fragen, ob ihre Entscheidung für Kinder richtig war. Frauen (und auch Männer), die weder Kinder bekommen konnten noch welche adoptiert haben, sorgen sich gelegentlich um ihre Generativität – die Fähigkeit, einen Teil von sich an die nachfolgende Generation weiterzureichen. Eine andere Sorge kann sein, niemals ›wirklich erwachsen‹ zu werden, sondern immer Kind seiner Eltern zu bleiben. Anderen bereitet es Kummer, daß mit ihnen die Familie ausstirbt, oder daß sie sich ›alt‹ fühlen, wenn die Lebendigkeit von Kindern sie nicht jung hält.[25] (Im fünfzehnten Kapitel werden wir auf solche Gefühle zurückkommen.)

Für eine unfruchtbare Frau können bestimmte Lebensabschnitte besonders schmerzlich sein. Zu nennen sind die Wechseljahre – wenn die Sterilität endgültig wird (obwohl die Medizin heute in der Lage ist, Frauen dank gespendeter Eizellen auch nach den Wechseljahren noch zu einem Kind zu verhelfen). Die Ängste, ohne Kinder alt zu werden, tauchen zeitgleich mit anderen Problemen auf: Nachlassen von Gesundheit und Belastungsfähigkeit, der Tod der Eltern, unerfüllte Karrierewünsche und Veränderungen im Freundeskreis durch Pensionierung, Wegzug oder gar Tod.

Menschen verfügen über eine bemerkenswerte Anpassungsfähigkeit, und ein Leben ohne Kinder hat viele positive Seiten (siehe dreizehntes Kapitel). Wer sich auf diese Vorteile konzentriert, wird die zur Verfügung stehende Zeit und Kraft nutzen können, um das Leben abwechslungsreicher zu gestalten und neue Möglichkeiten wahrzunehmen, mit neuem Schwung vorwärtszugehen, sich an ein Leben ohne Kinder zu gewöhnen und es schätzen zu lernen.

Zehntes Kapitel

Frauen, die Frauen lieben

> Sind Lesben gegen den Mythos gefeit, daß eine Frau auch Mutter sein muß? Natürlich nicht. Bevor uns bewußt wurde, daß wir Lesben sind, waren wir Mädchen, und wir wuchsen in Familien auf, die erwarteten, daß wir Mütter werden. Wir lasen die gleichen Bücher und sahen die gleichen Filme wie unsere heterosexuellen Schwestern. Und heute leben wir in der gleichen Welt, einer Welt, die Mutterschaft höher bewertet als alles, was eine Frau tun kann.
>
> *Nancy D. Polikoff*[1]

Genau wie heterosexuelle Frauen wollen manche Lesben Kinder, andere nicht, und die meisten sind unschlüssig. Früher stammten die Kinder lesbischer Mütter meist aus einer früheren heterosexuellen Verbindung. Sehr häufig wurde ihnen aufgrund ihrer Homosexualität das Sorgerecht für ihre Kinder aberkannt. Heutzutage erhalten sie es in den USA immer häufiger, auch wenn das keineswegs die Regel ist. Und mehr Lesben denn je bekommen in einer lesbischen Beziehung Kinder, selbst wenn sie mitunter für eine Adoption die Sozialarbeiter und für Spendersamen ein Institut für künstliche Befruchtung belügen müssen.

Noch immer gibt es mehr Lesben ohne als mit Kindern: Nur etwa fünfzehn bis dreißig Prozent haben Kinder, und die meisten wurden – wie gesagt – in heterosexuellen Beziehungen geboren, die später zerbrachen[2]. Historisch waren für die meisten sozial und politisch aktiven Lesben die Themen Feminismus, lesbisches Leben und Unabhängigkeit von Männern untrennbar mit dem Thema Mutterschaft verbunden. Traditionell bedeutete Mutterschaft das selbstlose Hintanstellen der eigenen Bedürfnisse, um anderen zu dienen; Mutterschaft galt als einengend, restriktiv, als Antithese zur Befreiung. Schlimmer noch, sie bedeutete die Unterwerfung unter das patriarchalische, familienorientierte Wertesystem, das Lesben entschieden ablehnten. Schließlich bedeutete Mutterwerden auch, die Bedürfnisse anderer über die eigenen Bedürfnisse zu stellen. Aber je stärker und größer die Lesbenbewegung wurde, um so mehr wurde für Lesben das Recht auf Kinder zu einer Bürgerrechtsfrage. Sie begannen, aktiver auf ihr Recht auf Kinder zu pochen.

Doch bevor eine Lesbe an Mutterschaft denken kann, muß sie sich mit ihrer eigenen Identität befassen: als Frau, die anders ist, die Frauen liebt anstatt Männer. Einige Lesben sind sicher, daß sie mit dieser Veranlagung geboren wurden, da sie schon in sehr jungen Jahren darum wußten, die meisten jedoch erkennen ihre homosexuelle Neigung erst als junge Frauen. Die fünfzigjährige Ilene, die in Oregon einen Partyservice betreibt, begriff es erst mit Anfang dreißig. Sie war in einer traditionellen römisch-katholischen Familie der oberen Mittelschicht aufgewachsen und hatte – wie die meisten Mädchen, die in den vierziger Jahren aufwuchsen – angenommen, einmal eine eigene Familie zu haben. »Ich habe immer gedacht, daß ich Kinder haben werde«, sagt sie. »Wenn ich mit einem Jungen ausging, überlegte ich mir Vornamen, die zu seinem Nachnamen passen würden.«

Nach dem College arbeitete sie als Sekretärin und hatte ›ihn‹ immer noch nicht getroffen. Zwar wollte sie eines Tages seßhaft werden, nutzte aber stets die Vorteile ihrer Kinderlosigkeit. Sie arbeitete ein Jahr oder zwei, setzte ein Jahr aus, arbeitete wieder ein Jahr, setzte sechs

Monate aus und so weiter. Mit Anfang dreißig aber machte sie plötzlich Karriere. Das war in den Siebzigern, als sich immer mehr Lesben öffentlich zu ihrer Neigung bekannten.

> Ich wußte nicht, was mit mir nicht stimmte. In all diesen Jahren fragte ich mich, warum ich nicht den richtigen Mann kennenlernte und eine Familie gründete. Eines Tages ging mir endlich ein Licht auf. Plötzlich fiel es mir wie Schuppen von den Augen: »Oha, Frauen! Das ist es!« Als mir das klar war, lernte ich sofort eine Frau kennen, die ich schon bald liebte, und da wollte ich wirklich eine Familie.

Schätzungsweise zehn Prozent der amerikanischen Bevölkerung sind homosexuell. Ilene erkannte ihre Veranlagung zu einer Zeit, als nur wenige Lesben eine Familie gründeten. Gegenwärtig gibt es einen ›lesbischen Baby-Boom‹, doch Ilene und ihre Partnerin dachten zu einer Zeit an ein Kind, als Lesben gerade erst zu erkennen begannen, daß auch sie Kinder haben können.

Am Anfang des Entscheidungsprozesses für oder gegen Kinder stellen sich für Lesben ganz ähnliche Fragen wie für heterosexuelle Frauen. Cherie Pies' Buch *Considering Parenthood: A Workbook for Lesbians* behandelt unter der Überschrift ›Entscheidung gegen Elternschaft‹ die gleichen Punkte wie andere Bücher zum Thema: Vor- und Nachteile, Alltag mit Kindern, wie wichtig es ist, als Alternative familienähnliche Netzwerke und Beziehungen zu Kindern aufzubauen.

Doch als Lesben mußten Ilene und ihre Partnerin weitere Themen bedenken: Wer würde die leibliche Mutter sein? Was geschähe im Fall der Trennung – welchen rechtlichen Status hätte die nicht-leibliche Mutter? Welche Rechte hätten in einem solchen Fall *ihre* Eltern, die Großeltern also? Wie sollten sie ein Kind bekommen?

Adoption? Künstliche Befruchtung durch ein Institut oder durch einen befreundeten Mann? Falls sie sich für Adoption entschieden, sollten sie lügen und eine Partnerin als alleinerziehende Mutter auftreten lassen, statt sich als Paar zu erkennen zu geben, da in vielen Bundesstaaten der USA Lesben weder Adoptiv- noch Pflegeeltern werden dürfen? Wer von beiden sollte die Rolle der potentiellen Adoptivmutter übernehmen, wer die der freundlichen, hilfsbereiten Mitbewohnerin? Was würde es für das Kind bedeuten, mit zwei Müttern und ohne Vater aufzuwachsen? Wem sollten sie – falls sie sich für Adoption entschieden – von ihrer lesbischen Beziehung erzählen – dem Arzt, den Eltern, dem Kind, den LehrerInnen und FreundInnen des Kindes, den NachbarInnen, den SozialarbeiterInnen?

Ilene war unsicher, ob sie ein Kind wollte, ihre Partnerin hingegen nicht, also fiel die Entscheidung leicht, wer ›die‹ Mutter sein würde. Ilene: »Mir war das nicht so wichtig, weil ich wußte, daß ich nicht die Hauptverantwortung tragen wollte. Ich würde die Tante sein, meine Partnerin die Mutter.«

Sie informierten sich über künstliche Befruchtung, aber die war zu teuer – 300 Dollar monatlich für zwei Befruchtungen. Dann überlegten sie, einen Bekannten zu bitten, Samen zu spenden, waren aber unsicher, wen sie fragen sollten. Sie dachten gerade über eine Adoption nach, als die Beziehung zu zerbrechen begann. Als Ilene eine großartige Stelle an der Westküste angeboten wurde, nahm sie an und beendete die Beziehung. Seither hat sie nicht mehr viel an Kinder gedacht. Durch ihren neuen Job war sie jeden Monat mehrere Wochen auf Reisen; sie lebte ein Jahr in Sydney, kehrte für einige Jahre nach Kalifornien zurück, ging dann ein Jahr nach London. Als sie vierundvierzig war, mußte ihre Gebärmutter entfernt werden. Sie war erstaunt, wie wenig Gefühle das bei ihr auslöste:

> Ich hatte gehört, es sei ganz natürlich, über den Verlust der Gebärfähigkeit zu trauern, und war erstaunt, wie wenig ich empfand. Ich bin nicht sicher, ob mir das je wichtig war. Ich hatte nie das beunruhigende Gefühl, daß meine biologische Uhr tickt.
> Mit Kindern hätte ich vielleicht große Familientreffen haben können. Das fehlt mir daran, keine Kinder zu haben. Aber ich weiß auch, daß ich dabei eine romantische Variante der sonntäglichen Mittagessen aus meiner Kindheit im Kopf habe.

Ein Jahr nach ihrer Hysterektomie zog sie mit einer Ärztin zusammen, die mit ihrem Einkommen problemlos beide ernähren konnte. Sie beschlossen, die ganze Hektik hinter sich zu lassen und in den Norden zu ziehen. Es gibt in Ilenes Leben keine Kinder, und obwohl sie gelegentlich denkt, »Ach, wäre es nicht schön, ein Kind zu haben«, weiß sie, daß ihr die Realität der Kindererziehung nie wichtig war. Doch sie räumt ein, daß sie vermutlich Kinder hätte, wenn alles drumherum gestimmt hätte. »Wenn alles anders gekommen wäre – wenn mir ein Mann begegnet wäre, den ich hätte lieben können –, dann hätte ich vielleicht Kinder bekommen.«

Auch Laura, heute fünfundvierzig, erkannte ihre lesbische Veranlagung nur langsam. Auch sie sagt, in einer liebevollen, stabilen Beziehung zu einem Mann hätte sie möglicherweise Kinder bekommen. Ihr Leben verlief jedoch nicht so, obwohl sie sich jahrelang sehr darum bemühte. Andererseits sieht sie es auch nicht als gravierenden Verlust, möglicherweise, weil sie dazu erzogen wurde, dem Beruf hohe Bedeutung beizumessen. Als Kind hatte man ihr immer implizit zu verstehen gegeben, daß Muttersein nicht sehr attraktiv ist. Ihre eigene Mutter kümmerte sich kaum um Kindererziehung und arbeitete statt dessen ganztags in der eigenen Tanzschule.

> Weder ich noch meine beiden älteren Schwestern hatten eine besonders glückliche Kindheit. Mein Vater war ein Tyrann – ihn einen Frauenhasser zu nennen wäre geschmeichelt. Wir hatten immer eine Haushälterin, die bei uns wohnte, die kochte und uns versorgte. Ich denke, das war für mich eine nachhaltige Lehre über das zweifelhafte Vergnügen von Häuslichkeit und Kindererziehung.
> Mein Vater hielt Frauen für blöde Kühe, aber seine Töchter mußten klug sein. Ich mußte beweisen, daß ich intelligent war, also beschloß ich, Professorin zu werden.

Sie hatte die Lehre verstanden, daß Kindererziehung ein mühsames Geschäft und die männliche Arbeitswelt viel wichtiger sei. Daher besuchte sie erst das College, dann die Universität und promovierte in den sechziger Jahren. Sie wurde Feministin, nicht aber Lesbe.

> Ich interessierte mich für Männer und ging mit ihnen ins Bett. Ich wollte DIE Beziehung, aber es ergab sich nichts Atemberaubendes. Zugleich hatte ich immer Freundinnen, aber ich sah sie nie als Konkurrenz zu Männerbeziehungen. Ich hielt mich für heterosexuell, aber wenn ich jetzt zurückblicke, kann ich sagen, ach ja, im College war ich offenbar in meine Zimmernachbarin verliebt, aber damals wußte ich es nicht.

Als sie auf der Universität war, erreichte die Frauenbewegung ihren Höhepunkt:

> Es wurde ständig über lesbische Liebe geredet, ich befaßte mich auf einem unglaublich theoretischen Niveau gedanklich damit und hatte vor allem Angst davor. Es war das erste Mal, daß ich bewußt Lesben kennenlernte und mit ihnen etwas unternahm.

Laura glaubt zwar, daß andere denken, sie sei bereits auf der Universität lesbisch gewesen, doch ihre erste lesbische Beziehung hatte sie erst mit Mitte dreißig. Ihre Freundin hatte zwei Kinder, Laura lebte einige Jahre lang mit ihnen zusammen und schloß sie ins Herz. Aber die Beziehung erwies sich als ›absolute Katastrophe‹, ihre Freundin war ›verrückt‹ und wurde körperlich gewalttätig. Laura begriff schließlich, daß sie sich aus dieser Beziehung befreien mußte, fürchtete aber, von ihrer Partnerin verfolgt zu werden. Sie verließ die Stadt ohne ein Wort, ohne Abschied, und nahm nie wieder Kontakt mit der Familie auf.

> Ich habe eine Vorstellung davon bekommen, wie es ist, Kinder zu haben, und bin froh darüber, auch wenn ich sehr bedauere, wie es endete – daß ich die Kinder so abrupt verlassen habe und aus Angst, ihre Mutter würde mich finden, nie mehr Kontakt zu ihnen aufnehmen kann. Ich habe noch immer ein sehr trauriges, anhaltendes Gefühl von Schuld.

Aber die Erfahrung des Zusammenlebens mit diesen Kindern hat ihre Haltung zum Kinderkriegen bestätigt: »Es ist eine ungeheure Verantwortung mit vielen Schwierigkeiten und viel kann dabei schiefgehen. Kinder faszinieren mich, und ich bin gern mit den kleinen Kindern meiner beiden Freundinnen zusammen, aber ich weiß die andere Seite zu schätzen.«

Laura hat seit längerem keine Beziehung. Sie ist zwar jetzt nur noch an Frauen interessiert, aber ihr lesbisches Leben ist für sie im wesentlichen das Ergebnis von Schicksal und Umständen – wie für viele heterosexuelle Frauen ihre Kinderlosigkeit etwas ist, was sich so ergeben hat:

> Ich war in der Entscheidung meiner sexuellen Präferenzen nicht völlig festgelegt, und die Tatsache, daß wir im Zeitalter von AIDS leben, hat die Entscheidung mitbestimmt. Es gibt Frauen, die sich als definitiv lesbisch se-

hen, und nichts kann sie davon abbringen. Andere erlebten wie ich in der eigenen Geschichte einiges, was zu bestimmten Gefühlen und Alternativen geführt hat. Wer weiß, wenn mich einer der Männer, für die ich mich früher mal interessiert habe, gern geheiratet hätte, vielleicht wären wir Hand in Hand in den Sonnenuntergang gegangen. Aber das ist nicht geschehen, und mit der Zeit hat es mich nicht mehr so interessiert.

Kinder konnte ich mir nur in einer Beziehung mit einer Person vorstellen, die Kinder wollte. Das kam nur unter bestimmten Bedingungen in Frage, und die traten nie ein.

Laura glaubt, daß etwa ein Drittel ihrer lesbischen Freundinnen Kinder haben (das entspricht den offiziellen Schätzungen). Einige von ihnen sind wie heterosexuelle Mütter so sehr mit ihren Kindern beschäftigt, daß Laura immer weniger Gemeinsamkeiten mit ihnen hat. So steckt eine ihrer Freundinnen, die vor drei Jahren ein Kind bekam, ihre ganze Kraft und Zuwendung in die Erziehung ihres Sohnes. Laura findet ihn hinreißend, doch die begrenzten Interessen ihrer Freundin ermüden sie, und es stört sie sehr, daß die Mutter nichts ohne das Kind unternimmt. Wie heterosexuelle Frauen ohne Kinder stellt auch Laura fest, daß sie sich von ihrer Freundin entfernt; sie investiert ihre Kraft vor allem in ihren Beruf als Stadtplanerin und in ihren Freundeskreis. Sie hat engen Kontakt zu ihrer Nichte (der sie zum Universitätsabschluß eine Reise geschenkt hat, die beide im Sommer gemeinsam unternehmen werden), dem dreijährigen Sohn ihrer Freundin und dem gleichaltrigen Kind einer Kollegin, akzeptiert jedoch ihr Leben ohne eigene Kinder.

Bedauern? Ich bin zu achtundneunzig Prozent froh und nur zu zwei Prozent traurig darüber, keine Kinder zu haben. Ich erlebe Kinder auch, ohne selbst welche haben zu müssen.

> Man kann nicht alles haben. Man kann nicht gleichzeitig wissen wollen, wie es ist, Kinder zu haben, und ein Leben in Freiheit führen, weil man keine hat.

Erst in den sechziger und siebziger Jahren hatten viele Frauen die Möglichkeit, sich öffentlich zu ihrer Neigung zu bekennen. Davor mußten homosexuelle Frauen ihre Bedürfnisse entweder völlig unterdrücken oder im Verborgenen ausleben. Wer weiß, wie oft ›gute Freundinnen‹, die eine Wohnung miteinander teilten, in Wahrheit eine lesbische Beziehung miteinander hatten. Homosexualität war ein Tabu, und viele Frauen konnten sich solche Wünsche kaum selbst eingestehen. Von den älteren Frauen, die ich für dieses Buch interviewte, lebten einige seit vielen Jahren mit Frauen zusammen. Natürlich kann es sich um platonische Freundschaften handeln, die ein wichtiges Gefühl von Familie und enger Kameradschaft erlauben, die Beziehung kann aber auch lesbisch sein. Ich habe nicht direkt gefragt, da ich von anderen WissenschaftlerInnen, die ältere, ledige Frauen interviewt haben, wußte, daß das mein Verhältnis zu ihnen zerstören könnte.

Die siebenundachtzigjähre Lillian aus dem zweiten Kapitel zum Beispiel wurde während der Weltwirtschaftskrise geschieden. Um diese schweren Zeiten zu überleben, tat sie sich mit einer Freundin zusammen, und die beiden blieben zusammen, bis ihre Freundin Mary 1975 an Krebs starb. Ob die Beziehung eine sexuelle Komponente hatte oder nicht, ist im Grunde unwichtig. Mary war ihre engste Freundin, ihre Mitbewohnerin, Partnerin und Vertraute. Sie erfüllte in den dreiundvierzig Jahren, die sie zusammenlebten, Lillians emotionale Bedürfnisse und gab ihr das Gefühl, zu jemandem zu gehören. Ihr gemeinsamer Freundeskreis ist noch immer Lillians Freundeskreis und ihre wichtigste Stütze.

Eigene Kinder haben mir nie gefehlt. Ich habe überhaupt nicht daran gedacht und kann auch nicht behaupten, daß es Nachteile gehabt hätte. Ich habe bestimmte Entscheidungen getroffen und sie nicht mehr in Frage gestellt. Ich würde heute wieder so entscheiden.
Vielleicht ist es für die Kinder, die ich nie hatte, ein Segen, daß ich sie nicht bekommen habe. Es gab eine Zeit während meiner Ehe, da dachte ich, ich müßte sofort ein Kind bekommen, aber das ging vorbei, und seither hatte ich keine mütterlichen Gefühle mehr. Ich liebe Kinder, bin aber, glaube ich, ohne Mutterinstinkt auf die Welt gekommen.
Mary war meine beste Freundin, immer. Nachdem wir zusammengezogen waren, habe ich nie mehr an eine zweite Ehe gedacht.

Auch Martha, heute sechsundsechzig, hat »das Kind mit dem Bade ausgeschüttet«. Als sie den Gedanken an eine Heirat aufgegeben hatte, dachte sie auch nicht mehr an Kinder. Schon sich selbst gegenüber ihre sexuellen Neigungen zuzugeben verstieß gegen jede Norm, mit der sie aufgewachsen war. Zu ihrer Zeit schloß lesbisch sein Kinder *per se* aus, wenn diese nicht aus einer vorangegangenen Ehe stammten. Martha erkannte ihre Homosexualität erst nach dem College, aber sie erinnert sich, daß sie immer anders war. Schon als junges Mädchen lehnte sie das patriarchalische System ab und »begehrte gegen die traditionelle Rolle der Frau auf«. Ehe und Kinder gehörten zur traditionellen Rolle, und Martha lehnte beides ab. Sie wollte gern Volkswirtschaft studieren, aber da das College damals in diesem Fach keine Frauen aufnahm, wählte sie Betriebswirtschaft, wo Frauen wie ›Deppen‹ behandelt wurden. Sie schwärmte zwar hin und wieder für ein Mädchen, kam aber erst nach zwei traumatischen Erlebnissen auf den Gedanken, daß sie lesbisch sein könnte:

Ich ging im College mit vielen Männern aus, aber eines Abends hatte ich zuviel getrunken und wurde vergewaltigt – das, was man heutzutage ›date rape‹ nennt. Ich hatte so große Angst, schwanger zu sein, daß ich es meiner Mutter erzählte, die mit mir zu einem Arzt ging. Ich war nicht schwanger, aber meine Mutter war sehr wütend auf mich.
Nach dem College passierte es ein zweites Mal. Ich hatte zuviel getrunken, und der Mann mißbrauchte mich. Ich hatte wieder furchtbare Angst, schwanger zu sein, und versuchte sogar, allein einen Abbruch einzuleiten. Schließlich bekam ich meine Tage, aber diese Erfahrungen haben mich sehr entsetzt, und obwohl ich mein Leben lang hin und wieder Beziehungen zu Männern hatte, fühlte ich mich Frauen immer näher.

Mit Mitte zwanzig war sie kurz verlobt, danach war ihr klar, daß sie nicht heiraten wollte. Sie promovierte und unterrichtete einige Jahre lang am College, daneben war sie politisch immer stark engagiert – in der Bürgerrechts-, Friedens- und der Frauenbewegung ebenso wie für den Sozialismus und in der Lokalpolitik.

Wenn man nicht verliebt war und heiraten wollte, kam man damals nicht auf den Gedanken, ein Kind zu bekommen. Ich sah mich nicht als Mutter und Ehefrau, mir war mein Beruf sehr wichtig. Ich wollte mein Leben selbst bestimmen, nicht an einen Mann gebunden sein und Hausarbeit und all das machen müssen. Das gefiel mir einfach nicht.

Ihre Leidenschaft galt der Musik und ihren Liebesbeziehungen. Im Laufe der Jahre hatte sie langjährige Beziehungen mit zwei Männern (der eine war verheiratet, der andere bisexuell, keiner wollte heiraten) und sieben Frauen. Eine von ihnen starb mit vierzig an Krebs, und Martha pflegte sie bis zu ihrem Tod.

Nach einer Hysterektomie mit fünfzig, einer Krebserkrankung mit Anfang sechzig und einer Hormonbehandlung hat sie keinen Sexualtrieb mehr, lebt aber seit nahezu zwölf Jahren mit einer Frau zusammen, die sie liebt. »Sie ist viel jünger als ich, aber ich weiß, daß es auch für sie eine sehr wichtige Beziehung ist«, sagte Martha. »Wir werden zusammenbleiben, bis ich sterbe.«

Obwohl Martha sich aufgrund ihrer politischen Einstellung und ihres unkonventionellen Lebensstils von ihrer Familie entfernt hat – nur ein Bruder weiß, daß sie lesbisch ist –, empfindet sie keinen Mangel und hat keine Angst vor dem Älterwerden. Ihre Lebensgefährtin, der Unterricht, ihre sozialen Aktivitäten, ihre Katzen, das Singen und Tanzen bilden ein dichtes Netz, durch das sie viel emotionale Stärkung erfährt. Außerdem hat sie sechs ältere Frauen sozusagen ›adoptiert‹; sie sind alle verwitwet (einige mit Kindern), heterosexuell, über achtzig und allein. »Es geht ihnen nicht gut, und sie brauchen jemand«, sagte sie. »Ich mag sie, es sind interessante Frauen, und ich empfinde mit ihnen. Vielleicht haben wir solche Freundschaften statt einer Familie.« Kinderbekommen war für Martha nie ein Thema:

> Kinder sind mir nie in den Sinn gekommen, es gehörte nie zu meinem Leben. Ich wußte schon früh, daß ich keine Kinder wollte, und in den lesbischen Kreisen, denen ich zu verschiedenen Zeiten meines Lebens angehörte, hatte kaum eine Frau Kinder, jedenfalls nicht in meiner Generation.

Auch Rachel Guido DeVries ist eine Lesbe ohne Kinderwunsch. Nach einer Scheidung mit neunundzwanzig bekannte sie sich zu ihrer Homosexualität, gab im gleichen Jahr ihren Beruf als Kinderschwester auf und begann zu schreiben. Die Dreiundvierzigjährige ist heute Romanschriftstellerin, Lyrikerin, Bildhauerin und lehrt zudem feministisches und kreatives Schreiben. Sie lebt seit elf Jahren mit der gleichen Frau zusammen, wohnt seit nahezu zwanzig Jahren im gleichen Stadtteil, fühlt sich geliebt und geborgen in einem engen sozialen Zusammenhang mit anderen Lesben, von denen viele Kinder haben.

> Ich hatte nie das Bedürfnis, schwanger zu werden oder ein Kind zur Welt zu bringen, und ich betrachte es als positiv, sich gegen Kinder zu entscheiden. Ich empfinde es als Privileg, die Möglichkeit zu haben, tun und lassen zu können, was ich will.
> Sorgen bereiten mir allerdings die Klassenunterschiede bei den Wahlmöglichkeiten. Ich sorge mich um Arbeiterinnen, die sich der Entscheidungsmöglichkeiten nicht so bewußt sind, die Angst haben, offen als Lesben aufzutreten, die nicht wissen, daß sie sich gegen Kinder entscheiden können.

In ihrer Dichtung und ihren Skulpturen erprobt Rachel die möglichen Bedeutungen von ›Nichtmutter‹. Sie sind ›Freiheitsträumerinnen‹, die ihrer Wärme und Liebe auf unkonventionelle Weise Ausdruck verleihen. Rachel genießt, daß diese Frauen ungebunden lieben und umherstreifen können. Obwohl sie über ihr ›Nichtmutter-Sein‹ weder Trauer noch Bedauern empfindet, nagt doch ein körperliches Verlustgefühl an ihr:

> Es gibt ein Körperempfinden, eine Art Nostalgie über etwas, das mein Körper versäumt hat. Ich bin mir der Tatsache sehr bewußt, daß er seine Möglichkeiten nicht ausschöpft – das ist *per se* nicht traurig, es ist eher, als habe mein Körper Heimweh. So, als habe man vor fünf Jahren aufgehört zu rauchen und immer noch Lust auf eine Zigarette – es gibt das körperliche Verlangen zu rauchen, aber das hat nichts mit Gefühlen zu tun.

In der homosexuellen Literatur wurde viel über Elternschaft geschrieben. Darüber jedoch, kein Kind zu bekommen, ›Nichtmutter‹ zu sein, wie Rachel es nennt, liegt sehr wenig vor, obwohl die meisten Lesben keine Mütter sind. Allerdings hat es sich herausgestellt, daß kinderlose Lesben zum Teil Anstoß nehmen an der Selbstversunkenheit frischgebackener Mütter: Sie wenden ihre Kraft nach innen und lassen die aufreibende politische und gesellschaftliche Arbeit im Stich, deren Ziel es ist, die rigiden sozialen und politischen Strukturen zu lockern. Kinderlose Lesben sind nicht etwa neidisch auf die lesbischen Mütter oder mißgönnen ihnen die Kinder, aber manche vertreten die Ansicht, Mutterschaft sei für gewisse Homosexuelle so etwas wie eine Flucht in die Normalität. Vor dreizehn Jahren schrieb Irena, eine fünfzigjährige politische Aktivistin und Schriftstellerin, einen Essay über Kinderlosigkeit, zu dem sie noch heute steht:

> Eine normale Frau will Kinder; ich bin eine normale Frau, ich will Kinder. Eine solche Kurzschlußreaktion ganz realer Gefühle ist bei vielen Frauen durchaus üblich – Frauen, die an Phantasien hängen, die von anderen vorgegeben wurden. Und diese Phantasien werden bewirken, daß sie sich nicht von anderen unterscheiden, daß sie nicht anders wirken oder auffallen. So hoffen sie.[3]

Wenn Lesben Mütter werden, verschiebt sich ihre primäre Identität vom Lesbisch-Sein auf das Mutter-Sein, sagt Harriet Alpert, die als Psychotherapeutin vor allem über weibliche Homosexualität arbeitet und eine Textsammlung über lesbische Mütter mit dem Titel *We Are Everywhere* herausgegeben hat. Lesben, die ein Kind bekommen, räumen häufig – wenn auch widerwillig – ein, daß sie größere Gemeinsamkeiten mit heterosexuellen Müttern verspüren als mit Lesben ohne Kinder. Alpert dazu: »Einige lesbische Mütter sind davon sehr beunruhigt, vor allem wenn sie ihre Homosexualität wirklich als Teil ihres tiefsten Wesens ansehen.«[4] Zugleich schafft das eine Kluft zwischen Lesben ohne und Lesben mit Kindern.

Immer mehr Lesben sind enttäuscht von der idealisierten Vision enger lesbischer Lebenszusammenhänge, in denen das Gefühl einer alternativen Familie entstehen könnte, und so hat Mutterschaft an Reiz gewonnen. »Wir alle sind erschöpft von den Verletzungen, die wir durch Geliebte und Freundinnen erlitten haben und die unseren naiven Glauben zerstörten, Teil einer einzigen großen lesbischen Gemeinschaft zu sein. Als mir das Gefühl, anders zu sein, keine Kraft mehr gab, suchte ich nach Wegen der Anpassung«, sagt die lesbische Adoptivmutter Nancy Polikoff in *Politics of the Heart,* einer weiteren Anthologie über lesbische Elternschaft.[5]

Auch Irena empfand dies jahrelang als Belastung. Sie wollte sich anpassen, hatte Sehnsucht nach einem Kind und war bitter enttäuscht, daß die lesbische Gemeinschaft kein stabiles Zuhause zu bieten vermochte:

> Das kollektive Experiment endete mit Frustration, Verbitterung, einer lastenden Stille, die zerschnitt, was wir uns als ewiges Band erhofft hatten.
> Die Erwartungen waren so groß, und diese Gruppen sollten so viele unterschiedliche Bedürfnisse erfüllen, daß sie scheitern mußten. Für mich und viele Frauen war es, vorsichtig ausgedrückt, eine ernüchternde Erfahrung.[6]

In ihren schlimmsten Phantasien war ihr späteres Leben so leer wie das einer Obdachlosen – isoliert, allein und vergessen. Und wie heterosexuelle Frauen empfand auch sie einen immensen Druck, ihrer Mutter ein Enkelkind zu präsentieren. Irena wurde während des Zweiten Weltkriegs in Polen geboren und kam als Achtjährige mit ihrer Mutter in die USA – von der ganzen Familie haben nur sie beide die nationalsozialistischen Konzentrationslager überlebt. Irena ist Einzelkind, und wie auf anderen überlebenden Kindern und Kindern von Überlebenden lastet auch auf ihr die Erwartung, die Familie fortzuführen. Außerdem fragt sie sich, welche Familien Frauen wie ihr – kinderlosen Lesben – noch bleiben, wenn immer mehr Lesben Kinder bekommen.

Diese Probleme belasteten sie viele Jahre lang. Sie ist neunundvierzig Jahre alt, lebt ohne Partnerin, führt als Direktorin der New Jewish Agenda ein hektisches Berufsleben, hat gerade einen Essayband veröffentlicht und gibt Literaturkurse am College. Gelegentlich hat sie zwar noch Zweifel an ihrer Entscheidung, kinderlos zu bleiben, ist aber stolz darauf, daß sie dem enormen Druck, Kinder zu bekommen, standgehalten hat, mit ihren Ängsten fertig geworden und ihrem Instinkt gefolgt ist, der sie vor der traditionellen Familie gewarnt hatte. Wir werden im folgenden Kapitel sehen, daß Frauen, die sich Kinder gewünscht haben, diesen Wunsch nur sehr schwer aufgeben können. Dabei ist es gleichgültig, ob sie homo- oder heterosexuell sind. Kinderlose Lesben jedoch stecken in einer Doublebind-Situation: Sie müssen in einer heterosexuellen Gesellschaft leben und den Normen trotzen, um sich zu ihrer Homosexualität bekennen zu können; gleichzeitig werden sie jetzt in lesbischen Kreisen gedrängt, Mütter zu werden. Dazu Sandra Pollack, Herausgeberin von *Politics of the Heart*:

> Die ganze Gesellschaft ist wieder konservativer und stärker familienorientiert. Lesben sehen, daß auch sie Kinder bekommen können und von Gleichgesinnten hierin unterstützt werden. Es wird für Lesben zu einem akzeptableren Lebensstil. Die Atmosphäre in der Gesellschaft allgemein und auch bei lesbischen Frauen begünstigt wieder die Mutterschaft.[7]

Dennoch müssen Lesben, die sich für ein Kind entscheiden, die Rechte jener Lesben verteidigen, die das nicht tun, schreibt Polikoff, »und sie müssen vor allem jene Frauen unterstützen, die Feminismus zu ihrem Beruf gemacht haben. Niemand sonst wird sagen, daß ihre Wahl ebenso wertvoll ist. Niemand sonst wird sagen, daß es stark, positiv und selbstbejahend ist, kein Kind zu bekommen, daß es mehr ist als ‚in Ordnung'. Überdies wird man unsere Entscheidung *für* Kinder benutzen, um Lesben ohne Kinder weiter ins Abseits zu drängen.«[8]

Elftes Kapitel

Wenn kein Kind haben ein Verlust ist

When I find myself in times of trouble,
Mother Mary comes to me,
Speaking words of wisdom: Let it be.
John Lennon und Paul McCartney

Ich werde immer Trauer darüber empfinden, keine Kinder zu haben, und diese Trauer wird nicht einfach aufhören. Ein Teil von mir wird sich nie damit abfinden, daß ich nicht Mutter geworden bin ... Inzwischen gehört diese Trauer zum Großteil der Vergangenheit an, ich kann das Thema ruhen lassen und mein Leben wieder neu gestalten. In vielerlei Hinsicht ist das eine große Erleichterung. Es hat mich emotional viel Kraft gekostet ... jetzt kann ich diese Kraft für etwas anderes einsetzen.

Virginia, 41[1]

Für Frauen, die sich gegen Kinder entschieden haben, ist Kinderlosigkeit ein frei gewählter Zustand, der selten oder nie Verzweiflung und Traurigkeit auslöst. Ein Kind war nicht gewollt, es wird nicht vermißt. Kinderfreie Frauen mögen sich zwar gelegentlich fragen, wie ihr Leben wohl mit Kindern verlaufen wäre, doch die meisten sagen, dies sei für sie selten, wenn überhaupt je, ein emotional heikles Thema gewesen. Hätten sie es gewollt, dann hätten sie Kinder bekommen. So haben sie sich dagegen entschieden und leben dementsprechend.

Doch viele Frauen ohne Kinder sind nicht ›kinderfrei‹: Es war nicht ihre Entscheidung; sie hatten es nicht so geplant. Sie sind aus ganz verschiedenen Gründen kinderlos: Sie hatten nicht die richtige Beziehung zur rechten Zeit, der Partner wollte nicht, es gab medizinische Hindernisse und so weiter. Viele dieser Frauen empfinden ihre Kinderlosigkeit als einen mehr oder weniger schweren Verlust. In diesem Kapitel wird es um die Frage gehen, welche Emotionen mit diesem Verlust einhergehen und was er für Frauen bedeutet. Wie bei jedem Verlust im Leben gilt auch hier, daß der Schmerz um so besser verarbeitet wird, je mehr eine Frau bereit ist, sich diesem Schmerz zu stellen. Sie muß eine Übergangsphase durchleben, in der sie sich mit dem Verlust bewußt auseinandersetzt, um ihn dann hinter sich zu lassen und ihr Leben anders gestalten zu können. Im folgenden wird es auch um die Fragen gehen, wie Frauen ohne Kinder mit dem gesellschaftlichen Druck, der Stigmatisierung, den Vorurteilen und dem ihnen oft vorgeworfenen Egoismus umgehen.

Keine Zweifel, kein Bedauern

Die gewählt Kinderfreien, die ›Frühentschiedenen‹, die sich ihr Leben immer ohne Kinder vorstellten (siehe sechstes Kapitel), empfinden kaum oder gar keinen Verlust oder Trauer darüber, kein Kind zu haben. So sagte beispielsweise Karen, die wiederverheiratete und kinderfreie College-Professorin, sie wäre stets der Ansicht gewesen, Kinderfreiheit sei das richtige für sie, und habe sie daher auch immer positiv besetzt:

> Ich habe nie gedacht, daß ich Kinder bekommen würde. Soweit ich mich erinnern kann, hat mich das auch nie interessiert. Ich konnte es mir einfach nicht vorstellen, und ich habe auch nicht damit gerechnet. Mein Mann und ich haben immer wieder darüber gesprochen, um sicher zu gehen, daß es kein verdrängtes Thema war, aber ich war mir sicher. Ich hatte nie Zweifel.

Karen zweifelt nicht, bedauert nichts. Ihre Einstellung zu Kindern hat sich nie verändert. Das gilt auch für Jackie, Einzelkind und seit neunzehn Jahren verheiratet. Sie ist vierzig Jahre alt und ließ sich vor fünf Jahren sterilisieren.

> Ich wollte keine Kinder, war nie vom Muttervirus infiziert. Es gibt Kinder, die ich mag, aber die Idee, Kinder zu bekommen, hat mir nie gefallen, nie. Ich sehe mich jedes Mal bestätigt, wenn ich im Supermarkt Mütter mit schreienden Kleinkindern und deren pausenlosen Ansprüchen sehe. Es würde mich verrückt machen.

Candice, dreiundvierzig, schwarz und Einzelkind, ist jetzt Finanzexpertin in einer Anwaltskanzlei. Sie hat sich schon als Kind nicht für Kinder interessiert, ließ sich mit dreiundzwanzig sterilisieren und hat diese Entscheidung nie bereut. Sie sagt:

> Ich war unsicher, ob ich heiraten wollte, aber ich wollte nie Kinder – nicht eine Sekunde lang. Daran hat sich nichts geändert.

Diese Frauen sind noch relativ jung. Was ist mit älteren Frauen? Es gibt (außerhalb der Gerontologie) nur sehr wenige Untersuchungen über ältere Frauen, die kinderfrei bzw. kinderlos sind (mehr darüber im fünfzehnten Kapitel). Diese wenigen Studien jedoch – ebenso wie die Interviews mit Frauen über Kinderfreiheit[2] und die wenigen Aufsätze dazu – lassen kein wachsendes Bedauern erkennen, vor allem unter ›Frühentschiedenen‹. Wenn ihre Entscheidung gegen Kinder auch in der Phase ihres Lebens, in der die biologische Uhr abläuft, für sie noch gilt, stehen sie offenbar ihr Leben lang dazu.

Erinnern wir uns an die vierundfünfzigjährige Lynn, die mit zweiundzwanzig erkannte, daß sie keine Kinder wollte und erleichtert war, weil ihre einzige Schwangerschaft mit einer Fehlgeburt endete. »Der Gedanke, ein Kind zu haben, ist mir nicht angenehm, und ich wüßte nicht, welche Nachteile mir durch meine Kinderlosigkeit entstehen sollten. Ich war damals sehr froh, als mir klar wurde, daß ich das Kind nicht zur Welt bringen mußte.« Und obwohl sie Einzelkind mit sehr wenigen familiären Beziehungen ist, ihren langjährigen Lebensgefährten, der vor einigen Jahren starb, sehr vermißt und sich in der Stadt, in der sie jetzt lebt, recht isoliert fühlt, wünscht sie sich noch immer nicht, daß sie Kinder hätte.

Die siebenundfünfzigjährige Betsy, verheiratet und schon seit zehn Jahren pensioniert, sieht das heute noch so wie in ihrer Jugend: Kinder hätten ihr Leben zu sehr durcheinander gebracht. Sie sagt: »Ob es mir leid tut? Nein – ach ja, etwas gefällt mir nicht – ich bekomme auf den Angelschein in Florida keinen Familienrabatt! Nein, im Ernst. Ich habe die richtige Entscheidung getroffen. Keine Kinder – kein Bedauern!«

Weder Dolores, heute fünfundsechzig, eine ›Zögernde‹ (die zunächst glaubte, sich keine Kinder leisten zu können), noch die sechsundsechzigjährige Helen Brooks (die texanische Pferdeliebhaberin), eine ›Frühentschiedene‹, hatten je Zweifel an ihrer Entscheidung. Dolores bedauert nichts und sieht keine Schattenseiten: »Ich bin mit dieser Entscheidung sehr zufrieden. Ich bin nicht traurig und bedauere nichts. Na ja, vielleicht hin und wieder ein Aufblitzen, aber nichts, was mich beschäftigen oder mir fehlen würde.« Helen sagt, ein Leben ohne Kinder sei »in nichts schwierig und in vielem sehr gut«.

Sylvia, zweiundsiebzig, sagt, sie sei so sicher gewesen, keine Kinder zu wollen, daß es nicht einmal einer Entscheidung bedurft habe. Sie ist seit dreiundvierzig Jahren mit demselben Mann verheiratet, und als sie ihm vor der Heirat erzählte, was sie darüber dachte, ging er darauf ein. Sie widmete sich in diesen Jahren der Musik, der Malerei und ihrem Haus.

> Ich wollte einfach keine Kinder; ich habe mich nicht danach gesehnt. Alle meine Freundinnen haben Kinder, aber für mich war es nicht einmal eine Entscheidung, es gehörte einfach nicht zu meinem Leben. Ich hatte kein Bedürfnis danach. Ich denke nie daran. Meine Einstellung hat sich nicht verändert.

Und Marjory Stoneman Douglas (siehe erstel Kapitel), die nie Geschwister, Nichten, Neffen, nicht einmal Cousins und Cousinen gehabt hat, empfindet mit einhundert Jahren noch das gleiche wie damals, als sie fünfundzwanzig war: »Ich wollte nie Kinder. Auch jetzt nicht.«

Bei einem gemeinsamen Picknick sprach ich mit einer Psychologie-Professorin, die an einer hervorragenden Universität unterrichtet und drei Söhne unter fünf Jahren hat, über dieses Buch. Sie fragte mich: »Meinen Sie nicht, daß diese Frauen sich durch psychologische Abwehrmechanismen vor ihren verborgenen Gefühlen schützen? Wagen sie es wirklich, sich ehrlich zu ergründen? Wenn sie einen Fehler begangen hätten, könnten sie das zugeben? Müßten sie ihre wahren Gefühle nicht durch kognitive Dissonanz kaschieren?«

Warum müssen wir die Aufrichtigkeit von Frauen anzweifeln, die in der Kinderfrage nicht ambivalent sind? Gibt es denn nicht ebenso viele von Selbstzweifeln geplagte Mütter, für die es, um ihrer selbst und um ihrer Kinder willen, besser gewesen wäre, sie hätten keine Kinder bekommen?

Andere Frauen hingegen haben keine Kinder, weil es sich so ergeben hat oder weil sie so lange unschlüssig waren, daß sie quasi den richtigen Zeitpunkt verpaßt haben. Diese Frauen werden mit großer Wahrscheinlichkeit früher oder später die Themen Kind und Mutterschaft als Fragen von emotionaler Bindung und Verlust verarbeiten müssen. Eine der ersten Reaktionen angesichts der Unwiderruflichkeit der eigenen Kinderlosigkeit kann Panik sein.

Panik: Die erbarmungslos tickende Uhr

Wer will schon entscheiden, ob es an den Hormonen oder dem ungeheuren, allgegenwärtigen, sozialen und kulturellen Druck zum Kinderkriegen liegt, der unsere Gesellschaft in all ihren Aspekten so stark prägt, daß eine Frau, die ihr biologisches Gebärpotential nicht wahrgenommen hat, sich plötzlich dazu gedrängt fühlt, wenn die Zeit knapp zu werden beginnt?

Viele Frauen geraten in Panik, wenn ihre biologische Uhr immer lauter und schneller tickt. Bei einigen dauert diese Panik nur einen Tag lang und erfaßt sie bereits mit Anfang zwanzig. Andere hören das Ticken erst, wenn sie Anfang vierzig sind, oder quälen sich jahrelang durch einen Sumpf von Unschlüssigkeit, aufgewühlten Gefühlen, Schmerz und Zweifeln.

Wenn eine Frau erkennt, daß ihre biologische Uhr bald abläuft, kann sie Angst, Anspannung und/oder Panik über das Verrinnen der Zeit und ihres Lebens empfinden, ohne es beeinflussen zu können. Die einundvierzigjährige Tammy beispielsweise hat keine Kinder, weil sie sich nie dazu entschließen konnte. Sie sagt zwar, sie könne mit dieser Nicht-Entscheidung gut leben – Kinderlosigkeit durch Unschlüssigkeit und Nachlässigkeit –, aber nun, da sie bald keine Kinder mehr bekommen kann, macht sie sich doch Sorgen:

> Ich nähere mich einem definitiven Ende, einer Grenze; irgendwann habe ich nicht mehr die Wahl, mich für ein

> Kind entscheiden zu können – und jetzt gerate ich zunehmend in Bedrängnis und bekomme Angst. Mache ich einen Fehler? Werde ich das auf lange Sicht immer mehr bereuen? Je näher ich dem Ende dieser Einbahnstraße komme, desto größer sind die inneren Konflikte mit dieser Entscheidung oder dem *Fehlen* der Entscheidung.

Die vierzigjährige Joan, als Kind Schauspielerin, später Mannequin, heute Kinderschwester, hat zwar nie Panik empfunden, erinnert sich aber an ein Gefühl von Dringlichkeit:

> Ich wollte nur einmal ein Kind, da war ich drei- oder vierundzwanzig. Ich war ledig, Feministin, fand, daß kein Mann etwas tauge (oder mir gar ebenbürtig sei), und entwarf einen Fünfjahresplan. Ich gab mir fünf Jahre, um Geld zu sparen, von einem Mann mit gutem Genmaterial schwanger zu werden, nach Vermont zu ziehen und dort mit meinem Kind, einem Gewehr und einem Bernhardiner allein zu leben.

Dann aber lernte sie ihren späteren Mann kennen, gab ihren Fünfjahresplan auf und heiratete. Die beiden verschoben Kinder, um ihre Ehe zu genießen, die sich als sehr glücklich erwies, und mit der Zeit schien es immer mehr Gründe gegen Kinder zu geben. Parallel dazu verschwand der dringende Wunsch nach einem Kind und stellte sich nie wieder ein.

Viele Frauen mutmaßen, die Panik habe eher der versäumten Erfahrung von Schwangerschaft, Geburt und Stillen gegolten als der des Mutterseins.

Die siebenunddreißigjährige Lektorin und Autorin Gwen sagt dazu:

> Als ich dreiunddreißig war, schrillte mein biologischer Wecker etwa sechs Wochen lang, und ich bekam Zweifel, ob mir nicht etwas entgeht. Doch das einzige, was mich wirklich interessierte, waren Schwangerschaft und Geburt

als faszinierende biologische Phänomene. Es ist sicher aufregend, sie zu erleben. Seither habe ich damit keine Probleme mehr gehabt.

Auch die fünfundvierzigjährige lesbische Stadtplanerin Laura bedauert an ihrer Kinderlosigkeit am meisten, keine Geburt erlebt zu haben:

> Ich bin sicher, wenn alles gut verläuft, ist schwanger zu sein und ein Kind zur Welt zu bringen – auch wenn es auf der ganzen Welt ständig geschieht – eine außergewöhnliche Lebenserfahrung, eine Erfahrung, die ich nie hatte und nie haben werde.

Rückblickend erinnert sich Pamela – die einundsechzigjährige Tänzerin, die nie verheiratet war –, daß sie mit vierzig Panik empfand, die durch eine Schwangerschaft ausgelöst wurde. Erst als ihr klar wurde, daß sie schwanger war, wollte sie unbedingt ein Baby.

> Es war eine vorübergehende Krise. Ich war schwanger, es war ein Versehen, und mir wurde klar, daß dies die letzte Chance war und es mir leid tun würde, wenn ich sie nicht wahrnahm. Also beschloß ich, das Kind zu bekommen, und dann hatte ich eine Fehlgeburt! Inzwischen aber wollte ich das Kind wirklich. Ich überlegte mir panisch, welchen Mann ich bitten könnte, mit mir ein Kind zu zeugen. Später erkannte ich natürlich, daß ich einen solchen Mann nicht hätte heiraten wollen, und die, die ich hätte fragen können, wären nicht so verantwortungslos gewesen, die Existenz eines Kindes einfach zu ignorieren. Also dachte ich an Adoption. Man sagte mir, es sei einfacher, ein Kind aus der Dritten Welt zu adoptieren, auch wenn Paare bevorzugt würden. Aber je länger ich darüber nachdachte, desto klarer wurde mir, was für ein haarsträubendes Unterfangen ich da erwog: Allein Geld verdienen, allein die emotionale Verantwortung tragen, schon gar bei einem Kind, dem es vielleicht schwer fiel, sich in unsere Kultur einzufinden. Schließlich gab ich auf. Irgendwann begriff ich, daß man nicht alles haben kann.

Andere Frauen aber kämpfen in Panik um die letzten Minuten: Werden sie noch ein Kind bekommen oder nicht?

Die Bibliothekarin Paula ist seit achtzehn Jahren mit einem Mann verheiratet, der nie Kinder wollte. Sie sagt, die Unschlüssigkeit, mit der ihre Freundinnen zwischen dreißig und vierzig das Problem Kinder immer und immer wieder durchhecheln, würde sie noch ›verrückt‹ machen.

> Alle meine Freundinnen rasten irgendwann Mitte dreißig aus. Irgend etwas verändert sich, sie wirken getrieben. Ich weiß nicht, woher es kommt. Wir verbringen Stunden damit; wir machen eine Wanderung, Berg rauf, Berg runter, ein paar Frauen fallen zurück, und es geht immer nur um ein Thema: »Kriege ich ein Kind oder kriege ich keins.« Es wird zur Besessenheit; sie stehen unter großem Druck. Da geht es um mehr als nur um die rationale Frage, ob man sich für oder gegen ein Kind entscheidet.
> Wenn der Zeitdruck sie erwischt, höre ich sie sagen: »Jetzt oder nie.« Weiter denken sie nicht. Man muß das überwinden und das eigene Leben und die Beziehung bedenken. Es geht um viel mehr als nur darum, ein Baby haben zu wollen – zum Beispiel: habe ich, was mein Kind braucht, um stark und gesund zu sein?
> Ich glaube, irgendwann Anfang vierzig ist die Entscheidung gefallen, und man kommt wieder zu Verstand. Wenn das überstanden ist, beginnt man sich zu stabilisieren, sich umzuschauen und die Dinge klarer zu sehen.

Doch bis es soweit ist, können Frauen eine ganze Palette beunruhigender Gefühle erleben.

Verlust- und Angstgefühle

Wenn Frauen an ein Kind denken, es aber aus welchem Grund auch immer nicht bekommen, müssen sie sich irgendwann diesem Verlust stellen und ihn betrauern.

Frauen, die sich bewußt gegen Kinder entschieden haben, empfinden den Verlust am wenigsten stark. Und es ist allgemein bekannt, daß Frauen, die aus medizinischen Gründen kinderlos bleiben, die schwersten Verlustgefühle erleben. Doch auch Frauen, die glauben, irgendwann einmal Kinder zu bekommen, deren Lebensweg aber durch äußere Umstände und Schicksalsfügung anders verlief, haben einen echten Verlust erlitten – den Verlust eines Traumes oder Bildes, das sie fast ihr ganzes Leben lang hegten, des Kindes, das sie nie sehen werden, den Verlust, nie zu wissen, was hätte sein können. Mit diesem Verlust entschwindet eine ganze Lebensweise, denn der Alltag einer Mutter ist über einen Zeitraum von fast zwanzig Jahren völlig anders als der einer Frau ohne Kinder. Trauern bedeutet, sich dem Verlust zu stellen. Und wie sehr diese Gefühle – von Isolation über Einsamkeit, Hilflosigkeit und Traurigkeit bis hin zu Verzweiflung – auch schmerzen mögen, so ist doch die Konfrontation damit der einzige Weg, den Verlust anzunehmen. Mit dem Annehmen endet das Trauern.

Die dreiundvierzigjährige Diane erzählte, daß sie Angstanfälle und Depressionen bekam, als sie sich mit ihrer dauernden Kinderlosigkeit auseinanderzusetzen begann. Sie durchlebte den Trauerprozeß, bevor sie die Vorstellung eigener Kinder hinter sich lassen konnte:

> Ich war wirklich froh, daß ich in meiner ersten Ehe kein Kind hatte, sie war furchtbar und ging auseinander, als ich fast dreißig war. Als ich zehn Jahre älter und einige Beziehungen weiter war, deprimierte mich sehr, daß ich nie Kinder haben würde. Ich weinte und war eine Zeitlang sehr unglücklich. Es war eine Trauerphase, in der ich meine Prioritäten neu ordnen mußte.

Nachdem Ellen mit zweiundvierzig zum zweiten Mal

geheiratet, zwei Eileiterschwangerschaften und eine In-vitro-Fertilisation erlebt hatte, begann sie zu trauern:

> Diese Zeit der Unfruchtbarkeit war höchst traumatisch. Viel Trauer kam hoch, zuviel Schmerz in zu kurzer Zeit. Das war allzusehr Mittelpunkt meines Lebens geworden und löste Gefühle von Unzulänglichkeit, Schmerz und Trauer aus. Ich mußte mich dem stellen und zulassen, daß ich die Stufen der Trauer durchlebte.

Gail ist Finanzberaterin. Sie ließ sich mit fünfunddreißig sterilisieren, weil sowohl ihr Mann, der keine Kinder wollte, als auch ihr Arzt sie dazu gedrängt hatten. Nach dem Eingriff war sie kurze Zeit deprimiert, doch die Anforderungen einer aufreibenden Karriere lenkten sie bald ab.

> Was das anging, war ich damals recht unbekümmert – ich war an einem Punkt meines Lebens, wo ich ständig Entscheidungen fällen mußte, was mir sehr gut gefiel – ich glaube, es hat mich regelrecht berauscht. Und in dieser Situation traf ich auch die Entscheidung für eine Sterilisation. Aber man macht sich nicht klar, daß eine solche Sache eine wirklich gravierende Entscheidung ist.

Sie tendierte dazu, die Bedeutung ihrer Entscheidung vor sich selbst herunterzuspielen, und nahm ihr Verlustgefühl nicht wirklich wahr. Ihre Abwehrmechanismen schützt sie davor, sich mit Fragen von Verlust und Angst befassen zu müssen, und ermöglichten ihr somit auch, sich erneut des Gefühles von Kontrolle und Kompetenz zu versichern. Sie hatte sich mit fünfunddreißig diesem Schmerz nicht gestellt, daher meldete er sich unlängst wieder. Gail ist jetzt dreiundvierzig.

> Ich will nicht sagen, daß ich jeden Morgen mit dem Gedanken an meine Kinderlosigkeit aufwache, aber ich spüre die Folgen meiner Entscheidung. Manchmal habe ich

> ein stärkeres Gefühl von Verlust als früher, ich sage nicht: »Ach, wie gerne wäre ich bei einem Kindergeburtstag dabei«, aber es gibt Augenblicke, wo ich daran denke, wie es gewesen wäre. Aber ich sorge dafür, daß ich immer so wahnsinnig viel zu tun habe, daß mir nicht viel Zeit bleibt, mich mit meinen Gefühlen zu befassen. Darum kann es gut sein, daß sie mich eines Tages einholen.
> Ich trauere nicht schrecklich deswegen, es gehört zu meinem Leben. Es bereitet mir auch keine furchtbaren Schmerzen, aber vielleicht träte das ein, falls ich viele Verluste erleben oder versagen würde – das kann ja jederzeit geschehen.
> Ich glaube, es kann später durchaus zu einer Bürde werden, wenn man psychisch und emotional nicht gut vorbereitet ist oder zu diesem Zeitpunkt sehr überlegt handelt.

Ihr traten Tränen in die Augen. »Ich glaube, ich werde es mit der Zeit immer mehr bereuen, und ich werde mich damit befassen müssen.«

Da Gail sich ihren Gefühlen nicht früher gestellt hat, wird sie von ihnen verfolgt. Um uns vor Gefühlen des Kontrollverlusts und der Ohnmacht, der Anspannung oder Angst zu schützen und schwere Zeiten durchstehen zu können, nehmen wir häufig zu etwas Zuflucht, was Psychologen Abwehrmechanismen nennen. In Maßen ist dies eine natürliche und gesunde Art, mit Kummer umzugehen, wenn wir jedoch diese Abwehrmechanismen dazu benutzen, Unangenehmes endlos lange auf Abstand zu halten, und uns nicht eingestehen, daß wir unter einem Verlust leiden, werden diese Gefühle immer dann auftauchen, wenn wir es am wenigsten erwarten. Wenn wir uns den Schmerz nicht gestatten, können wir nicht von dem Kummer genesen und den Verlust akzeptieren.

Wie Gail haben die meisten von uns nie gelernt, mit Verlust umzugehen. Um ihn verarbeiten zu können, müssen wir Unbewußtes an die Oberfläche bringen und bewußt werden lassen. Wenn die psychische Energie nur darauf gerichtet ist, den Kummer auf Distanz zu halten, kann dieser niemals integriert werden. Doch gerade das ist entscheidend am Trauerprozeß: Wir müssen den Verlust als Teil akzeptieren, statt ihn als getrennt von uns wahrzunehmen.[3] Frauen, die es belastet, keine Kinder zu haben, die sich mit diesem Verlust aber emotional nicht befassen, könnten – wie Gail – feststellen, daß sie es später doch tun müssen.

Oft gehen Verlust- und Panikgefühle mit Ängsten einher: Angst, was diese Verluste für unser Leben bedeuten werden; Angst, die Verbindung zur nächsten Generation zu verlieren; Angst, im Alter alleine und ohne liebevolle Kinder zu sein, die sich um uns kümmern; Angst vor Unsicherheit.

Die lesbische Irena, Einzelkind und nie verheiratet, sagt, sie habe immer gefürchtet, ohne ein Kind die Beziehungen zu verlieren, die für das Gefühl *garantierter* und *ewiger* Sicherheit unabdingbar sind.

> Ich habe Angst, daß ich nicht autonom genug bin; ich habe Angst, daß ich später (wie eine Obdachlose auf der Straße) allein sein werde, ausgeschlossen, ohne Beziehung zu jemandem, ohne einen Menschen, um den ich mich kümmern kann, vergessen, unerwünscht und unwichtig, mein Leben unnütz und wertlos. Wenn diese Ängste mich in den Klauen halten, kann ich mir nur ein einsames, schmerzliches Alter vorstellen, einen Tod ohne jeden Trost.[4]

Als sie Ende dreißig war, deprimierte es sie sehr, wie unbeständig Freundschaften, wie wankelmütig Geliebte sein können.

> Der Mythos eines Kindes, einer Blutsverwandtschaft, die dieses Kind mir bringen würde, schien mir die einzige

> Garantie gegen Einsamkeit und Isolation, die einzige Möglichkeit, mit der übrigen Gesellschaft in Verbindung zu bleiben. Jetzt weiß ich, daß ich nie ein Kind zur Welt bringen werde, und es fällt mir überaus schwer, von diesem Mythos abzulassen, ohne in völlige Verzweiflung zu versinken.

Irena weiß natürlich, daß »Kinder kein Allheilmittel oder Serum gegen Einsamkeit oder Isolation sind, sondern Menschen mit den gleichen Schwächen wie Freundinnen und Geliebte«. Sie weiß, daß sie mit dem Mythos von der Idealfamilie aufwuchs, in der Blut dicker ist als Wasser, in der Eltern und Kinder liebevoll verbunden sind, aber die Kraft dieses Mythos beherrscht gleichwohl ihre Phantasien. Sie weiß auch, daß zwar zwischen Kindern und Eltern durchaus tiefe Zuneigung vorkommt, viele Familien aber entfremdet und für immer entzweit sind und sich gegenseitig weder Trost noch Liebe geben. Trotzdem wirft die Angst davor, ohne die ›garantierte‹ und ›ewige‹ Kindbeziehung zu sein, in schwachen Augenblicken immer noch einen Schatten auf ihr Denken.

Zu den nachhaltigsten Ängsten zählen die von Reue und Bedauern. Viele Frauen sagen, sie seien mit ihrem gegenwärtigen Leben zufrieden – ausgefüllte Leben von Frauen, die jetzt dreißig, vierzig, fünfzig Jahre alt sind. Aber sie haben Angst davor, sich später anders zu fühlen. Viele sagen, das einzige, was sie an ihrem Leben ohne Kinder wirklich beunruhige, sei die Angst, daß es ihnen später einmal leid tun könnte. Sie fragen sich, ob sie nicht einen großen Fehler gemacht haben.

Und egal ob sie eine späte Reue fürchten oder nicht, vielen graut vor einem Alter ohne Kinder: »An meiner Kinderlosigkeit bedauere ich nur eines: alt zu werden und allein zu sein«, sagte eine Frau und drückt damit die Ansicht vieler aus.

Doch »es spricht wenig dafür, daß die späteren Stadien einer Elternschaft wesentliche emotionale Vorteile bieten«. Zu diesem Schluß kamen zwei Soziologinnen aufgrund ihrer Auswertung von sechs US-amerikanischen Studien, für die Menschen über fünfzig nach ihrem Gefühl von Glück und Zufriedenheit befragt wurden. Kinder vergrößern weder das Glück noch die allgemeine Zufriedenheit im Alter.[5] Die Folgen von Kinderlosigkeit auf das Alter bezeichnen Gerontologen als ›mild‹. (Das fünfzehnte Kapitel wird sich dieser Frage ausführlich widmen.)

Probleme mit den Möchtegern-Großeltern

Zu den schwierigsten Aspekten der Frauen ohne Kinder gehört der Schmerz und die Enttäuschung, die dieses ›Nicht-Ereignis‹ möglicherweise ihrer Mutter bereitet, die gerne Großmutter geworden wäre und sich von ihrer kinderlosen Tochter betrogen fühlt. Wenn Geschwister Kinder bekommen, wird der Druck geringer, obwohl manche Frauen sagen, wenn es die Kinder von Söhnen sind, würden sie dennoch von der Großmutter bedrängt, weil Enkel von Töchtern ›anders‹ seien. Janice erläutert dies:

> Meine Mutter mißbilligt die Kindererziehung meiner Schwägerin und ist schrecklich enttäuscht, daß ich keine Kinder habe. Sie sagt, die Kinder einer Tochter seien mehr wie eigene Kinder; die eines Sohnes gehörten dagegen seiner Frau. Sie fühle sich bei ihrer Schwiegertochter und den Enkeln wie eine Schwiegermutter, die sich einmischt, und meint, daß es für sie viel befriedigender wäre, wenn ich Kinder hätte.

Am schwierigsten aber ist es, wenn die Mutter keine anderen Aussichten auf Enkelkinder hat. So findet Gwen ihr Leben ohne Kinder ›in Ordnung‹, da sie, wie sie sagt, »nicht wüßte, warum ich Kinder haben sollte«. Doch die Verlustgefühle ihrer Mutter machen sie nach wie vor traurig.

> Einer der schmerzlichsten Aspekte meiner Entscheidung ist die Enttäuschung meiner Mutter und vielleicht auch meines Vaters. Meine Mutter wollte wirklich gern Großmutter werden und hat jede Menge Andeutungen in dieser Richtung gemacht. Ich glaube, sie hat schließlich akzeptiert, daß weder ich noch meine Schwester Kinder haben werden und daß sie nie Großmutter sein wird.

Irena stand unter noch größerem Druck. Sie war das einzige Kind ihrer Familie, das den Zweiten Weltkrieg überlebt hat, und wurde von ihrer Mutter in der stillschweigenden Annahme erzogen, die Familie werde durch sie neu entstehen. Sie selbst hat sich immer vorgestellt, daß sie ein Kind haben würde, um sich damit vor dem Verlust enger persönlicher Bindungen zu schützen. Doch sie erkannte schließlich, daß ihre Phantasie vor allem ein Erbe ihrer eigenen unbefriedigenden Mutterbeziehung war. Sie wollte die perfekte Mutter werden und so »die ungehaltene, kritische Stimme in mir zum Schweigen bringen, die Stimme, die mich immer unsicher und unzufrieden sein ließ«.

> Mein Wunsch, die perfekte Mutter zu werden, diese Phantasie auszuleben, hat also in Wahrheit nichts mit einem Kind zu tun, sondern vielmehr mit meinem Wunsch, etwas zu erleben, das ich selbst gern erlebt hätte. Ich möchte kein Kind bemuttern, sondern mich selbst.
> Der Mythos der Mutterschaft besagt ... daß ich ohne ein Kind diese Fürsorge, diesen unkritischen Frieden, diese alles verstehende Einfühlung nie erleben werde. Nur als Mutter kann ich das haben. Das ist fraglos der falsche Grund für ein Kind – und kann verheerende Folgen haben.

Also wählte Irena einen anderen Weg. Dennoch war es für sie quälend, ihrer Mutter nicht das Enkelkind zu schenken, das diese erwartete. »Das Du-bist-die-letzte-in-der-Familie-Argument läßt eine Frau, die sich gegen Kinder entscheidet, pervers, bockig, gefühlskalt und egoistisch erscheinen.« Irena hat diesem Druck standhalten und ihrem Instinkt vertrauen müssen, der ihr sagte, daß dies für sie nicht der richtige Weg sei. Sie hört den Neid und die Aufregung in der Stimme ihrer Mutter, wenn diese von einem Baby erzählt. »Es hat mich oft geärgert, daß nichts, was ich je erreichen kann, diese Stimmlage, diese tiefe, anhaltende Befriedigung auslösen wird... ich weiß, daß dahinter eine stille, unausgesprochene Kritik an mir liegt«.[6]

Kinder bemühen sich immer um die Anerkennung ihrer Eltern als Beweis ihrer Liebe. Mißbilligung löst manchmal das Gefühl aus, verlassen worden zu sein, selbst wenn wir erwachsene Kinder sind. Unsere Vergangenheit beherrscht zwar unsere Gegenwart nicht, aber sie lebt in ihr fort. Auch wenn wir uns von den Eltern lösen, ist ihre Mißbilligung oft schwer zu ertragen. Denise zum Beispiel hat neue Kraft gewonnen, als sie nach sechsjähriger qualvoller und erfolgloser Fruchtbarkeitsbehandlung den Mittelpunkt ihres Lebens verlagerte und nun ihr kinderfreies Leben bejaht und genießt. Sie ist stolz auf diese Wandlung und auch darauf, ein Selbsthilfe-Netzwerk für ungewollt kinderlose Paare aufgebaut zu haben. Ihre Mutter und ihre Schwiegermutter haben das jedoch nie verstanden, und Denise spürt nicht nur deren Schmerz, sondern auch ihren eigenen Schmerz, weil sie diese Verständnislücke nicht überbrücken kann.

> Unsere Mütter gingen beide auf die Siebzig zu, und es war unmöglich, mit ihnen über Unfruchtbarkeit zu sprechen. Randalls Mutter erzählte allen: »Es lag an Denise,

sie konnte Randall kein Kind schenken.« Wir haben sie reden lassen.

Ich glaube, sie haben nie verstanden, wie verzweifelt wir waren und wie tief unser Frieden jetzt ist, da wir es durchgestanden haben. Randalls Mutter ist gerade gestorben. Er ist das einzige Kind, daher war es sehr traurig. Wir haben versucht, mit ihr über das zu sprechen, was wichtig ist, aber sie konnte es einfach nicht.

Auch unsere Mütter haben einen großen Verlust erlitten. Sie konnten nur zuhören, wenn andere mit ihren Enkelkindern angaben, sie hatten ja bloß das Foto von unserem Schäferhund. Wir wissen nicht, ob es ihnen gelungen ist, ihren Frieden damit zu machen.

Aber Mütter können ihre Töchter auch so wütend machen wie niemand sonst, indem sie stets auf den falschen Knopf drücken. Sie halten es für ihr Recht, ihre Kinder zu befragen, warum sie keine Kinder haben. Jean Veevers schreibt in *Childless by Choice*, Eltern ließen sich »durch Hinweise auf Privatsphäre oder oberflächliche Antworten nicht abweisen … viele, wenn nicht gar die meisten Eltern meinen, zu den Belohnungen, die ihnen für die Jahre der Kindererziehung zustünden, gehöre das Recht auf Enkelkinder.«[7] Sie *erwarten* Enkelkinder und reagieren beunruhigt, wenn gleichaltrige Bekannte Großeltern werden. Wenn Töchter sich nicht fortpflanzen, sind sie häufig nicht nur neugierig und verärgert, sondern fragen möglicherweise ihre Tochter, was *sie* falsch gemacht haben.

Natalie, achtunddreißig und Umweltschützerin, hat sich nie ein Kind gewünscht, was, wie sie findet, nur sie allein etwas angeht. Obwohl ihre Freundinnen Kinder haben oder haben möchten, fühlt sie sich nicht unter Druck, es ihnen nachzumachen. Doch ihre Mutter, die von Natalies Schwester schon zwei Enkel hat, ist ›gnadenlos‹:

Ich komme aus einer sehr warmen, liebevollen Familie. Wenn überhaupt etwas negativ war, dann nur, daß meine Schwester und ich immer im Mittelpunkt der Aufmerksamkeit standen. Aber jetzt kann sie meine Entscheidung einfach nicht akzeptieren. Sie sagt: »War ich eine so schlechte Mutter?« Sie nimmt es sehr persönlich. Ich habe gelernt, darüber zu lachen, aber manchmal werde ich wirklich böse. Ihr Verhalten kann so unangemessen sein. Einmal rief eine meiner engsten Freundinnen bei ihr an, weil sie mich suchte. Diese Freundin war schwanger, und meine Mutter fing an zu lamentieren: »Und Natalie? Glauben Sie, daß sie je ein Kind bekommt? Es belastet mich so, daß sie keine Kinder will.«

Warum kann sie nicht akzeptieren, daß ich erwachsen bin und meine eigenen Entscheidungen treffe. Ich bin glücklich damit, aber sie kann es einfach nicht respektieren.

Einige Mütter empfinden offenbar die Weigerung ihrer Töchter, Mutter zu werden, als Beleidigung, als ›Schlag ins Gesicht‹, als Ablehnung ihrer Person und ihrer Lebensweise. Die fünfzigjährige Ilene, von der bereits die Rede war, hat eine sehr große Familie mit ausgeprägtem Familiensinn. Ihre Mutter war Krankenschwester, doch als sie mit zweiunddreißig heiratete, gab sie ihren Beruf gern auf, um ihre Kinder aufzuziehen, ein Mädchen und einen Jungen. Ilene wurde jedoch nicht die perfekte Tochter, die ihre Mutter sich erträumt hatte:

Als einziges Mädchen war ich verwöhnt. Ich weiß noch, daß ich als Kind heiraten und genauso leben wollte wie meine Eltern. Doch ich habe nicht geheiratet, ich habe keine Kinder, ich habe mich gegen ihre Lebensweise entschieden. Ich lehne sie als Rollenmodell ab, aber meine Mutter interpretierte das so, daß ich *sie* ablehne, und seither ist unsere Beziehung gespannt. Sie ist jetzt zweiundachtzig, und es ist etwas besser geworden, aber über viele dieser Dinge können wir bis heute nicht sprechen.

Gwen bedauert, daß ihre Mutter niemals Großmutter sein wird, ist aber auch böse auf sie, weil sie das von Zeit zu Zeit durchblicken läßt:

> Sie würde sterben, wenn ich ein uneheliches Kind bekäme, aber da ich keinen Partner habe und sehr gern einen hätte, verletzt mich ihre Beharrlichkeit um so mehr. Was, wenn ich gern ein Kind bekommen hätte? Was glaubt sie, wie ihre Sticheleien auf mich wirken würden, wenn ich es hätte haben wollen und nicht haben könnte? Ich bin schon enttäuscht genug, daß ich keinen Lebensgefährten gefunden habe.

Lisa, die sechsundvierzigjährige Weberin aus dem vierten Kapitel, ließ sich mit fünfunddreißig sterilisieren. Als ich sie nach Problemen mit ihren Eltern fragte, sagte sie:

> Mit meiner Mutter war es furchtbar. Vor zwei Jahren sagte sie: »Tut es dir nicht leid, daß du keine Kinder hast?« Ich sagte: »Mutter, ich bin jetzt vierundvierzig, soll ich etwas bedauern, an dem ich nichts ändern kann?« Die Beziehung meiner Eltern zu den Kindern meines Bruders ist nicht so eng, wie sie es gern hätten, und sie wünschten sich, ihre Enkel wären meine Kinder, weil ich ihnen näher stehe. Aber mich hat es wütend gemacht: »Hör zu, wenn du einen Enkel willst, adoptiere einen. Ich bekomme kein Kind für dich. Du ziehst es nicht auf.« Es war sehr schwierig – meine Mutter konnte nicht verstehen, warum ich keine Kinder wollte. Meine Großmutter sagte, ich sei der egoistischste Mensch, der ihr je begegnet ist.

Der Wandel

So wie Frauen, die aus medizinischen Gründen keine Kinder bekommen können, einen Wandel vollziehen und ihre Vorstellungen und Ziele neu definieren müssen, so müssen das auch viele Frauen tun, die sich nicht bewußt *gegen* ein Kind entschieden haben. Manchmal geschieht der Wandel im Vorfeld der Wechseljahre. Wenn die biologische Möglichkeit, ein Kind zu bekommen, abnimmt, wird mitunter Trauer deutlich; es mag Wut über den Körper entstehen, der sie betrogen hat; der Gedanke an die bevorstehenden Wechseljahre kann ein Gefühl des Kontrollverlustes auslösen. Manchmal ist der Wandel schwer zu erkennen.

»Das kann als vages Unbehagen beginnen oder als milde Form von Depression, die ohne erkennbaren Grund auftritt. Gefühle von bevorstehendem Unheil, Veränderung, Wechsel können aufkommen«, schreibt Nancy Peterson, Autorin von *Our Lives for Ourselves,*[8] ein Buch über Frauen, die nie geheiratet haben. Der Wandel in der Lebensmitte kann dazu führen, daß eine Frau ihren Lebensstil, ihre Entscheidungen, Ziele und Phantasien in Frage stellt. Wird diese Phase erfolgreich gemeistert, steht am Ende ein neuer Lebenssinn und ein neues Lebensgefühl:

> Der Wandel ist wie ein sich Strecken, ein Innehalten in der Lebensmitte, eine Zeit der Anpassung, die den Blick erweitert. Es wäre interessant zu wissen, welchen Einfluß Biologie und Hormone auf diesen Prozeß haben, denn der Wandel in der Lebensmitte wird mitunter von einer letzten Unruhe über die eigene Kinderlosigkeit begleitet. Er kann unmittelbar vor den Wechseljahren beginnen … oder kündigt zumindest bei den meisten Frauen die nahenden Wechseljahre an.[9]

Irgendwann muß eine Frau aufhören, über das nachzugrübeln, was nicht mehr in ihrer Macht steht (beispielsweise ein Kind zu bekommen), und sich auf das konzentrieren, *was* in ihrer Macht steht. Einige investieren mehr Kraft in ihren Beruf und/oder ihre Familie; andere nutzen ihre finanzielle Sicherheit, um sich von einem anstrengenden Arbeitsleben zu befreien; manche nehmen die Gelegenheit wahr, ihrem eigenen körperlichen, geistigen und seelischen Wachstum mehr Zeit und Kraft zu widmen als bisher. Diane, die mit Ende dreißig ihre Kinderlosigkeit akzeptieren mußte, sagt dazu:

> Es hat mich sehr bedrückt, daß ich keine Kinder haben würde. Dann sagte ich mir, »Okay, ich werde nie Kinder haben«, und begann, neue Prioritäten zu setzen. Ich fing an, meine freie Zeit wirklich zu schätzen. Ich besuchte Abendkurse, Sportstudios, Museen.
> Jetzt sehe ich das völlig anders. Ich fühle mich nicht mehr unter Druck, einen Mann zu finden, um zu heiraten und ein Kind zu bekommen. Unbewußt war das eine ungeheure Belastung. Jetzt fange ich keine Beziehung mehr an, weil ich heiraten und Kinder haben will, sondern weil sie eine angenehme Freundschaft und eine spannende sexuelle Begegnung ist. Jetzt ist es viel angenehmer, viel entspannter; Männer fühlen sich nicht mehr von mir bedrängt; die Beziehung muß nicht mehr funktionieren.

Ellen, selbst Therapeutin, fing eine Therapie an. Sie wollte Begleitung bei der Verarbeitung von Lebensthemen, bei denen es, wie sie wußte, um Trauer, Verlust und Altern geht:

> Ich hatte erst in den letzten Jahren das Gefühl, reif genug und bereit für ein Kind zu sein. Nur war es da bereits zu spät. Eine Zeitlang mußte ich mit vielen Verlusten fertig werden: Nicht Mutter sein; nicht biologisch kreativ sein zu können; lernen zu müssen, ohne Kind kreativ und generativ zu sein. Ich mußte mich als Resultat meiner Entscheidungen akzeptieren: Das ist geschehen, jetzt muß ich mich bemühen, ein sinnvolles Leben zu führen, und das tue ich. Zu dieser Arbeit gehörte es, unserer Beziehung große Aufmerksamkeit zu schenken, denn wir schienen den Kontakt zueinander verloren zu haben. Der Prozeß wird niemals abgeschlossen sein, aber diese Arbeit hat wirklich geholfen.

Manche Frauen empfanden es als große Hilfe, wenn ihnen für sie wichtige Menschen signalisierten, ihre Kinderlosigkeit sei ›in Ordnung‹. Diane war durch die Haltung ihrer Mutter zunächst betroffen:

> Sie sagte, »Wozu brauchst du Kinder?« Sie ist seit sechsundvierzig Jahren mit meinem Vater verheiratet. Es ist keine großartige Ehe, aber sie sind noch verheiratet. Sie sagte, ein Kind sei nichts als ein Haufen Ärger. Als sie mir das sagte, war ich zwölf! Ich dachte: »Wie egoistisch sie ist – das ist die einzige Freude in ihrem Leben, und sie sagt mir, ich solle keine Kinder bekommen?«
> Aber jetzt, viele Jahre später, hat mir das ungeheuer geholfen. Manchmal sage ich wehmütig: »Es wäre schön, ein Kind zu haben«, und sie sagt immer noch, »Wozu brauchst du ein Kind? Es ist eine furchtbare Verantwortung und eine finanzielle Belastung.«

Eine ähnliche Erfahrung machte Andrea Brown. Sie ist sechsunddreißig, Literaturagentin, leidet unter dem Stilböstrol-Syndrom und ist mit einem Mann verheiratet, der auf gar keinen Fall Kinder will (siehe erstes Kapitel). Für sie waren es ältere Frauen, mit denen sie in Florida sprach, und die ihr sagten, keine Kinder zu haben sei kein Grund zur Sorge:

> Meine Stiefmutter ist seit vierzehn Jahren mit meinem Vater verheiratet. Sie hat zwei Söhne und sagt mir oft, daß sie mich um meine Entscheidung beneide. Sie ist jetzt siebzig und sagt, sie würde es nicht nochmal tun. Meine Tante sagt das auch. Beide haben das Gefühl, daß sie keine Wahl hatten. Das hat es mir erleichtert.

Viele Frauen sahen positive Rollenmodelle in einer kinderlosen Tante oder einer Lehrerin. Diese Frauen lebten auf positive Weise unabhängig, waren im Gegensatz zu Müttern unbelastet und verfolgten sinnvolle Ziele außerhalb des Hauses. Einige Frauen erinnern sich, als junges

Mädchen eine solche Frau bewundert zu haben, deren Leben sich so sehr von dem der Mutter unterschied und die ihnen zeigte, daß es auch andere Wege gibt.

Akzeptanz und Erleichterung

Wenn Frauen Mitte oder Ende vierzig sind, nimmt das Gefühl von Dringlichkeit ab, und sie empfinden es als Erleichterung, das Thema Kinder hinter sich lassen zu können. Der Druck durch gleichaltrige Bekannte läßt nach, die Eltern erwähnen es nicht mehr. Die Kinder im Freundeskreis verlassen das Elternhaus, und Frauen ohne Kinder fühlen sich gleichaltrigen Frauen, die Mütter sind, wieder näher. Das Thema Kinder wird unwichtiger und zu etwas, das Jüngere beschäftigt. Frauen akzeptieren ihr Leben, wie es ist. Wer sich bewußt gegen Kinder entschieden hat, ist noch immer erleichtert und froh darüber, keine Kinder zu haben. Andere Frauen sehen dieses Thema im größeren Kontext ihres Lebens. Die fünfundsiebzigjährige Lucille hatte mit sechsundzwanzig Jahren eine Eierstockschwangerschaft mit nahezu tödlichem Ausgang. Danach durfte sie nicht mehr schwanger werden:

> Ich habe vielleicht eine bedeutende Erfahrung im Leben versäumt, aber da ich sie nicht gemacht habe, weiß ich es nicht. Nein, es tut mir bei meiner Lebensweise nicht leid, auch für keine meiner Ehen; die erste war schecklich, und mein zweiter Mann hatte bereits einen Sohn; das wäre nicht gut gegangen. Ich hätte gern Kinder gehabt, um die Erfahrung zu machen, aber ich fühle mich nicht benachteiligt. Was man nicht hat, kann einem nicht fehlen.

Iris, die siebenundsiebzigjährige Witwe, die zu spät geheiratet hat, um Kinder bekommen zu können (siehe siebtes Kapitel), war viele Jahre Lehrerin und ist noch immer in der Friedens- und Bürgerrechtsbewegung aktiv. Für sie sind Kinder zu einem ›Nicht-Thema‹ geworden.

> Ich denke einfach nicht daran. Ich habe es nie bedauert, nie. In meinem tiefsten Herzen glaube ich schon, daß ich etwas verpaßt habe – schwanger sein, das Kind aufwachsen sehen –, aber es war kein Nachteil. Ich habe das bei Nichten und Neffen miterlebt. Mein Leben wäre anders verlaufen, es hätte bestimmte Freuden gegeben. Momente des Glücks – vielleicht –, aber das bekümmert mich nicht. Ich hatte andere Dinge. Ich weiß, daß ich bestimmte Dinge verpaßt habe, aber eine Frau mit Kindern konnte vieles nicht tun, was sie gern getan hätte, und hatte nichts von dem, was ich hatte.

Andere sagen, sie spürten hin und wieder ein leichtes Bedauern, aber dies sei selten und lasse sich problemlos in das Gefüge ihres Lebens einpassen. Irena wünscht sich auch jetzt noch gelegenlich, daß sie früher ein Kind bekommen hätte. Aber sie ist auch stolz, weil sie auf ihr Gefühl und ihren Verstand gehört hat.

> Oft wünsche ich mir natürlich, ich hätte es getan, in jenen Jahren, als so viele Frauen, die ich kannte, Kinder bekamen ... Aber es gibt Momente, da empfinde ich sogar einen gewissen Stolz darauf, wie ich mein Leben gestaltet habe. Dann fühle ich mich sehr gut, weil ich nicht klein beigegeben habe. Ich bin froh, daß ich dem Druck widerstanden und meine Unabhängigkeit behalten habe, dem Mythos (der perfekten Familie) nicht aufgesessen bin, der mich umgab ... Ich erlebe Augenblicke der Freude darüber, daß ich entwischt bin und getan habe, was ich tun wollte (auch wenn ich nicht genau wußte, was das war), daß ich der Versuchung nicht nachgab, es für meine Mutter zu tun, dem Flehen des Geistes meines Vaters, ihn am Leben zu halten, nicht nachgab, mich meinen Freundinnen nicht anpaßte, sondern in einem wichtigen Punkt auf mich gestellt und unabhängig blieb. In solchen Mo-

menten kann ich problemlos Verantwortung für mein Leben übernehmen und sagen, das ist das Leben, das ich gewählt habe.

Das ist nicht so ganz einfach. Man verzichtet auf bestimmte Freuden, wenn man sich gegen Kinder entscheidet. Aber ich sage mir immer wieder: Du kannst nicht alles haben. Etwas zu wählen bedeutet zwangsläufig, etwas anderes aufzugeben. Das zu lernen und zu akzeptieren ist sehr schwierig. Ich versuche, es immer wieder neu zu lernen.[10]

Charlotte, einundsiebzig, lebt allein in einem Wohnwagenpark für Senioren. Sie ist zweimal geschieden und konnte in ihrer zweiten Ehe nicht schwanger werden. Die Gründe sind ungeklärt.

Ich war immer sehr enttäuscht, keine Kinder zu haben, aber ich denke nicht viel daran. Es hat keinen Sinn, mich traurig zu machen. Ich habe das Gefühl, mit meinen beiden Ehen irgendwie versagt zu haben, deswegen unglücklich zu sein ist sinnlos. Man vertut sein Leben, wenn man über Dinge unglücklich ist, die man nicht ändern kann. Das ist Vergangenheit, das ist vorbei. Man kann es nicht ändern. Das Wichtigste ist, mit Zuversicht in die Zukunft zu blicken – es hilft einem, durchs Leben zu kommen.

Die vierundsiebzigjährige Witwe Grace Downs hatte zu spät geheiratet, um Kinder zu bekommen. Heute lebt sie immer noch in dem Fünf-Zimmer-Haus, das sie mit ihrem Mann bewohnt hat. Sie sagt: »Ach, ich denke manchmal daran, aber ich grübele nicht darüber nach. Ich habe genug zu tun. Ich gehöre mir selbst und brauche auf niemanden Rücksicht zu nehmen.«

Wenn ich ältere Frauen bat, etwas zu den Ängsten jüngerer Frauen zu sagen, ohne Kinder alt zu werden, antworteten sie mit der Abgeklärtheit des Alters – sie haben Ehemänner, Eltern, Geschwister und Träume verloren und diese Verluste akzeptiert, sie mußten sie ziehen lassen und ihr Leben weiterführen. Die zweiundneunzigjährige Carol, die mit ihrem Mann in einer Sozialeinrichtung für alte Menschen lebt:

> Als ich Ende dreißig war, hat es mir kurze Zeit leid getan, daß ich keine Kinder hatte, aber nur kurze Zeit. Ich habe es einfach akzeptiert. Ich bin deswegen nicht traurig, es gehört zum Leben. Es war kein Thema. Junge Frauen sollten keine Angst davor haben – man muß die Entscheidungen des Lebens hinnehmen, wie sie kommen. Es läßt sich nichts vorhersehen.
> Wenn Sie im Alter einsam sind, dann sind Sie selbst schuld, und nicht Ihre Lebensumstände. Wenn Sie nicht freundlich sind und Anteil nehmen, werden Sie einsam sein. Und wenn Sie Kinder haben – nun, manchmal kümmern sie sich um Sie, manchmal nicht.

Gläubige Frauen wie die fünfundachtzigjährige Ruth (siehe neuntes Kapitel) fanden Trost in der Religion und im Willen Gottes. Clara, eine vierundachtzigjährige verwitwete Lehrerin, die nicht weiß, warum sie kein Kind bekommen konnte, wohnt in unmittelbarer Nähe von mehr als fünfundzwanzig Neffen und Nichten; sie hat ihre Kinderlosigkeit angenommen. Die ursprüngliche Enttäuschung und die Trauer sind langsam zu einem Hinnehmen geworden:

> Mein Leben war sinnvoll, ausgefüllt und glücklich. Ich glaube nicht, daß ich etwas ändern möchte. Ich wollte gern Kinder haben, aber da ich keine bekam, habe ich es akzeptiert. Es ist, als habe man gestern ins Kino gehen wollen und sei nicht gegangen. Das bedauert man vielleicht, aber so ist es eben. Es hat mein Leben nicht beeinträchtigt. Ich kann nicht sagen, daß es gut war, keine zu haben, aber ich habe auch nicht darunter gelitten. Ich hätte gern Kinder gehabt, aber ich habe das Leben genommen, wie es war, als Gottes Wille.

Manche Frauen werden nie Mutter, andere haben keine Schwester oder lernen ihren Vater nie kennen. So manche mag bedauern, nicht die Konzertpianistin oder einfühlsame Medizinerin geworden zu sein, die sie gern geworden wäre. Hinzunehmen, was man nicht ändern kann, führt zu einer gewissen Gelassenheit. Manche Psychiater meinen, unsere Lebenserfahrung werde möglicherweise nicht bestimmt durch das, was wir gewinnen, sondern durch das, was wir verlieren. Die Psychoanalytikerin Judith Viorst dazu:

> Im Laufe unseres Lebens verlassen wir, werden verlassen und geben vieles auf, was wir lieben. Verlieren ist der Preis, den wir für das Leben bezahlen ... [aber] wir müssen verstehen, daß Verluste und Gewinne zusammenhängen ... Indem wir uns den vielen Verlusten stellen, die Zeit und Tod bringen, werden wir zu Menschen, die trauern und annehmen können, denen jede Stufe – bis zum letzten Atemzug – Möglichkeiten zur kreativen Wandlung bietet.[11]

Sozialer Druck, Vorurteile und Egoismus

Wenn eine Frau Klarheit darüber gewonnen hat, wie sie selbst ihr Leben ohne Kinder empfindet, muß sie sich mit dem, was ihre Umwelt dazu meint, auseinandersetzen.

1955 ging nur ein Prozent aller Frauen davon aus, kinderlos zu bleiben.[12] 1980 sprachen sich 9,4 von zehn Frauen für die Ehe aus, aber vier von fünf (zweiundachtzig Prozent) sagten, Kinder seien keine unabdingbare Voraussetzung für eine sinnerfüllte und glückliche Ehe.[13] 1988 gingen zehn Prozent davon aus, keine Kinder zu bekommen, weitere fünfzehn Prozent waren unsicher.[14] Und 1990 zeigte eine Umfrage im Auftrag von Virginia

Slims (einer auf Frauen zugeschnittenen Zigarettenmarke), daß binnen eines Jahres die Zahl der Frauen, die eine Verbindung von Ehe, Kindern und Beruf für ideal hielten, um sechs Prozent gesunken war; dafür waren mehr Frauen gewillt, auf Kinder zu verzichten.[15]

Diese Trends zeigen, daß es heute zweifelsohne einfacher und akzeptabler ist, kinderfrei zu bleiben, daß der gesellschaftliche Druck geringer geworden ist. Aber es bleibt viel zu tun, sagen Frauen, die heute zwischen vierzig und fünfzig sind. Das Recht einer Frau, über ihre Fortpflanzungsfähigkeit selbst zu entscheiden, müsse respektiert werden, heißt es auf der einen Seite, doch nur wenige scheinen eine bewußte Entscheidung gegen Kinder zu respektieren. Hope, fünfzig Jahre alt und eine ›Frühentschiedene‹, sagt dazu:

> Frauen, die eine Fehlgeburt hatten, erhalten viel Zuspruch, und es gibt viel Unterstützung für Menschen, die mit dem Kinderkriegen warten oder die keine Kinder bekommen können, aber die Leute sind immer überrascht, wenn ich sage, daß wir beschlossen haben, kinderfrei zu bleiben. Sie finden es etwas merkwürdig, eigenartig – das wird in unserer Gesellschaft nicht gutgeheißen. Es ist sehr interessant, wo die Grenzen sozialer Unterstützung verlaufen.

Wir sahen bereits, wie Mütter manchmal ihre Töchter bedrängen, ein Kind zu bekommen. Auch Freundinnen, die ein Kind bekommen haben, verspüren mitunter den aufrichtigen Wunsch, ihren kinderlosen Freundinnen die Freuden der Elternschaft zu vermitteln, aber vielleicht sehnen sie sich auch nach einer schwangeren Freundin, um ihre eigene Entscheidung bestätigt zu sehen. Die Organisation *Planned Parenthood* (Geplante Elternschaft) verbreitete sogar den Slogan, eine Frau werde oft schneller durch Freundinnen schwanger als durch einen Mann.

Frischgebackene Mütter, die mit den Schwierigkeiten ihrer neuen Rolle kämpfen, sehen manchmal ihre Entscheidung durch Freundinnen, die unbelastet sind durch Kinder, bedroht und in Frage gestellt. »Es kann durchaus sein, daß es einiges in ihrem Leben gibt, um das ich sie beneide«, gesteht die Wissenschaftlerin und Mutter Carole Wilk, die untersuchte, wie sich berufstätige Frauen für oder gegen Kinder entscheiden, »und wegen dieses Neids zugleich Schuldgefühle habe.«[16] Nancy Lucas Hampton, vierundvierzig, sagte dazu:

> Ich wünschte, man würde meine Entscheidung respektieren. Paare mit Kindern sind, glaube ich, neidisch und eifersüchtig auf die ohne, vor allem wenn ihnen die Erziehung ihrer Kinder große Probleme bereitet. Ich habe den Verdacht, ich soll auch ein Kind bekommen, damit ich mit ihnen jammern kann.

Die meisten Frauen erwähnten, daß sie erst lernen mußten, locker auf so beiläufige Gesprächseröffnungen wie »Haben Sie Kinder?« oder »Wie viele Kinder haben Sie?« zu antworten. Manche hatten eine Standardantwort: »Nein, wir haben zu spät geheiratet«, oder »Nein, wir konnten keine Kinder bekommen.« Hope, gewollt kinderlos, findet solche Fragen immer noch peinlich:

> Es kommt mir so vor, als müßte ich meine Entscheidung erklären, als müsse ich mich dafür entschuldigen, vielleicht einen Fehler gemacht zu haben, obwohl ich es wirklich nicht so empfinde.

Louise, zweiundvierzig, verheiratet und kinderfrei, hatte von den Fragen ihrer Verwandten so die Nase voll, daß sie eine Cousine anlog und behauptete, sie könne keine Kinder bekommen.

> Ich dachte, das würde sie bremsen. Das tat es auch, aber nur für den Augenblick. Am folgenden Tag rief sie an

> und erzählte mir sehr aufgeregt von einer Bekannten, die zu einem Arzt gehe, der Wunder wirken könne. Ob ich seine Telefonnummer haben wolle. Ich war natürlich entsetzt, daß man mich beim Lügen erwischt hatte, und habe nie wieder solche Lügen erzählt.

Als Terri noch unter dem Schmerz ihrer ungewollten Kinderlosigkeit litt, fühlte sie sich durch solche beiläufigen Fragen verärgert und verletzt. Heute sind sie ihr eher unangenehm, und sie will kein Mitleid von anderen. Zu den Vorteilen des Älterwerdens gehört, daß die Leute aufhören zu fragen.

Unabhängig vom Alter aber, so die interviewten Frauen, halten sich Stereotype. Die wohlwollenderen sind die von der altjüngferlichen Lehrerin; der Frau, die alle Kinder der Nachbarschaft wie streunende Katzen adoptiert; der kämpferischen Karrierefrau. Die bissigeren beinhalten Begriffe wie unfruchtbar, frustriert, vertrocknet, schrullig, kaltherzig, ›Kinderhasserinnen‹. »Die Leute meinen, wir fressen kleine Kinder.«

Das häufigste und hartnäckigste Vorurteil aber, das Frauen ohne Kinder zu hören bekommen, lautet: Egoismus in all seinen negativen Spielarten. Tun zu können, was man will, mag in der Tat egoistisch scheinen, aber die Gründe *für* ein Kind fanden meine Interviewpartnerinnen egoistischer.

Werdende Mütter werden selten aufgefordert, ihre Entscheidung für ein Kind zu rechtfertigen. Tut man es doch, nennen sie alle möglichen Gründe: um ihre Ehe zu festigen; weil sie jemanden haben möchten, den sie lieben können und der sie liebt; weil sie gebraucht werden und ihr Frausein beweisen wollen; um ›erwachsen‹ zu werden; um Eltern oder Ehemann zu gefallen; um den Familiennamen weiterzugeben; um eine Verbindung zur Zukunft herzustellen und im Alter versorgt zu sein.[17]

Für andere sind Kinder unabdingbarer Teil einer sinnvollen Ehe, eine Art Versicherungspolice für emotionales Wohlbefinden und Prestige, vorausgesetzt, die Kinder geraten gut.[18] So manches Kind wird nicht um seiner selbst, sondern um der Vorteile willen gezeugt, das es seinen Eltern bringen soll – Befriedigung, Status, Respekt, Liebe, Altersversorgung, Teilhabe am Erfolg der Nachkommen usw. Und viele werden aus keinem bestimmten Grund gezeugt: Beispielsweise denken ein Drittel aller College-Studentinnen nicht darüber nach, ob sie Kinder haben wollen, sondern gehen einfach davon aus, daß sie Kinder bekommen werden. Fünf Prozent sind anderer Meinung.[19]

Mit anderen Worten, Kinder werden heute vor allem gezeugt, um ihren Eltern zu nutzen. Eine Untersuchung bei Ehepaaren ergab, daß man sich Kinder als ›Liebesobjekte‹ wünscht, wegen ihrer emotionalen Zuwendung und Beziehung, weil sie Ehe und Familie zusammenhalten. Sie gelten als notwendig für einen festen Familienzusammenhalt und sollen die Eltern vor Einsamkeit und einer unpersönlichen Welt schützen.[20] Und wir bekommen Kinder, weil wir uns nach einer Veränderung sehnen und ein Baby eine positive Veränderung zu sein scheint.

Gegen einige dieser Gründe ist nichts einzuwenden, außer daß sie auf völlig falschen Annahmen beruhen. Die Geburt eines Kindes bedeutet viele Jahre unablässiger Verantwortung und harter Arbeit, und sie kann, wie wir schon sahen, überdies das emotionale Wohlbefinden der Eltern gefährden.

Ohne Zweifel können Kinder der Weg sein, tiefe, bedingungslose Hingabe und eine ganz besondere Art von Liebe zu empfinden, die keiner anderen Liebe gleicht. Doch dieses Gefühl kann einen hohen Preis fordern. Muttersein hat Sonnen- und Schattenseiten, und mit dem Stolz und der Freude sind immer auch endlose körperliche und geistige Opfer verbunden, ein ganzes Spektrum widerstreitender Gefühle – von den verzweifelten bis zu den kaum merklichen –, ganz zu schweigen von dem enormen Aufwand an Zeit und Geld.

Für viele Frauen der Nachkriegsgeneration war die Suche nach Selbstverwirklichung der Grund, Kinder zu bekommen. Diese Frauen sind selbstbewußt und offen, und sie wollen ein Kind, um diese wichtige Erfahrung nicht auszulassen, eine ›richtige‹ Familie zu haben und das eigene Leben durch die Liebe und Zuneigung ihrer Kinder zu bereichern. Ein Demograph meinte, Kinder seien für die Nachkriegsgeneration der ›kostbarste Nippes‹.[21]

Sind also die Gründe dafür, heute Kinder zu bekommen, narzißtisch, egoistisch und eigennützig? (Ironischerweise werden Frauen, die sich gegen Kinder entscheiden, häufig mit eben diesen Adjektive beschrieben.) Die Familiensoziologin Jessie Bernhard, selbst dreifache Mutter, schreibt dazu:

> Es wurde verschiedentlich gesagt, daß die Gründe für ein Kind ebenso narzißtisch, wenn nicht narzißtischer, ebenso egoistisch, wenn nicht egoistischer sein können wie die, keines zu bekommen. Wer ein Kind möchte, um die eigene Unsterblichkeit zu garantieren, den Familiennamen fortzuführen, in späteren Jahren von ihnen versorgt zu werden, sich in ihren Erfolgen zu sonnen, ›um die Erfahrung zu machen‹ oder aus irgendeinem der unzähligen Gründe, die oftmals für ein Kind angeführt werden, ist nicht weniger narzißtisch oder egoistisch als Frauen, die sich gegen die Mutterschaft entscheiden.[22]

Viele meiner Interviewpartnerinnen sagten, keine Kinder zu bekommen sei sogar das Gegenteil von Egoismus. Eine von ihnen ist die achtunddreißigjährige Nina Silver.

Sie ist Musikerin und Schriftstellerin, geschieden und lebt kinderfrei in Manhattan:

> Es ist äußerst arrogant, Kinder zu bekommen, um unsterblich zu werden, den eigenen Ängsten vor dem Alter und der Einsamkeit vorzubeugen, den Wünschen nach Fortpflanzung und Unsterblichkeit nachzukommen – ein Kind auf die Welt zu bringen, um diese Bedürfnisse zu erfüllen, ist in höchstem Maße narzißtisch.

Natalie teilte diese Meinung: »Meine Mutter fragt mich immer wieder: ›Wer kümmert sich um dich, wenn du alt bist?‹ Und ich sage: ›Das ist ein reichlich beschissener Grund für Kinder. Das würde ich nie jemandem antun.‹«

Joan zu dieser Frage:

> Kinder zu bekommen, um im Alter nicht einsam zu sein, ist egoistisch. Unangemessen. Es deutet *bedingte* Liebe – etwas geben, um später etwas zu bekommen. Das ist kein guter Grund für Kinder. Das ist nicht richtig nachgedacht. Es wurden keine Verträge unterzeichnet. Man kann seinem Kind Schuldgefühle wie eine Fahne vor der Nase hin- und herwedeln, aber es kann sich weigern, diese Schuldgefühle anzunehmen.

Lisa schätzt die Freiheit, jedes Wochenende und im Sommer mit ihrem Mann verreisen zu können, und sie nimmt es ihrer Großmutter übel, daß diese sie als egoistischsten Menschen auf der Welt bezeichnet.

> »Wie konntest du nur keine Kinder bekommen, um reisen zu können«, sagt sie. Ich kenne viele Leute, die Kinder haben, damit die Kinder sich um sie kümmern, wenn sie alt sind. Das finde ich genauso egoistisch. Egoismus ist für mich einfach kein Wort, das zu Kinder haben oder nicht haben paßt.

Susan ist einundvierzig, geschieden, zum zweitenmal

verheiratet und verfaßt Software-Handbücher. Sie sagt, Egoismus erlaube ihr, uneingeschränkt sie selbst zu sein:

> Das Beste am kinderlosen Leben ist die Freiheit, meine Zeit völlig egoistisch planen zu können. Ich kann gehen, wann ich will und wohin ich will, ohne mir Sorgen machen zu müssen, ob dadurch das Leben eines anderen Menschen verkorkst wird.

Ist es denn wirklich egoistisch, wenn Frauen, die Zweifel an ihren mütterlichen Fähigkeiten haben, darauf verzichten, mit einem so verletzlichen Wesen wie einem Kind herumzuexperimentieren? Außerdem schaden Frauen, die auf sich gestellt und ohne Verantwortung für ein Kind leben, niemandem; sie führen ihr Leben und bemühen sich häufig im Beruf oder ehrenamtlicher Arbeit, anderen zu helfen.

Ilena hat über Egoismus folgendes zu sagen: »Wissen Sie, ich mag etwas egoistisch sein, aber ich weiß nicht, ob ich von vornherein so war oder ob ich so geworden bin.«

Einige Frauen erzählen von anderen extremen Reaktionen. Eine kinderfreie Ehefrau aus Utah berichtete:

> Ich fühlte mich immer in der Defensive, weil der Bundesstaat, in dem ich lebe, von einer Religion beherrscht wird, für die Kinderkriegen die garantierte Einbahnstraße in den Himmel ist, also hat man möglichst viele Kinder, ob man als Elternteil taugt oder nicht. Einmal sagte mir eine Frau sogar klipp und klar, ohne Kinder sei ich nichts als eine legalisierte Prostituierte.

Eine ledige Fünfundfünfzigjährige aus North Dakota erzählte: »In meiner Heimatstadt sagte ein Mann zu mir: ›Wenn Sie nicht heiraten und Kinder kriegen, sind Sie gar nichts.‹«

Manche Frauen haben den Eindruck, sie würden von gewissen Leuten, deren Alltag maßgeblich durch ihre Elternrolle bestimmt wird, als Bedrohung angesehen. Eine Frau fühlte sich herabgesetzt, »nur weil ich keinem anderen Menschen ›das Leben schenken‹ wollte, doch mir ging es um mein eigenes Leben, ohne Verantwortung für jemanden übernehmen zu müssen, der zwanzig oder mehr Jahre lang mein Tun bestimmen würde«.

Auch der Durchschnittsbürger neigt dazu, das Leben dieser Frauen zu verzerren. Sie führen durchaus ihr *eigenes* Leben, das durch Kinder nicht eingeengt ist, aber müssen sie sich wirklich gefallen lassen, wie zum Beispiel der berühmte amerikanische Talkmaster Phil Donahue ein gewollt kinderfreies Leben präsentiert? 1990 moderierte er eine Sendung mit dem Titel »Menschen, die Kinder hassen«. Als Frauen und Männer ihre verantwortungsbewußten, wohlüberlegten Gründe dafür darlegten, keine Kinder zu bekommen, wurden sie vom Publikum im Studio angepöbelt und ausgepfiffen. Daß ein Programm über Kinderfreiheit als Lebensform im Jahre 1990 so marktschreierisch ist, zementiert die Vorurteile gegen Frauen ohne Kinder.

So manche Frau, die heute Anfang vierzig ist und zur frühen Nachkriegsgeneration gehört, empfindet die neue Welle des Kinderkriegens als schmerzlich, da dies ihre Entscheidung entwertet. Deanna, dreiundvierzig, deren Unfruchtbarkeit ihre erste Ehe zerstörte und die zweite belastete, sagt: »Andere schätzen mich geringer, weil ich nicht Mutter bin. Eine Frau beschimpfte mich lauthals, ich hätte meinem armen Mann keine Kinder geschenkt! Manche bedauern mich; andere finden mich schrecklich. Ich habe jetzt mit Familien keinen Umgang mehr.«

Einige Frauen, die um ihrer selbst und der ungeborenen Kinder willen keine Kinder bekommen haben, empfinden es als traurig, daß die Unvoreingenommenheit der späten sechziger Jahre immer weiter abnimmt:

> Paradoxerweise befinden sich Nicht-Mütter jetzt in der Situation, in der viele Hausfrauen der sechziger und noch in den siebziger Jahren waren. Damals blühte der Feminismus und war so einflußreich, daß Frauen, die zu Hause blieben, sich degradiert fühlten. Ausgeschlossen. So geht es mir heute.

Dies schrieb Paula Weideger 1988 in der feministischen Zeitschrift *Ms.* in einem Artikel über die Verherrlichung der Mutterschaft. Sie beschreibt, daß die Gesellschaft Frauen, die keine Mütter sind, Vorwürfe zu machen scheint, während in den siebziger Jahren die Vorwürfe jenen Frauen galten, die keinen anderen Beruf und keine anderen Ziele als Mutterschaft hatten. Weideger sieht eine neue Wertehierarchie, »am oberen Ende thronen die selbstgefälligen Mütter, ganz weit unten kauern die Nicht-Mamis«, exakt jene männerbestimmte Hierarchie, die diese Frauengeneration hatte aufbrechen wollen.[23] Nancy Hampton, die während ihrer besten Jahre fürs Kinderkriegen geschieden war, sagt: »Mir ist, als fühlten sich die Frauen mit Kindern überlegen, als hätten sie eine Leistung vollbracht, derer ich nicht fähig bin.«

Die Psychoanalytikerin Roberta Joseph traf eine bewußte Entscheidung gegen Kinder, um den weniger dramatischen, doch weitaus friedvolleren Status quo zu wahren: »Da ich so bin, wie ich bin, muß ich auf bestimmte Erfahrungen verzichten, um sicherzugehen, daß ich habe, was ich am meisten brauche.« Doch in den babyfreudigen Neunzigern ist die Unangepaßtheit wieder schwieriger zu rechtfertigen und durchzuhalten: »Der momentane Babyboom, an dem ich nicht teilzunehmen gedenke, ist zum Teil ein Rückschritt hinter die selbstbewußteren und expansiveren Siebziger, als Frauen sich endlich von stereotypen Geschlechterrollen zu befreien schienen.«[24]

Einige Frauen vermeiden bei Gesprächen mit Eltern oder zukünftigen Eltern das Thema kinderfreies Leben. Sie finden es allzu riskant, weil sie sich vor Attacken eingeschworener Babybefürworter fürchten, die keine andere Meinung gelten lassen. Diese Frauen haben das Gefühl, ihre Entscheidung werde von anderen nicht respektiert, und sie wollen nicht in Diskussionen verwickelt werden. Folglich erwähnen viele nicht, daß sie keine Kinder wollen.

Lissa ist fünfundvierzig und Bibliothekarin in Kalifornien. Schon mit zwanzig wußte sie, daß sie keine Kinder wollte, hatte aber stets den Eindruck latenter Kritik:

> Ich hatte immer das Gefühl, meine Entscheidung rechtfertigen zu müssen. Das wird von Eltern nie verlangt. Eine Ausnahme ist nur meine Tante, die, als ich im College war, meine Entscheidung guthieß und das auch nur insgeheim. Sonst war niemand auf meiner Seite. Ich verheimliche meine Gefühle in der Regel, um nicht als anormal zu gelten.

Lissa ist allerdings froh, daß sie inzwischen mit einigen Frauen befreundet ist, die ähnlich denken wie sie und mit denen sie über diese Dinge offen sprechen kann.

Interessanterweise scheint sich von den älteren Frauen ohne Kinder kaum eine über Stigmatisierung, Stereotype oder Geringschätzung gesorgt oder viel davon bemerkt zu haben. Man kann nur rätseln, ob das an ihrem Alter und der Distanz zur Aktualität des Themas Kinder liegt oder daran, daß sie lange vor den sechziger und siebziger Jahren und dem damals üblichen Hang zur Selbstdarstellung aufgewachsen sind. Die meisten sagten allerdings, daß sie über ihre Kinderlosigkeit nie sprechen. Niemand hat sie je danach gefragt; sie selbst bringen es nicht zur Sprache.

Als ich nach Interviewpartnerinnen für dieses Buch

suchte, hatten viele ältere Menschen Hemmungen, kinderlose Freundinnen oder Verwandte zu fragen, ob sie zu einem Gespräch mit mir bereit wären. Keine Kinder zu haben war ein Thema, über das nie gesprochen wurde. Eine der besten Freundinnen meiner Mutter beispielsweise kenne ich, seit ich Schulkind war, und sie würde mir mit größter Freude bei allem helfen, was ich tue. Dennoch brachte sie es nicht über sich, ihre engste Freundin, eine kinderlose Frau von fünfzig, zu fragen, ob ich ihr schreiben oder sie anrufen dürfte. In einem anderen Fall mochte ein Fünfundsechzigjähriger seine Schwester, eine sehr erfolgreiche Managerin, nicht fragen, ob ich sie anrufen könnte.

Für diese Menschen war Kinderlosigkeit ein Tabuthema. Ein Grund dafür mag sein, daß Kinderlosigkeit von der Gesellschaft mißbilligt wurde und im großen und ganzen auch heute noch abgewertet wird. Das beweist eine kleine Studie, für die College-Studentinnen gebeten wurden, Menschen mit und ohne Kinder zu bewerten. Menschen, so das Ergebnis, werden noch immer nach ihrer Reproduktion beurteilt: Eltern wurden mehr positive Eigenschaften zugeschrieben, und je mehr Kinder sie hatten, desto ausgeprägter waren die positiven Eigenschaften.[25]

So oder so, es wird auch weiterhin Frauen geben, die keine Kinder bekommen, und wie gut sie damit zurechtkommen, wird davon abhängen, ob sie mit ihren Gefühlen Frieden schließen und ein Netz sozialer Beziehungen aufbauen, die ihnen wichtig sind. Im folgenden Kapitel wird es darum gehen, wie Frauen ohne Kinder ihre sozialen Kontakte gestalten und wie sie Zuneigung geben und empfangen.

Zwölftes Kapitel

Fürsorge und Geborgenheit

> Durch Liebe, Hingabe und Kontinuität entstehen enge und haltbare Beziehungen. Wie immer sie konkret aussehen mögen, diese drei sind der Stoff, aus dem Verwandtschaft ist.
>
> *Karen Lindsey*[1]

Im letzten Kapitel ging es darum, daß Frauen, die gern Kinder gehabt hätten, eine Phase durchleben, in der sie sich den emotionalen Problemen ihrer Kinderlosigkeit stellen. Thema dieses Kapitels nun wird sein, wie Frauen ihr Leben auch ohne Kinder sinnvoll, erfüllt und befriedigend gestalten, wie Familienangehörige, Freunde und andere Menschen Zuneigung zeigen und geben. Eine Frau braucht natürlich keine Kinder, um in ein Netz wichtiger sozialer Beziehungen eingebunden zu sein. Kinder sind für das emotionale Wohlbefinden und für menschliche Wärme nicht nötig, Freundschaften und familiäre Bindungen hingegen sind unabdingbar – und ob es sich dabei um die leibliche Familie, eine ›Freundesfamilie‹ oder um ›Wahlverwandtschaft‹ handelt, ist unwichtig. Wie wir im fünfzehnten Kapitel sehen werden, sind es diese Zusammenhänge und nicht in erster Linie Kinder und Enkel, die ein erfülltes Alter sichern.

Derartige soziale Bindungen können über die Jahre von wechselnder Intensität sein, und oft genügen einige wenige. Schon ein Vertrauter oder eine Vertraute kann immens zum emotionalen Wohlbefinden beitragen.

Viele Frauen empfinden das starke Bedürfnis, für jemanden zu sorgen (auch wenn einige Frauen ohne Kinder fürchten, mit ihnen sei etwas nicht in Ordnung, weil sie keinen ›Mutterinstinkt‹ haben). Die Gesellschaft will uns glauben machen, so Nancy Friday, selbst verheiratet und kinderfrei, in *Wie meine Mutter*, daß »wir uns erst in Frieden uns unserer selbst sicher fühlen [werden], wenn wir den glorifizierten ›Instinkt‹ erfüllt haben. [...] Du bist keine vollwertige Frau, bevor du nicht Mutter bist.«[2] Doch die meisten Wissenschaftlerinnen glauben nicht, daß Frauen der Instinkt angeboren ist, Kinder zu gebären und aufzuziehen. Natürlich gibt es Menschen – Männer ebenso wie Frauen –, die sich gern um Kinder und/oder andere abhängige Lebewesen kümmern. Aber »manchen Menschen liegt das überhaupt nicht«, sagte Dr. Leah Cahan Schaefer, Verfasserin des Buches *Women and Sex*, in einem Gespräch mit Friday. »Das ist kein großer biologischer Imperativ, der, wenn er nicht erfüllt wird, das Leben einer Frau ruiniert oder leer machen wird.«[3]

Doch viele gesellschaftliche Kräfte ermutigen uns, Kinder zu bekommen, und fördern die Vorstellung, Kinder seien für ein erfülltes und sinnvolles Leben unabdingbar. Eine derart aufs Kinderkriegen fixierte Ideologie kann dazu führen, daß sich Frauen ohne Kinder unwohl, ›anders‹ oder ›unvollständig‹ fühlen, weil sie die Norm verletzen. Darum ist es von größter Bedeutung, die wichtige Funktion dieser Ideologie zu verstehen. Die Gesellschaft drängt und unterstützt ihre Mitglieder, die überaus schwierige, unterbezahlte, aber lebenswichtige Aufgabe des Kinderkriegens und der Aufzucht zu übernehmen, um eben diese Gesellschaft zu erhalten. Gäbe es tatsächlich einen starken Mutterinstinkt (warum spricht eigentlich nie jemand vom Vaterinstinkt?), wäre ein derart starker sozialer Druck unnötig. Doch um der menschlichen Rasse und der Gesellschaft willen brauchen wir Menschen, die Eltern werden wollen, und daher hält die Gesellschaft alle dazu an.

Der Psychoanalytiker Erik Erikson geht davon aus, daß Menschen in der Lebensmitte eine »Generativität« genannte Entwicklungsstufe erlangen müssen, um psychisch ausgewogen zu sein. Nur indem wir etwas von uns selbst an die nächste Generation weitergeben, werden wir zu einem reifen, gesunden Erwachsenen. Eigene Kinder sind der naheliegendste Weg, doch Generativität kann auch durch das Bemühen erlangt werden, die Welt zu verbessern – sei es durch ehrenamtliche Tätigkeiten, das Eintreten für wichtige politische und soziale Anliegen oder durch kreatives Arbeiten. Ein möglicher Weg zum inneren Frieden ist die Arbeit im Dienste einer Sache, die größer ist als wir.

Gebraucht werden wollen

Die meisten meiner Interviewpartnerinnen sprachen von der Notwendigkeit, etwas von sich weiterzugeben. Viele unterrichten daher, sind pflegerisch tätig, kümmern sich um Ehemänner, die Kinder anderer, Freunde oder Tiere. Das gibt ihnen das Gefühl, zu helfen und gebraucht zu werden. Als wichtiger Nebeneffekt einer solchen Hilfe entstehen so auch lebenswichtige soziale Kontakte.

Schon seit langem sind ledige Frauen und kinderlose Ehefrauen Lehrerinnen und Krankenschwestern. Diese beiden Berufe gehören nicht nur zu den wenigen Berufen, die Frauen früher offenstanden, sie erfüllen auch das Bedürfnis, sich zu kümmern und etwas von sich weiterzugeben, das die Welt verbessert. Mit siebenundsiebzig ist Iris immer noch in der Frauen-Friedensbewegung aktiv. Als sie heiratete, war sie schon zu alt für Kinder, diese haben ihr aber nie gefehlt – sie war Lehrerin und hatte jeden Tag mit Kindern zu tun.

> Ich habe Kinder sehr gern, und man sagt, daß ich sehr gut mit kleinen Kindern umgehen kann, aber einen starken Kinderwunsch hatte ich nie. Bei meinen Schülern, Nichten und Neffen konnte ich meine Bedürfnisse ausleben, mich um jemand zu kümmern, aber ich habe mir nie gewünscht, Mutter zu sein. Kinder sind wirklich wunderbar, aber ich war immer sehr froh, sie ihren Müttern zurückgeben zu können.
> Nein, meine Liebe, über Generativität und Unsterblichkeit denke ich nicht nach. Das finde ich nicht wichtig. Wichtig ist, das zu tun, was wir für richtig halten, solange wir auf der Erde sind. Das habe ich getan, und das tue ich noch.

Judy Long – die feministische Soziologin, die nie ein Kind wollte – findet, daß ihre Aufgaben als College-Professorin, Mentorin und Studienberaterin sie ganz und gar ausfüllen.

> Ich habe kein großes Erbe zu vermachen, aber ich befasse mich sehr stark mit der nächsten Generation und denke, ich habe während meines Lebens einen großen Beitrag geleistet, besonders zur Gleichberechtigung der Frau. Ich mache das Tag für Tag.

Joan, die vierzigjährige Kinderschwester, die verheiratet und kinderfrei ist, formuliert es folgendermaßen:

> Wir sind beide sehr warmherzig. Wir kümmern uns um einander und um unsere Haustiere, als Kinderschwester bin ich für meine Patienten da und helfe den Eltern, ihre Kinder besser zu verstehen.
> Nahezu *jede* Woche spricht jemand davon, wie erstaunlich es ist, daß ich mit kranken Kindern arbeiten kann – Kinder, die Krebs haben, die mißhandelt wurden, die psychotisch sind. Die meisten sagen, sie könnten das nicht,

und wie stark ich sei. Ich bin nicht stärker als der Durchschnitt. Ich bin nur nicht abgelenkt durch eigene Kinder und kann mich auf die Gesundheit und das Wohlergehen des jeweiligen Kindes konzentrieren, das ich vor mir habe. Das ist ein Segen.

Wie für Joan ist für viele Frauen die Arbeit eine Möglichkeit, etwas von sich zu geben. Rachel Guido DeVries gab ihren Beruf als Kinderschwester auf, um Schriftstellerin zu werden. Sie tat diesen Schritt im Alter von neunundzwanzig, als ihr Mann sagte, er wolle jetzt eine Familie gründen.

Ich wußte in der gleichen Sekunde, daß *ich* das nicht wollte. Damals begann ich mein Schreiben sehr ernst zu nehmen und erkannte, daß ich nicht die Kraft hatte, Schriftstellerin und Mutter zugleich zu sein. Ich hatte einfach nicht den Wunsch, Kinder zu bekommen und großzuziehen.

Im gleichen Jahr bekannte sich Rachel zu ihrer Homosexualität, ließ sich scheiden und gab ihren Beruf auf. Heute ist sie, wie wir schon im zehnten Kapitel hörten, Schriftstellerin, Dichterin und Bildhauerin. Sie leitet auch Seminare in kreativem Schreiben.

Mein Leben lang hat man mir gesagt, ich würde bestimmt eine wundervolle Mutter sein, ich solle unbedingt Kinder bekommen, oder jetzt, wo ich dreiundvierzig bin, hätte ich Kinder haben sollen, weil ich so warmherzig, so liebevoll, so kraftvoll bin.
Die Leute haben eine unglaublich beschränkte Auffassung von Fürsorge, von Nähren. Ja, ich habe all diese Eigenschaften, habe sie mein Leben lang gehabt. Und meine Arbeit ist eine Art von Nähren. Schreiben ist ebenso Ausdruck davon wie Unterrichten, und Krankenschwester sein war es auch.
Ich denke, der ideale Grund für eine Frau, Kinder zu bekommen, ist der, ihnen zu geben, was sie selbst von der

Welt versteht. Das tue ich mit Sicherheit jeden Tag. Hier ist, was ich von der Welt verstehe, was ich von ihr weiß – nimm es, tue damit, was du willst. Wenn es dir hilft, gut, wenn nicht, wirf es weg.
Neben Muttersein gibt es ein breites Spektrum von Liebe und Fürsorge, und ich finde, daß zu wenige Menschen das wissen.

Manche Frauen können sich, *weil* sie keine eigenen Kinder haben, um Nichten und Neffen kümmern, wenn diese sie in schwierigen Zeiten brauchen. Viele erinnern sich, stark von einer kinderlosen Tante beeinflußt worden zu sein, die ihnen das Gefühl gab, sie wären etwas Besonderes, und einige wurden ihrerseits Ersatztanten und Ersatzmütter.

Fran, vierundfünfzig, Finanzberaterin und stets zu unabhängig für die Ehe, wohnte zehn Jahre lang mit ihrer Nichte und ihrem Neffen zusammen, weil deren Mutter – Frans Schwester – mit ihnen nicht mehr zurechtkam. Fran sagt, sie sei zwar keine Mutter, habe aber ohne Zweifel Kinder großgezogen, was »schätzungsweise 99 Prozent aller mütterlichen Sehnsüchte befriedigte, die ich möglicherweise gehabt habe«.

Auch die neunundsechzigjährige Hilda erzog neun Jahre lang ihre Nichte und ihren Neffen, nachdem ihre Schwägerin die damals vier und sechs Jahre alten Kinder verlassen hatte. Heute nennt Hilda sie ›meine Kinder‹, und ihre Nichte möchte sie dabei haben, wenn sie in Kürze ihr Kind bekommt. Hilda: »Für sie bin ich die Mutter. Sie führen mich am Muttertag aus, rufen mich mehrmals pro Woche an und so weiter.«

Andere haben nicht mit Kindern zusammengelebt, fühlen sich aber mit einer bestimmten Nichte oder einem Neffen besonders verbunden. Linda, neununddreißigjährig und ›Zögernde‹, die keine Kinder bekommen wird, telefoniert regelmäßig mit ihrem zwanzigjährigen Neffen:

> Er hatte immer Probleme mit der Schule, weil er wie ich etwas vorlauter ist, als ihm guttut. Ich hänge sehr an ihm. Er hat im Sommer wochenlang bei uns gewohnt, und wir reden viel miteinander. Wenn es bei ihm schlecht läuft, erzählt er mir davon. Manchmal braucht er nur meine Stimme zu hören, dann schnüren ihm die Tränen so den Hals zu, daß er nicht sprechen kann.
> Auch zu meinem sechs Jahre jüngeren Bruder habe ich ein eher mütterliches Verhältnis. In gewisser Weise war er immer mein Kleiner. Er hat gerade ein Kind bekommen, und wir werden mit ihm darüber sprechen, daß wir das Kind nehmen, falls ihm je etwas zustoßen sollte.

Linda führt eine Wochenendehe und lebt die Woche über in einer Stadt, die drei Stunden von ihrem Heimatort entfernt ist. Sie erzählt von ihrer besten Freundin, die dort mit drei Stiefkindern lebt: »Ich verbringe mindestens einen Abend pro Woche bei ihnen. Ich gehe mit den Kindern Rollschuhlaufen, helfe ihrem Vierzehnjährigen bei den Hausaufgaben, bereite mit ihm Klassenarbeiten vor. Ich fühle mich als Teil der Familie.« Eine andere Freundin von ihr hat fünf Kinder im Teenageralter; Linda und ihr Mann legen großen Wert auf regelmäßige Kontakte mit den Kindern, die sie besonders mögen.

Edith, heute zweiundachtzig, hatte während der Weltwirtschaftskrise einen Schwangerschaftsabbruch. Sie hat die Kinder ihrer Cousine immer sehr geliebt und wurde auch von ihnen geliebt. Diese Cousine ist jetzt tot, aber zu den Kindern hat Edith weiterhin Kontakt: »Sie sind jetzt über vierzig und haben sich immer so um mich gesorgt, es ist kaum zu glauben. Eine wollte mir vor einigen Jahren beim Umzug helfen, doch das habe ich nicht zugelassen. Wenn ich sie brauchen würde, wären sie für mich da. Das weiß ich genau.«

Betty, zweiundsiebzig, verheiratet und gewollt kinderfrei, unterhält enge Beziehungen zu den Kindern ihrer Schwester:

> Zu den Kindern in meiner Familie hatte ich immer ein enges Verhältnis. Meine Schwester ist vor zehn Jahren gestorben, ihre Kinder sind erwachsen, aber meine Nichten leben in der Nähe. Ich spreche sie jeden Tag und sehe sie mindestens einmal die Woche. Ich muß sie nicht bitten, wenn ich alt bin – sie werden sich um mich kümmern.

Andere Frauen erweitern ihr soziales Netz und ihre Verbindung zu jüngeren Leuten weniger intensiv und sind mit gelegentlichen, unverbindlicheren Kontakten zufrieden. Die vierundsiebzigjährige Grace Downs zum Beispiel lebt in unmittelbarer Nähe ihres Bruders und dessen Frau. Grace und ihr Mann hatten keine Kinder, nahmen aber für jeweils ein Jahr ein oder zwei College-Studenten in ihrem Bauernhaus auf, eine Tradition, die Grace nach dem Tod ihres Mannes vor neunzehn Jahren fortgeführt hat. Für das kommende Jahr plant sie etwas Neues: Ihre Lieblingsnichte ist von einem College in der Nähe angenommen worden. Grace hat ihr nicht nur angeboten, einen Teil der Studiengebühren zu übernehmen, sondern auch, daß sie bei ihr wohnen kann. Sie ist gespannt, wie sich die Beziehung entwickeln wird.

Es gibt allerdings auch Frauen wie Marjory Stoneman Douglas, die Umweltschützerin und Schriftstellerin aus dem ersten Kapitel, die keine Verwandten hat, und sie sagt, sie würde sie nicht vermissen. Seit sie achtzig ist, braucht sie allerdings mitunter Hilfe. Sie war froh darüber, daß sich damals gerade eine Freundschaft zu einem vierzigjährigen Nachbarn anbahnte, der ihr bei Dingen wie Post und Arztbesuchen half. Sie hat mit ihm eine Art Abkommen: Er kümmert sich als ›Familienersatz‹ um sie, sie hat ihn dafür als Erben eingesetzt.

Lisa, die sechsundvierzigjährige Weberin, die mit sechsundzwanzig glaubte, sie müsse ein Kind bekommen, um ihren Beruf aufgeben zu können, antwortete auf meine Frage nach besonderen Beziehungen zu jüngeren Menschen:

> Diese Frage ärgert mich fast. Sie geht davon aus, daß wir Kontakt zu Kindern anderer Leute haben wollen, weil wir selbst keine haben. Die Leute meinen, wir sollten mit ihren Kindern zusammensein, weil das in unserem Leben fehlt. Wenn ich ein Kind wollte, hätte ich eines.
> Eine Freundin hat mich gefragt: »Würdest du nicht gern zusehen, wie mein Sohn Baseball spielt?« Nein, das würde ich nicht – alle meinen, daß man Kinder braucht, daß man sich, wenn man keine Kinder hat, mit Kindern oder Jugendgruppen befassen muß. Das können sie leichter akzeptieren als jemanden, der mit Kindern nicht viel zu tun haben möchten.

Lisa ist mit Kindern von Freunden eng befreundet – mit einer jungen Frau, deren Elternhaus weit entfernt ist und die in der Nähe ein College besuchte, und mit den beiden Töchtern ihrer engsten Freundin, die vor einigen Jahren an Krebs gestorben ist. Dennoch ärgert es sie, wenn Freunde und Freundinnen davon ausgehen, daß sie sich nach Kontakten zu Jüngeren sehnt.

Die achtunddreißigjährige Musikerin und Schriftstellerin Nina Silver, geschieden und kinderfrei, die in Kürze wieder heiraten wird, gab mir die wohl umfassendste Definition von Familie und Freundeskreis. Sie wurde als Kind von ihrem Vater sexuell mißbraucht. Als sie ihre Eltern Jahre später mit dem Mißbrauch konfrontierte und beide dies abstritten, wandte sie sich völlig von ihrer Familie ab, lediglich ein Halbbruder blieb ausgenommen. Für sie hat ›Familie‹ eine neue Bedeutung:

> Meine Familie ist die Menschheit. Ich gebe etwas von mir durch meinen täglichen intensiven Umgang mit Men-

> schen, durch die Aufführung meiner musikalischen und nicht-musikalischen Werke, in denen ich mich um Nähe bemühe, um Verletzlichkeit, um das Offenbaren neuer Ideen und um die geistige Bereitschaft für sozialen Wandel.

Nina möchte viel von ihrer Wärme und Fürsorge ihrem neuen Mann zukommen lassen, ein Weg, den viele Frauen wählen. Andere sagen, ihre alten Eltern brauchten sie. Doch es gibt auch weniger traditionelle Arten, sich einzubringen. Denise, die sich viele Jahre um ein Kind bemüht und dann langsam zu einem kinderfreien Leben durchgerungen hat, gründete vor zehn Jahren eine Selbsthilfegruppe für unfruchtbare Paare. Heute sieht sie die Gruppe als ihre Familie und ihren Beruf:

> Wenn wir in Vorträgen über ein kinderfreies Leben sprechen, schlagen wir immer vor, sich um etwas zu kümmern. Mein Mann und ich tun das unter anderem durch unsere Arbeit in der Selbsthilfegruppe und für den Notruf. Viele haben Kinder bekommen oder adoptiert, ich freue mich mit ihnen und fühle mich auf gewisse Weise mitverantwortlich. Ich habe gelernt, daß ein Mensch Mutter sein kann, ohne selbst Kinder zu haben, indem er nämlich anderen beisteht.

Denise betont, die meisten Menschen müßten erst erkennen, daß sie Zuneigung geben möchten, und es dann auch tun: sei es an fremde Kinder, Eltern, Haustiere, Pflanzen, alte Menschen oder einen Freundeskreis. »Wenn man kinderfrei lebt und keine Beziehungen hat, in denen man Zuneigung geben kann, fehlt einem viel im Leben«, sagt sie.

Viele Frauen sind allerdings durchaus zufrieden damit, ihre sozialen Energien und ihre Fürsorge in ein Leben zu investieren, das ohne Kinder auskommt. Ihr Freundeskreis, oftmals durch Kontakte in der Nachbarschaft entstanden, ist inzwischen ihre Familie. Sylvia zum Beispiel lebt seit ihrer Kindheit im gleichen Stadtteil und möchte nie fortziehen: »Ich kenne die Leute hier seit vierzig oder fünfzig Jahren. Wir haben eine ganz enge Beziehung zueinander.«

Einige Frauen finden in ihrer Kirche nicht nur Trost, sondern sehen sie auch als Möglichkeit, ihren Bekanntenkreis zu erweitern. Florence, dreiundfünfzig, aus ungeklärten Gründe kinderlos, begann vor fünfzehn Jahren, aktiv in ihrer Kirchengemeinde mitzuarbeiten. Sie hat eine Ganztagsstelle als Buchhalterin und geht fast jeden Abend zu Kirchenveranstaltungen wie Bibelzirkel, Gesprächsrunden oder zum Bingo. Bei den Treffen sind oft auch Kinder dabei, und meist sitzt am Schluß einer ihrer Lieblinge auf ihrem Schoß. Zweimal in der Woche besucht sie ein Pflegeheim für ältere Frauen. Florence: »Die Mitglieder meiner Kirche haben ein sehr enges Verhältnis zueinander. Egal, wie alt man ist, wir sind füreinander da, und sie werden für mich da sein, falls ich sie je brauche.«

In den neunziger Jahren könnten Selbsthilfegruppen zu einer Variante der Kirchengemeinden werden. Über zwölf Millionen Amerikaner gehören einer der 500 000 Gruppen im Land an. Hier geht es um Drogen, Alkoholismus, Spielsucht, Eßstörungen, um die Folgen von Inzest, Krebskrankheiten, operativ ausgelösten Wechseljahren und Brustamputationen. Sie führen regelmäßig Menschen zusammen und bieten nicht nur Zugehörigkeitsgefühl, sondern auch einen Ort, wo sie ihre Gefühle, Ängste und Schwächen ausdrücken, sich um andere kümmern und ihnen helfen können, eine gemeinsame Identität und gemeinsame Ziele zu definieren.[4] Einige Frauen, mit denen ich sprach, fanden in diesen Gruppen nicht nur Hilfe bei ihrem Problem und/oder ihrer Abhängigkeit, sondern auch regelmäßige Unterstützung und soziale Kontakte. Janice, vierundvierzig, gehört einer Selbsthilfegruppe für Eßstörungen an; Rosemary, zweiundsiebzig, ist seit über vierzig Jahren Angehörige der Anonymen Alkoholiker.

Andere Frauen erfahren tiefe Befriedigung durch ehrenamtliche Tätigkeiten. So hat Gwen, siebenunddreißig und ledig, sich gerade bei zwei Krankenhäusern gemeldet, wo sie sich um verlassene Babys kümmert und sie ›knuddelt‹; die achtunddreißigjährige Lehn, verheiratet und kinderfrei, leitet bei den Pfadfinderinnen eine Gruppe sechs- bis neunjähriger Mädchen; Susan, einundvierzig, führt in einer Jugendstrafanstalt Filme zu sozialen Themen vor und diskutiert mit den Jugendlichen darüber; Hilda, neunundsechzig, arbeitet noch immer täglich in einem Aufklärungsprojekt, dessen Ziel die Verhütung von Schwangerschaften bei Jugendlichen ist; Sylvia organisiert große Wohltätigkeitsveranstaltungen für das Rote Kreuz und ihr örtliches Kulturzentrum; Marjory Stoneman Douglas hält trotz ihrer einhundert Jahre Vorträge und schreibt Artikel, um die Everglades in Florida zu retten.

Anderen zu helfen trägt wesentlich zu innerer Stärke und sozialen Kontakten bei, schreiben die Forscherinnen des Instituts for the Advancement of Health in New York. Wer anderen hilft, ist nicht nur weniger isoliert, sondern profitiert davon, wie sich gezeigt hat, auch gesundheitlich: »Offenbar kann das Gehirn seine Aufgabe, den Körper zu schützen, nur dann erfüllen, wenn man Verbindung zu anderen Menschen hat. Der Umgang mit Freunden, Liebespartnern, Verwandten, Vereinskameraden oder Kegelbrüdern ist lebenswichtig«, schreiben der Psychologe Robert Ornstein und der Arzt David Sobel in ihrem Buch *The Healing Brain.*

Andere Frauen suchen noch nach Wegen, der Welt etwas von sich zu geben. Eine mag erwägen, ein Kind in einem Entwicklungsland zu unterstützen; eine andere denkt an ein Pflegekind. »Es gibt sicherlich einige glückliche Leute, die seit jeher wissen, worin ihr Beitrag besteht, andere suchen lange, einige finden ihn nie«, schreibt Cheryl Merser in ihrem Buch *Grown-Ups: A Generation in Search of Adulthood.* »Aber es werden die unterschiedlichsten Geschenke gebraucht, und wir haben genügend Zeit, eines zu finden: Es ist ja nicht so, als suchten wir etwas für eine Welt, die schon alles hat.«[5]

Einige Frauen waren noch unentschlossen, auf welche Weise sie ihre Netzwerke erweitern wollen: Eine meiner Gesprächspartnerinnen hatte ihre Brüder seit zwanzig Jahren nicht mehr gesehen und bemühte sich gerade, sie und deren Kinder häufiger zu treffen. Eine Frau Anfang vierzig erwägt nun, nur sechs Monate nach einer Sterilisation, ernstlich die Adoption eines älteren Kindes. Sie bereut ihre Sterilisation nicht und meint, sie sei zu alt, um hinter einem Krabbelkind herzujagen, doch sie und ihr neuer Ehemann haben den starken Wunsch, ihre Familie zu vergrößern.

Jean Veevers schreibt in ihrer Studie über kinderfreie Paare *Childless by Choice,* die Adoption habe für kinderfreie Frauen eine besondere symbolische Bedeutung. Viele der von ihr interviewten Paare sind immer davon ausgegangen, irgendwann ein Kind zu adoptieren, und diese Aussage wurde auch in den Interviews für dieses Buch hin und wieder gemacht. Cathy, einundvierzig, klammert sich noch immer an die Hoffnung, daß ihr zweiundsechzigjähriger Ehemann eines Tages einem Pflegekind zustimmen wird; Jill Layton, vierzig Jahre alt und an Multipler Sklerose erkrankt, sagt, sie bedauere sehr, nie den Mut zur Adoption eines älteren Kindes gehabt zu haben. Ilene, fünfzig, berichtet, daß sie und ihre lesbische Partnerin häufig über ein Pflegekind sprechen:

> Das ist ein immer wiederkehrendes Thema für mich. Ich wollte nicht Mutter werden, aber wenn ich über Mißhandlungen in Pflegefamilien lese, gibt es mir einen Stich: »Warum tue ich nichts?« Ich weiß nicht, ob wir es tun werden oder nicht, wir diskutieren es, entscheiden uns dagegen, diskutieren erneut. Gerade jetzt erzählte uns ein Nachbar, der zwei Pflegekinder angenommen hat, daß seine Kirche neue Pflegefamilien sucht. Ich weiß noch nicht, ob wir es machen.

Tatsächlich adoptieren nach Jahren eines gewählt kinderfreien Lebens nur wenige Paare ein Kind oder nehmen eines in Pflege, doch wie Veevers schreibt, erlauben solche Überlegungen den Kinderfreien das Gefühl, daß die Tür noch nicht geschlossen, ihre Entscheidung für ein kinderfreies Leben nicht unwiderruflich ist.[6]

Während viele Frauen über vierzig sagen, daß Thema sei für sie endgültig abgeschlossen, meint Judy Long, sie könne es sich ja immer noch anders überlegen:

> Daß ich keine Kinder habe, tut mir nicht leid. Es war genau die richtige Entscheidung für mich, und außerdem kann sie immer wieder rückgängig gemacht werden. Wenn ich mein Leben völlig verändern wollte, könnte ich sicher jederzeit ein Kind annehmen.

Haustiere

Für viele Frauen sind Haustiere sehr wichtig. Sie umsorgen sie und durchleben durch diese Tiere tiefe emotionale Befriedigung. Veevers fand heraus, daß gewollt kinderfreie Paare ebenso häufig Haustiere halten wie andere Paare – etwa zwei Drittel; doch nur eine kleine Minderheit betrachtet sie als ›Ersatzkinder‹.[7]

Etwa drei Viertel der Frauen, die ich interviewte, haben Haustiere; zwei von drei vergöttern ihre Tiere und sahen sie als wichtigen Kinderersatz.

Einige, wie Terri, widmen sich Pferden. Sie hatte nach jahrelangen vergeblichen Versuchen, ein Kind zu bekommen, ihre Leidenschaft für Pferde entdeckt.

> Ich hatte eigentlich nie beruflichen Ehrgeiz und stecke diese Kraft statt dessen in die Pflege meiner Tiere. Nichts ist für mich so befriedigend wie sie. Ich habe meine Stute decken lassen und ihr Fohlen aufgezogen, dessen Geburt ich leider um zehn Minuten verpaßte. Ich verbringe jeden Tag mit dem Kleinen, das jetzt drei Jahre alt ist. Die Nähe, die ich zu ihm spüre, habe ich mit niemandem sonst, und das füllt mich absolut aus.

Für immer mehr Amerikaner – ob sie Kinder haben oder nicht – sind Haustiere vollwertige Angehörige ihres Familienverbandes. »Über zwei Drittel aller Amerikaner betrachten ihre Haustiere als Familienangehörige; bei Umfragen sagen zwanzig Prozent, sie seien ebenso wichtig wie Kinder«, erzählte Dr. James Wilson vom Veterinärmedizinischen Institut der University of Pennsylvania der *New York Times.*[8] Und immer mehr Studien bestätigen diese Aussage. Haustiere, so ein Bericht des National Institutes of Health aus dem Jahre 1988, können das emotionale und körperliche Wohlbefinden ihrer Besitzer entscheidend verbessern. Das Tier als Gefährte ist nicht nur wichtig als sozialer Anknüpfungspunkt und zuverlässiger Gefährte (mitunter zuverlässiger als Familienmitglieder), es füllt auch eine emotionale und soziale Leere im Leben vieler Amerikaner, so der NIH-Bericht.[9] Andere Untersuchungen kamen zu dem Ergebnis, daß Tierbesitzer nicht nur glücklicher und gesünder sind, sondern auch seltener ärztliche Hilfe brauchen.[10]

Terri hat auch einen kleinen Hund. Hunde sind, wie

Studien ergaben, offenbar überhaupt die besten ›Streß-puffer‹, weil die Beziehung zu ihnen sehr eng sein kann.[11] Gail, die dreiundvierzigjährige Unternehmensberaterin, die sich mit vierunddreißig sterilisieren ließ, räumt freimütig ein, daß ihre Golden Retrievers – ein Zwinger steht im Haus, der andere in der Garage – für sie »zweifellos ein Kinderersatz sind«.

Ich ziehe sie auf, richte sie ab, liebe sie. Etwa um die Zeit, als ich mich sterilisieren ließ, zog ich einen Wurf auf, von denen ich ein paar behielt. Wenn ich zurückblicke, glaube ich, daß ich sie damals unbewußt als Ersatz behalten habe.

Louise ist zweiundvierzig, Chefsekretärin in Manhattan, verheiratet und gewollt kinderfrei. Sie sagt:

Ich liebe Tiere über alles, vor allem Hunde. Ich habe einen fünfjährigen Labrador, der mir alles bedeutet, und ich denke schon, er ist so etwas wie ein ›Ersatzkind‹. Aber er will nur, daß man mit ihm spielt und spazierengeht, ihn füttert und liebt. Er braucht nicht diese hundertprozentige emotionale Hinwendung, die ein Menschenkind für das ganze restliche Leben seiner Eltern beansprucht.

Judy Long bestritt, daß ihr Sibirischer Schlittenhund oder ihre Siamkatze Ersatzkinder sind (»Sie sind Familienangehörige!«). Sie unterbrach unser Interview mehrfach, um eines von ihnen zu streicheln oder zu kraulen. Barbara, die achtundvierzigjährige Geschäftsfrau, die jahrelang unter Endometriosis litt, bevor sie ihren Kinderwunsch schließlich aufgeben konnte, sagt, ihre Tiere bestimmten ihr Leben:

Sie sind total verzogen. Als die Innenarchitektin kam, um für 7000 Dollar dieses Sofa aufzuarbeiten, habe ich ihr gesagt: »Bringen Sie mir keinen Stoff, auf den sie nicht drauf dürfen.« Einer meiner Hunde hat den chinesischen Tep-

> pich angekaut. Sie sehen, die Tiere beherrschen mich. Dieser Hund hier ist immer bei mir. Wenn wir verreisen – und das tun wir oft – kommen sie nie ins Tierheim. Ich engagiere Leute, die solange hier wohnen, und ich bin so eigen, Sie würden es nicht glauben. Die Katze da oben ist neunzehn Jahre alt und war noch nie im Tierheim. Der Hund schläft im Himmelbett in unserem Gästezimmer!

Nur zwei Frauen sagten, wenn sie schon keine Verantwortung für ein Kind wollten, dann wollten sie ebenso wenig Verantwortung für ein Haustier. Lisa dazu:

> Ausgeschlossen, wir wollen keine Haustiere. Wir haben keinen Garten, wir kaufen nicht einmal ein Haus. Alles, was Zeit oder Zuwendung braucht, schränkt unsere Freiheit ein. Wir wollen diese Verantwortung einfach nicht. Mein Mann sagt, er will nie etwas besitzen, das er füttern oder renovieren muß.

Und doch sieht Lisa sich als einen Menschen, der Zuneigung geben kann – ihrem Mann, ihren Freundinnen und einigen Kindern ihrer Freunde.

Freundeskreis

Vor allem ledige Frauen haben häufig die wichtigsten familiären Bindungen zu ihren Freunden und Freundinnen. Viele jüngere Frauen (zwischen dreißig und fünzig) erzählten, sie hätten sich von Freundinnen entfernt, als diese Kinder bekamen, und neue Freundschaften mit Frauen geschlossen, die ebenfalls kinderlos sind. Die Freundinnen mit Kindern seien einfach zu beschäftigt, um Kraft und Aufmerksamkeit in die Freundschaft investieren zu können. »Zweifellos hat sich mein Bekanntenkreis aufgrund meiner Kinderlosigkeit verändert«, sagte mir Candice, die dreiundvierzigjährige geschiedene Finanzexpertin in einer Anwaltskanzlei.

> Meist endete mit der Geburt des Kindes die Freundschaft. Der Freund oder die Freundin waren einfach nicht mehr so verfügbar wie vorher, und das Gespräch drehte sich nicht mehr um gemeinsame Interessen, sondern um Babypflege – ein Thema, das mich nicht interessiert. Normalerweise liefere ich mein Geschenk für das Baby ab, mache einmal Killekille, bewundere ein paar Fotos, und danach sehen wir uns nicht mehr.

Jüngere Frauen waren geteilter Meinung, ob sie sich anderen Frauen ohne Kinder besonders verbunden fühlen oder ob sie mit Freundinnen, die Kinder haben, weniger gemeinsam haben. Frauen, die gern ein Kind bekommen hätten, empfanden es häufig als zu schmerzlich, viel Zeit mit Familien zu verbringen, die kleine Kinder haben; bewußt Kinderfreie hingegen fanden es zu lästig. Dazu Linda, neununddreißig, die das Kinderkriegen immer wieder aufschob:

> Mein Mann und ich stellen fest, daß wir einfach Leute bevorzugen, die keine oder erwachsene Kinder haben. Wir hatten enge Freunde mit zwei Kindern, aber sie ließen sie nie bei einem Babysitter, nicht einmal, um gepflegt essen zu gehen. Das ist uns schließlich so auf die Nerven gegangen, daß wir uns mit ihnen nicht mehr getroffen haben.

Natalie, achtunddreißig und kinderfrei, klang wehmütig, als sie von ihren früheren Freundinnen sprach:

> Wenn meine Freundinnen Kinder bekommen, verändert sich ihr Leben. Ich sehe, wie eine nach der anderen zu Hause angebunden ist, das verändert unsere Beziehung drastisch. Es gibt einfach wenig, was ich mit ihnen zusammen unternehmen kann. Schließlich besuche ich sie zu Hause, aber sie sind immer abgelenkt. Man geht nicht mehr zusammen ins Kino; man fährt an Wochenenden nicht mehr zusammen fort.

Jüngere berufstätige Frauen freunden sich häufig mit Kolleginnen an. Ob diese Frauen Familie haben, ist nicht wichtig, denn in der Berufswelt spielt das keine Rolle. Gail lädt viele Kolleginnen privat ein: »So treffe ich viele Frauen außerhalb von Familiensituationen, und für die daraus entstehenden Freundschaften sind ihre Kinder völlig zweitrangig.«

Die vierundvierzigjährige Anwältin Janice sagte:

> Einige der Anwältinnen, mit denen ich zusammenarbeite, haben Kinder, und mit einigen bin ich gut befreundet. Aber die Kinder sehe ich fast nie. Wenn wir uns als Ehepaare treffen, gehen wir ins Restaurant, ins Theater oder ins Kino. Sie erzählen manchmal von ihren Kindern, wissen aber, daß wir darin keine Gemeinsamkeit haben, und machen es nicht zum Hauptthema. Wir reden viel über berufliche Dinge.
>
> Andererseits habe ich mich von einigen früheren Freundinnen entfernt, nachdem sie Mütter wurden. Früher haben wir immer alle möglichen Probleme besprochen, jetzt dreht sich bei ihnen alles um die Kinder, wir sind einfach zu verschieden.

Sobald Frauen fünfzig Jahre und älter sind, wird die Kinderfrage offenbar weniger wichtig. Die Kinder sind erwachsen, leben woanders oder führen ihr eigenes Leben, falls sie (wie etwa jede/r vierte Amerikaner/in zwischen einundzwanzig und vierundzwanzig!) noch bei den Eltern wohnen. Kinderlose Frauen fühlen sich nun von Müttern wieder mehr geschätzt, vor allem wenn es sich um befreundete Kolleginnen handelt. Mütter in mittleren Lebensjahren kümmern sich um ihren Wiedereinstieg in den Beruf und interessieren sich auch wieder für ein soziales Leben ohne Kinder. In dieser Lebensphase ist es am wichtigsten, ob Freundinnen verheiratet sind. Ohne nennenswerte Ausnahme pflegen Alleinstehende mit ledigen, verwitweten oder geschiedenen Frauen befreundet zu sein, Paare halten sich an Paare.

Vor allem Frauen, die immer oder seit langem allein leben, schätzen ihre Freundschaften und sehen sie als Gewähr für kontinuierliche Nähe an, eine enge Beziehung und belastungsfähige Zuneigung.[12] Einige planen bereits mit diesen Freunden und Freundinnen ihr Alter. Diana, geschieden, dreiundvierzig und Angestellte auf mittlerer Managementebene, sagt, ihre engsten Freundinnen seien ebenfalls unverheiratet und kinderlos. »Wir haben beschlossen, einander später zu unterstützen.« Sie versichern sich gegenseitig, daß sie keine Angst vor dem Alleinsein haben müssen, weil sie sich gemeinsam zur Ruhe setzen werden. Auch Lesben vertrauen in besonderem Maße auf den Kreis ihrer Freundinnen und planen, in eine der lesbischen Altenwohnanlagen zu ziehen, die gegenwärtig an vielen Orten entstehen.

Keine der interviewten älteren Frauen interessierte sich dafür, ob ihre Freundinnen Kinder haben. Freundschaften sind in diesem Alter stärker davon abhängig, ob Frauen allein leben. Viele ältere Frauen stammen allerdings aus großen Familien und können sich auf Geschwister sowie deren Ehepartner und Kinder stützen. Jüngere Frauen ohne Kinder stammen meist aus kleineren Familien und werden daher später einmal kein derartiges Netz von Familienmitgliedern haben. Noch läßt sich nicht beurteilen, ob es ihnen gelingen wird, enge Verbindungen zu Freunden und Freundinnen und erfolgreiche alternative Netzwerke aufzubauen.

Dreizehntes Kapitel

Geld, Gesundheit und die Zeit, sich an beidem zu erfreuen

Frei ist, wer lebt, wie er es sich erwählt.
Epiktet

Niemand ist frei, der über sich nicht Herr ist.
Francis Bacon

Es läßt sich nicht bestreiten, daß Frauen ohne Kinder zwei wertvolle Ressourcen besitzen, deren Fehlen Frauen mit Kindern häufig beklagen: Zeit und Geld. In diesem Kapitel wird es darum gehen, daß Frauen ohne Kinder nicht nur mehr Geld haben, sondern auch Jahr für Jahr drei Monate mehr Freizeit, um dieses Geld zu genießen. Im folgenden geht es auch um die Frage, ob sich der gesundheitliche Zustand von Frauen mit Kindern von dem von Frauen ohne Kinder unterscheidet.

Geld und Beruf

Geld trägt selbstverständlich sowohl zur Freiheit als auch zu dem Gefühl von Kontrolle bei, das Frauen ohne Kinder über ihr Leben haben. Obwohl nur wenige Frauen die Kosten als Hauptfaktor ihrer Entscheidung gegen ein Kind bezeichnen, gaben jedoch die meisten unumwunden zu, daß sie das zusätzliche Geld sehr zu schätzen wissen. Die wenigsten hatten eine Vorstellung davon, wieviel Geld das sein könnte, aber Zahlen belegen, daß es sich (je nach Lebensstil und Einkommen) um den

Gegenwert eines Lotteriegewinns zwischen 250 000 und einer Million Dollar handelt.

Kosten der Kindererziehung in den USA

Das Landwirtschaftsministerium der Vereinigten Staaten schätzt, daß ein ganz *normales* Kind, das heißt ein Kind, das lediglich das Minimum erhält, bis es 18 Jahre alt ist, den durchschnittlichen Verbraucher mehr als 100 000 Dollar und weitere 100 000 Dollar für einen College-Besuch kostet. Die gemeinnützige Organisation Zero Population Growth (Bevölkerungsnullwachstum) (ZPG) berichtet, ein ganz normales Kind koste 150 000 Dollar plus 160 000 Dollar für ein privates bzw. 77 000 für ein staatliches College.[1] In dieser Summe nicht enthalten sind Klavierstunden, Schwimmunterricht, Computerspielzeug, Sportausrüstung und -bekleidung, Faschingskostüme, Sommerferien, Geburtstagsfeste, Geschenke und so weiter.

Für die aufstiegsorientierte Nachkriegsgeneration, die über 50 000 Dollar im Jahr verdient (das normale Einkommen eines durchschnittlichen berufstätigen Ehepaares), steigen die Kosten ohne College allerdings auf eine Viertelmillion Dollar: 264 249 Dollar, um genau zu sein, für Essen, Kleidung und Unterkunft bis zum einundzwanzigsten Lebensjahr, so die Zeitschrift *Money*. Bei zwei Kindern verringern sich die Kosten nur minimal: Jedes Kind kostet statt dessen 209 500 Dollar.

Als *Money* (Juli 1990) einige Extras zusammenrechnete, die viele Nachkriegsgeborene für ihre Kinder zahlen, verdoppelte, ja verdreifachte sich dieser Betrag (eine jährliche Inflationsrate von sechs Prozent wurde berücksichtigt). Die Kosten von der Wiege bis zum College können sich leicht auf 600 000 Dollar und mehr belaufen (siehe Kasten).

Kosten der Kindererziehung in der BRD

Die Zeitschrift DM stellte 1988 einen detaillierten Warenkorb für die Kosten eines Kindes bis zum 18. Lebensjahr zusammen (neuere Zahlen liegen nicht vor). Der Bedarf wurde in drei Kategorien aufgeteilt: niedrig, mittel und gehoben. Bei niedrigem Anspruchsniveau summieren sich die Kosten auf 118 000, bei mittlerem auf 175 000, bei gehobenem auf 335 000 Mark. (Im Gegensatz zu den amerikanischen Erhebungen sind hierbei die Kosten für Kindergarten/Tagesmutter enthalten.)

Die Kosten für ein Studium, errechnet vom Institut der deutschen Wirtschaft, betragen monatlich im Schnitt 1 117 Mark. Umgerechnet auf fünf Jahre Studium ergibt sich ein Gesamtbetrag von 67 020 Mark. Davon tragen die Eltern laut Erhebungen des Deutschen Studentenwerks 46 Prozent, das heißt 30 829 Mark. Die Inflationsrate lag 1990 bei 2,7 Prozent.

Teure »Extras«, die viele Eltern für ihre Kinder bezahlen (USA)

- Kindergartenunterbringung: Da in fünfundsiebzig Prozent aller Familien beide Elternteile erwerbstätig sind und jeder vierte Haushalt von einem alleinerziehenden Elternteil geführt wird, brauchen viele Kleinkinder eine Tagesbetreuung. Vier Jahre Kindergartenbetreuung kosten etwa 24 000 Dollar, vier Jahre Tagesmutter 63 000 Dollar.
- Klavierstunden, fünf Jahre: 5000 Dollar.
- Nachhilfestunden: 143 000 Dollar (bis zur 12. Klasse).
- Vierjähriger Besuch eines teuren Privatcolleges: 300 000 Dollar (bei einer jährlichen Inflationsrate von sieben Prozent. Bei einem 1990 geborenen Kind entspricht dies einer jährlichen Investition von 8000 Dollar bei einem Zinssatz von neun Prozent; beginnt die Investition erst bei der Einschulung, beläuft sie sich auf jährlich 15 400 Dollar!)[2]

Wirtschaftsfachleute gehen bei ihren Schätzungen davon aus, daß Kinder unabhängig von der jeweiligen Einkommensstufe bis zu einem Drittel des jährlichen Familieneinkommens kosten. Mit anderen Worten, ein kinderfreies Paar muß nur sechzig Prozent von dem verdienen, was eine Familie mit zwei Kindern braucht, um den gleichen Lebensstandard halten zu können. Ein Kind zu bekommen bedeutet daher nicht nur, einen bestimmten Lebensstil, sondern möglicherweise auch einen bestimmten Lebensstandard aufzugeben.[3]

Das ist noch nicht alles. Wenn ein Elternteil, in der Regel die Mutter, aufhört zu arbeiten, um bei dem Kind zu bleiben, ist auch das entgangene Einkommen als Kostenfaktor zu bedenken. Frauen mit hohem Ausbildungsniveau müssen davon ausgehen, daß diese Summe etwa dreimal so hoch ist wie die direkten Kosten eines Kindes. Wenn eine Mittelschichtsfamilie für das ›normale‹ Kind 125 000 Dollar ausgibt (der Mittelwert zwischen den Zahlen des Landwirtschaftsministeriums und von ZPG), muß also Muttis entgangenes Einkommen für die Erziehung der Kinder auf 375 000 Dollar veranschlagt werden[4], ein Luxus, den sich immer weniger Familien leisten können.

Teure Extras (BRD)

- Klavierstunden, fünf Jahre: 12 000 Mark.
- Nachhilfestunden: 48 000 Mark (5. bis 12. Klasse).
- Anschaffungen – von der Babywiege bis zum Homecomputer für den Junior: 20 000 Mark.

Statistiker des Bundesfamilienministeriums setzen die Ausgaben für ein Kind nach wie vor mit 70 Prozent der Ausgaben eines Erwachsenen an. Unabhängige Wirtschaftswissenschaftler haben errechnet, daß das Familieneinkommen um ein Viertel wachsen muß, wenn Eltern den bisherigen Lebensstandard auch mit Kind halten wollen.

Das entgangene Einkommen der Mutter muß, bei einem mittleren Wert von 175 000 Mark, demnach mit 525 000 Mark veranschlagt werden.

Quellen: DM 4/89, HIS, Institut der deutschen Wirtschaft.

Die indirekten Kosten der Kindererziehung in den USA

Welche Kosten Kinder für die Karriere einer Frau verursachen, ist schwieriger zu berechnen. Angenommen eine

Frau setzt der Kinder wegen fünf Jahre lang aus: Wie groß sind ihre Chancen, die Karriereleiter ebenso schnell zu erklimmen wie eine Frau, die nicht aussetzt? Bezahlen Frauen das Kinderkriegen mit dem Verzicht auf berufliche Spitzenpositionen? Eine Studie aus dem Jahr 1980 zu den Auswirkungen von Kindern auf das Wohlbefinden der Familie bestätigte, daß »Löhne und Gehälter sinken, wenn die Erwerbstätigkeit für einige Zeit unterbrochen wird, und um so niedriger sind, je länger die Unterbrechung andauert.«[5] In Spitzenpositionen sitzen überdurchschnittlich häufig kinderlose Frauen: 1989 berichtete die feministische Zeitung *Ms.*, sechzig Prozent aller Frauen in führenden Positionen seien kinderlos.[6] Bei Frauen unter vierzig sind es fünfundsechzig Prozent (im Gegensatz zu zehn Prozent aller Männer in vergleichbaren Positionen)[7]. Eine Volkswirtin der Universität Harvard sagt voraus, daß in Zukunft bis zu dreißig Prozent aller Frauen in Führungspositionen keine Kinder haben werden, da der Trend dahin gehe, daß sich erwerbstätige Frauen nicht als Mütter sehen, die einen Beruf haben, sondern als Berufstätige, die möglicherweise ein Kind bekommen werden.[8]

Generell verdienen kinderlose Ehepaare fünfzehn Prozent mehr als Paare mit Kindern.[9] Laut anderen Quellen beträgt der Unterschied bei Paaren im Alter zwischen fünfundzwanzig und vierunddreißig Jahren sogar fünfundzwanzig Prozent.[10] Bei Managerinnen mit vergleichbarer Ausbildung verdienen die Frauen mit Kindern etwa zwanzig Prozent weniger.[11] Bei der Differenz zwischen einer Mutter, die 30 000 Dollar verdient, und ihrem kinderlosen Gegenpart, die jährlich 4500 bis 6000 Dollar (fünfzehn bis zwanzig Prozent) mehr verdient, wären das in den nächsten achtzehn Jahren 81 000 bis 108 000 Dollar, die Inflation nicht gerechnet!

Wenn Sie all das zusammenrechnen, dann werden Sie sehen, daß eine Frau ohne Kinder tatsächlich bis zu einer Million Dollar mehr zur Verfügung haben kann als ihre Nachbarin, die Mutter ist.

Kinderlose Frauen in Führungspositionen (BRD)

Laut einer 1986 verfaßten Studie über »Männer und Frauen in Führungspositionen in der Bundesrepublik Deutschland« sind 61 Prozent der Frauen (im Gegensatz zu 13 Prozent der Männer) kinderlos. In einer im Auftrag der ›Wirtschaftswoche‹ 1985 erstellten Studie hatten von 73 Frauen, die für Toppositionen prädestiniert sind, 27 Frauen Kinder.

Mehrverdienst kinderloser Ehepaare bzw. Minderverdienst berufstätiger Mütter (BRD)

Das sieht bei uns umgekehrt aus, da bei gleichem Einkommen Ehepaare mit Kindern oder auch Alleinerziehende gegenüber kinderlosen Ehepaaren und besonders kinderlosen Alleinlebenden steuerlich wesentlich begünstigt sind.

Über Zeit und Reisen

Damit nicht genug. Eine verheiratete Frau ohne Kinder hat nicht nur viele tausend Dollar mehr, sie hat auch (auf der Grundlage von zwölf Stunden pro Tag, fünf Tage pro Woche) jedes Jahr drei Monate mehr Freizeit; eine unverheiratete Frau kann nahezu vier Monate mehr so verbringen, wie sie will.

Eine kinderlose Frau macht im Durchschnitt pro Woche vier Stunden weniger Hausarbeit. Das sind pro Jahr 208 Stunden oder (bei einem Zwölf-Stunden-Tag) siebzehn Ferientage weniger Hausarbeit.[12] (Andere – allerdings ältere – Schätzungen liegen noch höher – sie veranschlagen bei einer Familie mit einem Kind 515 Stunden [dreiundvierzig Tage] mehr Hausarbeit pro Jahr, bei einer Familie mit zwei Kindern 719 Stunden [sechzig Zwölf-Stunden-Tage].)[13] Die durchschnittliche Ehefrau leistet pro Woche 7,5 Stunden (das sind pro Jahr 390 Stunden oder zweiunddreißig Tage) mehr Hausarbeit als ihre unverheiratete Nachbarin.[14]

Wenn eine Frau Kinder hat, braucht sie nicht nur Zeit für die Hausarbeit, sondern auch, um die Kinder zu versorgen. Damit verbringen Frauen mit Kindern, erwerbstätige wie nichterwerbstätige, wöchentlich im Durchschnitt weitere zehn bis elf Stunden. Pro Jahr macht das nochmals 520 Stunden oder dreiundvierzig Tage.[15]

Wenn Kinder noch nicht in die Schule gehen, ist die Differenz sogar noch größer. Mütter von Kleinkindern verbringen pro Woche vier Stunden mit ihnen und erledigen 7,5 Stunden mehr Hausarbeit als eine vergleichbare kinderlose Frau. Das sind 11,5 Stunden wöchentlich oder fünfzig weitere Tage im Jahr, die ihre kinderlose Entsprechung zur Verfügung hat, da sie weniger Hausarbeit und keine Erziehungsarbeit leisten muß.[16]

Die neueren Arbeiten der Soziologin Arlie Hochschild belegen, daß sich dies durch die Frauenbewegung kaum gebessert hat. Vor zehn Jahren meinten berufstätige Mütter, sie hätten alles – die Wahrheit aber ist, sie *machten* alles (und machen es noch); jedenfalls *fast* alles. Ehemänner erledigen heute etwa zwanzig Prozent des Kochens, Saubermachens und Waschens, verglichen mit acht Prozent im Jahr 1965.[17] Das ist ein großer Fortschritt, aber es bleibt noch viel zu tun.

Frauen sind in einer ›abgewürgten Revolution‹ steckengeblieben, sagt Hochschild, die untersuchte, wie zweiundfünfzig berufstätige Ehepaare Hausarbeit und Kinderversorgung organisieren. Während die Ehefrauen meinten, ihre Beziehung sei am Tage ihrer Eheschließung ziemlich gleichberechtigt gewesen, kam Hochschild zu dem Ergebnis, daß erwerbstätige Frauen ›zwei Schichten‹ bewältigen und daß zwischen dem, was die

Frauen heute an Hausarbeit und Kinderversorgung zu leisten glauben, und dem, was sie tatsächlich tun, eine riesige Lücke klafft. Wenn diese Frauen abends nach Hause kommen, wartet dort ein zweiter, ebenso anstrengender Beruf auf sie. Hochschild hat ausgerechnet, daß berufstätige Frauen pro Woche insgesamt fünfzehn Stunden mehr Hausarbeit und Kinderarbeit leisten als ihre Ehemänner – das ist *pro Jahr ein Monat*, in zwölf Jahren *ein ganzes Jahr von Vierundzwanzig-Stunden-Tagen mehr.*[18]

Was tun Frauen ohne Kinder mit ihrem zusätzlichen Geld und ihrer zusätzlichen Zeit? Viele der Befragten machen weite Reisen. Andere besitzen ein ›Traumhaus‹, das sie auch mitentworfen und mitgebaut haben. Viele Frauen ohne Kinder engagieren sich sehr stark im Beruf, andere nutzen die Zeit und ihr Geld, um eine geregelte Arbeit zu verlassen und sich als Freiberuflerinnen zu etablieren oder einige Monate lang gar nicht zu arbeiten. Dieses Ergebnis paßt zu einer Studie, die verglich: Kinderfreie Frauen, die mit Mitte zwanzig ihren Beruf als wichtigsten Grund gegen Kinder genannt hatten, sagten Mitte dreißig, ihr Beruf sei für sie nicht mehr das Wichtigste.[19]

Eine andere Studie, die in Kanada mit siebenundfünfzig kinderfreien Paaren und fünfundfünfzig Paaren (Durchschnittsalter jeweils dreißig Jahre) mit Kindern durchgeführt wurde, ging der Frage nach, ob Ehepaare ohne Kinder ihre Freiheit und Spontaneität auch wirklich nutzten. Sie kam zu dem Ergebnis, daß vier von fünf Frauen (im Vergleich zu jeder zweiten Mutter) ihre beruflichen Ziele so intensiv verfolgten, daß sie keineswegs als ›Jet-Setter‹ um die Welt flogen. Auch bei Freizeitaktivitäten, Reisen und Gruppenaktivitäten ergaben sich keine signifikanten Unterschiede zwischen beiden

Gruppen. Die Kinderlosen waren etwas weniger organisiert und lebten weniger nach Plan als die Elternpaare. »Ihre Abneigung gegen Pläne paßt zu ihrer Aussage, sie seien spontan und vermieden Routine.«[20] Doch die Wissenschaftler kamen zu dem Schluß, daß kinderlose Paare sich mit der Zeit ihre eigene Routine schaffen. Eine der von mir interviewten Frauen sagte: »Wir führen ein ruhiges, geordnetes Leben, und das gefällt mir.«

Ein Leben mit Kindern bedeutet nicht nur mehr Hausarbeit und Erziehungsarbeit, sondern wird darüber hinaus auch noch von einer ganzen Reihe tagfüllender Aktivitäten bestimmt, die sich um die Kinder drehen: Sport, Schultheater, Hausarbeiten, Nachhilfe- und Privatstunden, die Kinder hierhin und dorthin fahren. Ein Leben ohne Kinder ist viel weniger definiert und bleibt offener. Wie sie es füllt, bleibt der jeweiligen Frau überlassen.

Die Gesundheit

Die medizinische Forschung befaßte sich in der Vergangenheit hauptsächlich mit Männern. Da Frauen ohne Kinder zudem eine in hohem Maße ›unsichtbare Minorität‹ sind, wurden die gesundheitlichen Auswirkungen von Kinderlosigkeit noch wenig erforscht. Seit längerem ist allerdings bekannt, daß Frauen, die nie ein Kind geboren haben, zwei- bis dreimal häufiger an Brustkrebs erkranken als Frauen, die vor dem dreißigsten Lebensjahr Kinder bekamen. Für Frauen ohne Kinder ist der Risikofaktor etwa genauso hoch wie für Frauen, die ihr erstes Kind erst nach dem dreißigsten Geburtstag bekommen haben, so das amerikanische Krebsforschungsinstitut.[21]

Bislang wurde bei unfruchtbaren Frauen kein erhöhtes Brustkrebsrisiko festgestellt. Stärker gefährdet sind merkwürdigerweise Frauen im Alter zwischen fünfundzwanzig und fünfundvierzig Jahren, die selten Geschlechtsverkehr oder einen Partner mit unfruchtbarem Samen haben.[22] Andere Faktoren spielen ebenfalls eine Rolle, darunter hoher sozialer Status, früher Beginn der Menstruation, späte Wechseljahre, Brustkrebserkrankungen in der Familie, Übergewicht und eine fettreiche Ernährung.

Frauen ohne Kinder sind auch stärker von Eierstock- und/oder Gebärmutterkrebs bedroht. »Bei Krebserkrankungen der Eierstöcke gehen wir davon aus, daß Frauen, deren Eierstöcke durch wiederholte Ovulation stimuliert werden, gefährdeter sind als Frauen, deren Ovulationszyklen durch Schwangerschaften unterbrochen wurden«, sagt Dr. Linda Carson, Leiterin der Gynäkologischen Onkologie an der Klinik der University of Minnesota.

Bei Gebärmutterkrebs sind Frauen gefährdeter, die oft keinen Eisprung haben. Dazu gehören überdurchschnittlich häufig kinderlose Frauen, da ein fehlender Eisprung ein möglicher Grund für Unfruchtbarkeit ist.

Dabei darf nicht vergessen werden, daß dies epidemische und nicht spezifische Risiken für die einzelne Frau sind und daß andere, wichtige Risikofaktoren von Bedeutung sind. So spielen bei Brustkrebs auch orale Verhütungsmittel und Alkoholkonsum eine wichtige Rolle, bei Gebärmutterkrebs sind das Alter zu nennen sowie Diabetes, Bluthochdruck, frühe Menarche, Übergewicht, Langzeiteinnahme von Östrogenen, früher Beginn des Klimakteriums und Lebererkrankungen.[23]

Frauen ohne Kinder sind möglicherweise gefährdeter, weil sie der toxischen Wirkung des reinen Östrogens länger ausgesetzt sind – während der Schwangerschaft wird ein Östrogen in der Plazenta produziert, das weniger toxisch oder sogar schützend ist.

Ältere Frauen ohne Kinder (über fünfzig) erliegen häufiger dem akuten Herztod, an dem jährlich Zehntausende von Amerikanern und Amerikanerinnen sterben. So das vorläufige Ergebnis einer kleinen Studie, die einundfünfzig Herzanfall-Patientinnen über fünfzig mit einer Kontrollgruppe aus der gleichen geographischen Region verglich. Kinderlose Frauen waren überdurchschnittlich häufig vertreten: Zwölf Patientinnen, d. h. nahezu ein Viertel, hatten nie ein Kind zur Welt gebracht.[24]

Die »Framing Heart Study« ergab, daß verheiratete und geschiedene Frauen häufiger koronare Herzerkrankungen bekommen als Frauen, die nie verheiratet waren. Interessanterweise sind nach dieser Untersuchung Büroangestellte gefährdeter als Akademikerinnen, jedoch nur dann, wenn sie Kinder hatten.[25]

Einige vorläufige Forschungsergebnisse deuten darauf hin, daß Kinderlosigkeit ein Risikofaktor für eine Verminderung der Knochendichte sein könnte, was das Entstehen von Osteoporose fördert. Frauen mit Kindern haben eine höhere Knochendichte, Gründe dafür könnten die Kalziumdepots und der höhere Hormonspiegel während der Schwangerschaft sein und/oder auch, daß Schwangere und Mütter mit kleinen Kindern schwerer tragen, sagt Dr. Mona Shangold von der Hahnemann School of Medicine in Philadelphia.[26] Auch hierbei spielen andere Risikofaktoren eine Rolle, darunter frühe Wechseljahre, niedriges Körpergewicht, geringe Kalziumzufuhr, mangelnde Bewegung, Alkoholkonsum und Rauchen.[27]

Frauen ohne Kinder jedoch sind offenbar *weniger* anfällig für Streßinkontinenz, Gebärmuttervorfall, Osteoarthritis im Bereich der Lendenwirbelsäule, gutartige Brusterkrankungen und Übergewicht (das bei zahlreichen Krankheiten, u. a. Bluthochdruck, Diabetes, Herz- und Krebserkrankungen, ein Risikofaktor ist).

Schwangerschaft und vaginale Geburt erhöhen die Verletzungs- und Überdehnungsgefahr der Beckenbodenmuskulatur. Sind diese Muskeln geschwächt, kann es beim Husten, Lachen und Sport zu ungewolltem Harnabgang kommen, ein Leiden, das bei Frauen in den mittleren Jahren sehr verbreitet ist. Eine geschwächte Beckenbodenmuskulatur kann auch zu Vorfall oder Abknicken der Gebärmutter führen, was unter Umständen nur durch eine Hysterektomie behoben werden kann.

»In der Häufigkeit eines Gebärmuttervorfalls unterscheiden sich Frauen mit und ohne Kinder ganz eindeutig«, sagt Professor Dr. Wulf Utian, Leiter der Abteilung Frauenheilkunde und Geburtshilfe an der medizinischen Fakultät der Case Western Reserve University in Cleveland, Ohio. »Auch Faktoren wie chronischer Husten, Übergewicht, Rauchen, Hormonmangel und angeborene Anlagen können das Gewebe schwächen; der wichtigste begünstigende Faktor jedoch ist ohne Zweifel eine Geburt.«[28]

Dr. Utian sagt, er stelle eine Osteoarthritis im Bereich der Lendenwirbelsäule viel häufiger bei Frauen fest, die Kinder geboren haben. Schwangerschaft und Geburt können das Rückgrat belasten und verletzen; Mütter heben jahrelang Kinder hoch, tragen schwerer, häufiger usw., all dies kann den unteren Rücken belasten.

Untersuchungen legen die Vermutung nahe, daß Frauen mit jeder Schwangerschaft zunehmen und das Gewicht schwerer wieder verlieren. Dies mag daran liegen, daß Frauen, die keine oder wenige Kinder haben, eher Sport treiben, einen Beruf ausüben und sozio-ökonomisch besser gestellt sind – diese Faktoren reduzieren Gewichtsprobleme.[29]

Geschiedene Frauen sind tendenziell schlanker. Schlankere Menschen heiraten zwar häufiger (weil sie als attraktiver gelten), doch mit Ehe und Elternschaft kommen auch regelmäßige Mahlzeiten und damit mehr Pfunde. Eine Scheidung hingegen kann so belastend sein, daß Eßgewohnheiten verändert werden und sich weniger Gelegenheiten ergeben, Mahlzeiten in Ruhe einzunehmen. Man vermutet, daß dies der Grund ist, warum verheiratete Frauen ohne Kinder schlanker sind als Mütter, und geschiedene Frauen noch schlanker.[30]

Kinderlose scheinen generell gesünder zu sein, auch wenn Untersuchungen bislang keine eindeutigen Ergebnisse erbracht haben. Eine Studie über das Wohlbefinden von 2 480 Ehepaaren ergab, daß »Elternschaft die körperliche und psychische Gesundheit beider Ehepartner beeinträchtigt, vor allem bei jüngeren Paaren«. Kinderlose Paare standen bei Gesundheit und Wohlbefinden (Faktoren wie körperliche Behinderungen und Schwächen, chronische Krankheiten und andere körperliche Beeinträchtigungen wurden berücksichtigt) an erster Stelle, gefolgt von Eltern, deren Kinder das Elternhaus bereits verlassen hatten. Eltern, deren Kinder noch zu Hause lebten, so die Soziologin Karen S. Renne von der University of Arizona, rangierten an letzter Stelle.[31] Von den älteren Teilnehmerinnen der Studie hatten kinderlose Frauen allerdings größere gesundheitliche Probleme, was daran liegen könnte, daß viele aufgrund von Krankheiten keine Kinder bekommen hatten. Im Gegensatz dazu hatten sich mehr jüngere Paare bewußt gegen Kinder entschieden.

Eine andere Befragung von 338 älteren Menschen verglich Eltern mit Nicht-Eltern. Erwachsenen, die nie Kinder hatten, geht es nicht nur finanziell besser, sie sind, so die kanadische Soziologin Judith Rempel in ihrer Studie, »gesünder als Eltern und überdies mit ihrem Gesundheitszustand zufriedener«.[32]

Um herauszufinden, wie sich Kinder auf das Wohlbefinden auswirken, hat das Urban Institute in Washington, D. C, während der siebziger Jahre laufend Daten aus 5000 Haushalten gesammelt und ausgewertet. Daraus ergab sich kein Zusammenhang zwischen Mutterschaft und körperlichen Gebrechen, sondern lediglich, daß Frauen, die bereits gesundheitliche Probleme hatten, weniger häufig Kinder bekamen.[33]

Obwohl keine Unterschiede festgestellt werden konnten hinsichtlich des Beginns und Verlaufs der Wechseljahre sowie der Menge der verabreichten Hormon-Substitute, die nach Ende der Wechseljahre erforderlich sind, deutet laut Dr. Utian doch einiges darauf hin, daß kinderlose Frauen in dieser Lebensphase weniger Beschwerden haben, wie übrigens auch Frauen mit höherem Einkommen, höherem Bildungsniveau und Frauen, die nie geheiratet haben.

Forschungsergebnisse belegen eine Korrelation von Familienstand, allgemeinem Gesundheitszustand und Lebenserwartung, doch offenbar hat noch niemand untersucht, ob es einen Zusammenhang zwischen Fruchtbarkeit und Lebenserwartung gibt. Sicher ist, daß geschiedene und getrennt lebende Frauen und Männer gesundheitlich am schlechtesten gestellt sind, gefolgt von Verwitweten und Alleinlebenden; Verheiratete sind am gesündesten und leben am längsten.[34] Das trifft nicht nur auf Ehepaare, sondern auch auf andere Arten von Partnerschaftsbeziehungen zu.[35] Doch bisher hat das National Center of Health Statistics die Verbindung von Fruchtbarkeit und Lebenserwartung bei Frauen nicht untersucht. Man mag zwar vermuten, daß Frauen ohne Kinder körperlich und seelisch generell weniger belastet sind, wobei vor allem berufstätige Frauen mit ihrem Einpersonenhaushalt weniger Arbeit haben, doch ob sich dies auf Gesundheit und Lebensdauer auswirkt, ist nicht bekannt. »Das sind gute Fragen, aber ich glaube nicht, daß jemand die Antworten kennt«, sagt Dr. Utian. »Es gibt kaum Untersuchungen zum Gesundheitszustand von Frauen gleich welcher Bevölkerungsgruppe, von Vergleichen zwischen Frauen mit und Frauen ohne Kinder ganz zu schweigen. Wenn wir mehr über die Unterschiede zwischen diesen Gruppen wüßten, könnten wir besser vorbeugen oder Frauen hinsichtlich zusätzlicher Risikofaktoren beraten, aber bislang kann niemand diese Frage beantworten.«

Frauen ohne Kinder haben also viel mehr Zeit und Geld als andere Frauen, und sie sind gesundheitlich in mancher Hinsicht besser, in anderer schlechter dran. Doch neben solchen meßbaren Vorteilen und Risiken der Kinderlosigkeit gibt es viele Soll- und Habenposten, die nicht gemessen werden können. Diesen nicht so konkret meßbaren Vor- und Nachteilen eines Lebens ohne Kinder werden wir uns im folgenden Kapitel zuwenden.

Vierzehntes Kapitel

Die Höhen und Tiefen eines Lebens ohne Kinder

> Man bekommt etwas, wenn man Kinder hat, und man verliert etwas. Es hat Vor- und Nachteile. Alles hat seinen Preis. Man trifft seine Entscheidung und muß die Konsequenzen tragen. Mann kann nicht alles haben.
>
> *Laura, 45*

Ein Leben mit Kindern ist – wie eines ohne Kinder – ein gemischtes Vergnügen. Ob eine Frau ihre Kinderlosigkeit als Vor- oder Nachteil für sich wertet, hängt vor allem davon ab, ob sie diesen Zustand als Segen oder als Fluch erlebt.

In diesem Kapitel wird es nicht nur um emotionale und psychische Vor- und Nachteile der Kinderlosigkeit gehen, sondern auch um Gefühle sowie Selbstbestimmung und Gefahren. – Wir befassen uns auch mit der Frage von Glück und ehelicher Zufriedenheit und betrachten Lebensphasen, die manche Frauen aufgrund ihrer Kinderlosigkeit als besonders schwierig erleben.

Vorzüge genießen

Ob eine Frau sich bewußt gegen Kinder entschieden hat oder ob ihre Kinderlosigkeit sie schmerzt, weil sie keine Kinder haben konnte: Nahezu jede, die ich zu diesem Thema befragte, schätzt inzwischen die Vorzüge eines kinderfreien Lebens. Und es gibt viele Vorzüge:

- Freiheit und Unabhängigkeit, die Möglichkeit zu Spontaneität: »Freiheit, mein Leben zu leben, wie ich es will, ohne Ansprüche von Kindern und ohne Rücksichten auf sie«, »Die Möglichkeit, mein Leben selbst zu bestimmen«, »Meine Zeit zu nutzen, wie ich will«, »Die Freiheit, mich in meinem Beruf zu engagieren, ohne mir Sorgen machen zu müssen, ob das den Kindern schadet«.
- Wegfallen der für Eltern üblichen Belastungen und Verantwortungen wie Streit mit den Kindern; Probleme mit Drogen, Alkohol, Disziplin, Gesundheit, Schule, Gruppendruck, Schwangerschaften usw.; Angst, daß die Kinder körperlich und/oder psychisch Schaden erleiden könnten; »Sich nicht sorgen zu müssen, ob man das Leben eines anderen Menschen ruiniert«.
- Keine täglichen Plackereien mit dem Putzen, der Wäsche, dem Kochen, dem Einkaufen, der Erziehungsarbeit und all den anderen endlosen Anforderungen von Kindern.
- Kein Erleben von Schmerz und Enttäuschung, wenn die Kinder die Erwartungen nicht erfüllen.
- Keine finanziellen Sorgen; mehr Geld zur Verfügung haben.
- Eine engere Beziehung zum Partner, mehr Zeit miteinander und kein Streit über Kindererziehung.
- Sich einen angemessenen Lebensstil leisten können, ohne allzuviel arbeiten und allzuviel Geld verdienen zu müssen.
- Ein Leben, das bereits sinnvoll und erfüllt ist, nicht verändern zu müssen.
- Die Freiheit, sich ganz und gar dem Beruf, einer Ausbildung und anderen kreativen Tätigkeiten zu widmen; die Möglichkeit, weiterhin lernen und sich mit

dem eigenen Wachstum befassen zu können, statt immer die Erwachsenenrolle erfüllen zu müssen.

Deanna drückt das so aus:

> Keine Unordnung, kein Ärger mit der Schule, keine Kinderhorden, die durchs Haus toben, keine Sorgen um Gesundheit und Leben der Kinder, keine zusätzlichen Kosten, tun zu können, was wir wollen und wann wir es wollen, spät aufstehen, lange aufbleiben, verreisen wohin wir wollen und wann wir wollen, keine Drogenprobleme, keine schwangeren Teenager, keine finanziellen Belastungen durch frühe Heiraten, die Enkel nicht babysitten zu müssen. Und nicht erleben zu müssen, daß die eigenen Kinder sterben!

Mehr als eine Frau erwähnte einen Leserbrief an die berühmte amerikanische ›Briefkastentante‹ Ann Landers; er ist zwar bissig, ja sarkastisch, trifft jedoch einen Nerv:

> Nichts ist trauriger als das kinderlose Paar. Es bricht einem das Herz, zu sehen, wie sie sich ausgestreckt neben den Swimmingpools räkeln ... sonnengebräunt und elend auf Sonnendecks liegen, wie Idioten nach Europa losziehen, mit Geld in der Tasche und genug Zeit, um sich zu vergnügen, weil sie sich um nichts kümmern müssen.
> Kinderlose Paare werden so eigensüchtig und sind so mit sich selbst beschäftigt, daß sie einem leid tun können. Sie streiten sich nicht über die Manieren der Kinder. Ihnen entgeht der Spaß, wegen der Kinder auf dieses und jenes zu verzichten. Es ist wirklich ein Jammer.
> Alle sollten Kinder haben. Niemand sollte die wunderbaren Erfahrungen verpassen müssen, die mit jeder Phase ihrer Entwicklung einhergehen. Die seligen Erinnerungen an die ersten Jahre: Klitschnasse Matratzen; auf einen Babysitter warten, der nicht kommt; mitternächtliche Asthmaanfälle; zur Notaufnahme rasen, um die Platzwunde am Kopf nähen zu lassen.
> Die Belohnung kommt, wenn Hänschen ein Hans ge-

worden ist. Was kann sich mit dem wundervollen Lächeln eines kleinen Jungen messen, wenn sich die Strahlen der Sonne in seiner 5 000-Mark-Zahnspange fangen – die von Erdnußsplittern verbogen ist? Was mit dem ohrenbetäubenden Kreischen von zwanzig hysterischen Wilden, die bei einem Geburtstagsfest Amok laufen?
Wie leer ist das Heim ohne aufreibende Probleme, die ein erfülltes Leben und einen frühen Nervenzusammenbruch garantieren. Die abendlichen Berichte deiner Gattin gleichen strategisch geschickt plazierten Nackenschlägen. Wenn es dann Zeugnisse gibt, mußt du der Wahrheit ins Auge blicken – dein ältester Sohn ist debil.
Kinder lohnen jede Sekunde Angst und Aufregung. Das weißt du spätestens, wenn du deinen Sohn das erste Mal mit zur Jagd nimmst. Er wollte dir nicht ins Bein schießen. Vergiß nicht, wie furchtbar er geweint hat. Er war so enttäuscht, daß du kein Rehbock bist!
Man sehe sich nur an, was die Jahre aus einem kinderlosen Paar machen. Sie ist schlank, gepflegt und jugendlich. Es ist wider die Natur. Hätten sie Kinder, sie sähen aus wie wir – deprimiert, erschöpft und verhärmt. Kurz gesagt: normal.[1]

Die ernüchternden Nachteile

Doch einige Frauen sagten, ein Leben ohne Kinder habe auch eine Reihe gravierender Nachteile. Dazu gehören:

- Nie eine Schwangerschaft und die Geburt, das Stillen und das Aufwachsen eines Kinder erleben.
- Den gemeinsamen, wachsenden täglichen Austausch nicht zu erleben, der durch die enge Verbundenheit mit einem Kind entsteht, nie zu erfahren, wieviel Freude und Liebe damit verbunden sein kann.
- Keine Enkel.
- Angst, daß die Reue wächst.

- Angst, das Alter könnte einsam werden, wenn es keine Kinder gibt, auf die man sich stützen kann.
- Den eigenen Eltern nicht die Freude machen, Großeltern zu werden.
- Freundinnen und Freunde verlieren, die in ihrem Elternsein ganz aufgehen.
- Mit sozialer Mißbilligung fertig werden; sich ausgeschlossen fühlen in einer Gesellschaft, in der sich alles um die Familie dreht.
- Gelegentliche Gefühle von Traurigkeit und Einsamkeit erleben.

Auch hierzu fiel Deanna eine gute Zusammenfassung ein. Sie litt unter ihrer Unfruchtbarkeit, und die Nachteile schmerzen noch immer:

> Die Unfähigkeit, meinem Mann Kinder zu schenken, sie nicht lieben und umsorgen zu können, nicht mit ihnen spielen und mich nicht an ihnen freuen, nicht mit ihnen in Ferien fahren zu können, keine Enkelkinder zu bekommen, die ›Baby-/Kind‹-Erzählungen von Müttern ertragen zu müssen, die Liebe und die Freude nicht zu erleben, die sie offenbar bedeuten.

Natürlich sehen viele kinderfreie Frauen dies nicht als Verlust oder Entbehrung, sondern als Freiheit. Für sie war, ist und bleibt kinderlos sein die natürlichste und nächstliegende Entscheidung. Von den nahezu zwei Dutzend Frauen, die schon mit zwanzig und dreißig sicher wußten, daß sie keine Kinder wollten, hat später keine ihre Meinung geändert. Es ist denkbar, daß kognitive Dissonanz und Rationalisierungen jeden aufkeimenden Zweifel zum Schweigen brachten, als die Entscheidung unwiderrufbar und endgültig wurde. Andererseits haben diese Frauen ihre Entscheidung vielleicht so bewußt und wohlüberlegt gefällt, daß sie für sie richtig war. Je mehr eine Frau selbst bestimmen kann, ob sie kinderlos/kinderfrei leben wird, je weniger schleichende, quälende Zweifel wird sie haben. »Menschen verteidigen eine Entscheidung meist bestimmter und bereitwilliger, wenn sie bewußt und rational gefällt worden ist«, sagt Jeffry Larson, Psychologe an der Brigham Young University, der sich mit der Literatur über gewollte Kinderlosigkeit auseinandergesetzt hat.[2]

Selbstbestimmung und Risiken

Fast alle Frauen, mit denen ich sprach, haben – aus welchen Gründen auch immer sie kinderlos/kinderfrei sein mögen – die damit verbundene Freiheit und Selbstbestimmung schätzen gelernt.

Zu den beklemmendsten Aspekten eines Lebens mit Kind gehört der Kontrollverlust, denn die Erziehung eines Kindes ist auf unzählige Arten unvorhersehbar. Wer das Gefühl braucht, »alles unter Kontrolle« zu haben, wird den Alltag der Kindererziehung als sehr fordernd empfinden. Wer es dennoch versucht, wird den eigenen Kindern eine schwere Last aufbürden, während ein Gefühl von Kontrollverlust dazu führen kann, ängstlich und unsicher, in extremen Fällen auch panisch und depressiv zu reagieren.

»Der Verlust von Kontrolle über die eigene Person und Zukunft wurde am häufigsten als Grund gegen ein Kind angeführt«, schreibt eine Forscherin, die vierundvierzig kinderfreie Ehen untersucht hat. »Sie sagten, Eltern hätten ›keine Kontrolle mehr‹, die Kinder würden das Regime übernehmen, bestimmen und die Eltern zwingen, ihre Wünsche sofort zu befriedigen.«[3]

Frauen, die keine Kinder bekommen, umgehen viele Risiken – das Risiko eines geistig oder körperlich behinderten Kindes, der Zerrüttung und Zerstörung ihrer Ehe, ihrer Karriere und/oder ihres Lebensstils sowie die Notwendigkeit, mit Alkohol- und Drogenkonsum, unehelichen Schwangerschaften und schweren Krankheiten fertig werden zu müssen. Sie ersparen sich neben zahllosen kleinen auch viele große Sorgen – vom Kampf gegen zu viel Süßigkeiten und Fernsehen über Liebeskummer, tyrannische Nachbarskinder und Streitereien über zu enge Hosen bis hin zu Sorgen wegen der Schule, Unfällen, Krankheiten und Benehmen. Je mehr die Welt außer Kontrolle gerät – und sich der Kontrolle von Eltern entzieht –, je stärker sie von Verbrechen, Drogen und Krankheiten geschüttelt, von Umweltverschmutzung, Erosion, Artensterben, Zersiedlung, Waldsterben, sogar weltweitem Krieg und vielem mehr bedroht wird, um so drückender mögen die Gefahren scheinen, ein Kind in diese Welt zu bringen. Da Frauen ohne Kinder nicht dem Anspruch ausgesetzt sind, alles zu tun und allen gerecht zu werden, fühlen sie sich auch nicht so ausgelaugt, gehetzt, überlastet.

Ein Kind zu bekommen ist ein enormer Vertrauensakt, der heute für Frauen in vielerlei Hinsicht riskanter ist als früher. Mehr Mütter denn je zuvor müssen außer Haus arbeiten und den Anforderungen von Ehe, Kindern und Beruf gerecht werden. In einer Gesellschaft, die von Drogen zerrüttet wird, zu Gewalt tendiert, mit Atomwaffen ausgerüstet ist und unter dem Bombardement der Medien steht, wird Kindererziehung immer schwieriger. Frauen warten nicht mehr so lange wie früher, bevor sie sich scheiden lassen, doch wenn sie es tun, laufen sie Gefahr, ärmer zu werden und ihre Kinder allein aufziehen zu müssen.

Hope, eine gewollt kinderfreie Grundschullehrerin, sagt dazu:

Kindererziehung macht Angst. Ich verstehe nicht, wie sich Leute für ein Kind entscheiden können, sie müssen ein eingebautes Selbstvertrauen haben. Ich finde, man übernimmt ungeheuer viel Verantwortung: für die grundlegende Persönlichkeitsentwicklung eines Menschen, dafür, wie zufrieden dieser Mensch ist, für seine Selbstachtung. Ich bin sehr erleichtert, daß ich mich darum nicht zu kümmern brauche.

Manche Frauen haben keine Kinder bekommen, weil das die ungefährlichste Alternative war, der Weg des geringsten Widerstandes. Einige haben nicht geheiratet, weil sie nicht an die Ehe glaubten, einige wagten mit einem bestimmten Ehemann oder zu einem bestimmten Zeitpunkt keine Schwangerschaft, weil das Risiko zu groß schien; andere fürchteten, ein Baby könne eine Ehe und ein Leben zerstören, die sie auch so als befriedigend erlebten. Und manche Frauen dachten an Adoption, scheuten aber schließlich davor zurück, sich diesem Unbekannten auszusetzen.

Doch kein Kind zu bekommen birgt eigene Gefahren, wie Kate Harper in ihrem 1980 erschienenen Buch *The Child-Free Alternative* bemerkt – die Gefahr, anders zu sein als die anderen, mißverstanden oder herabgewürdigt zu werden, zu spät zu bemerken, daß diese wichtige menschliche Erfahrung für die eigene Entwicklung offenbar bedeutender ist, als man annahm. »Man nimmt alle Gefahren eines Pioniers auf sich: man kann sich verlaufen oder man kann, einmal am Ziel angekommen, feststellen, daß es die Reise nicht lohnte.«[4] Aber wie wir bereits sahen, denken auch einige Mütter so.

Ohne Kinder können Frauen ihr Leben in hohem Maße selbst bestimmen, im Beruf oder in ihrer Freizeit etwas riskieren oder auf einen einfacheren Lebensstil ›zurückschrauben‹. So verbesserte Linda sich beruflich innerhalb weniger Jahre, zog jeweils Hunderte von Kilometern weit um und nahm bei drei Gelegenheiten dafür auch eine Wochenendehe in Kauf. Lynn machte nach ihrer Scheidung Urlaub in Dänemark und blieb zwölf Jahre dort. Janet, immer ledig, kündigte nach zwanzig Jahren einfach ihre Stelle am College und macht sich keine allzu großen Sorgen wegen einer neuen. Ilene beschloß mit fünfzig ›auszusteigen‹, nachdem sie viele Jahre beruflich viel reisen mußte. Sie zog mit ihrer Lebensgefährtin an die Küste Oregons, arbeitet jetzt halbtags in einer Buchhandlung und betreibt einen kleinen Party-Service.

Natürlich verändern auch viele Mütter etwas in ihrem Leben, und ein Vergleich der beiden Gruppen ist nicht wirklich möglich. Wichtig ist, daß Frauen ohne Kinder zwar den Eindruck eines Kontrollverlustes haben mögen, wenn sie sich mit dem Ende ihrer Gebärfähigkeit konfrontiert sehen, in aller Regel aber ein stärkeres Gefühl von Selbstbestimmung haben, sobald sie ihre Kinderfreiheit akzeptieren und deren Vorteile genießen. Sie bestimmen über ihr eigenes Leben und verfügen zumeist über mehr Geld, Zeit und andere Ressourcen als Mütter.

Glück und Eheglück

Doch sind diese Frauen glücklicher? Zufriedener? Die Glückskurve einer Ehe mit Kindern hat die Form eines ›U‹ – anfangs hoch, die gesamte Zeit der Kindererziehung über niedriger und wieder aufsteigend, sobald die Kinder das Haus verlassen. Dabei spielt die Frage, ob es ›liebe‹ Kinder sind oder nicht, adoptierte oder leibliche, keine Rolle. »Wenn das letzte Kind das Haus verläßt, wird die Ehe besser«, schreibt Lynn White, die als Soziologin zu dieser Problematik eine Studie von achtjähriger Dauer geleitet hat.[5]

Generell gesprochen sind Paare ohne Kinder, die gezielt Kinderfreien ebenso wie die ›Unentschiedenen‹ und die ›Zögernden‹, glücklicher als Paare mit Kindern. Ehefrauen sind um so glücklicher, je geringer die Geldsorgen sind und je mehr die Partner alle Aufgaben teilen. Mütter schneiden auf beiden Gebieten schlechter ab – ihr finanzieller Druck ist größer, und sie haben mehr Pflichten, aber weniger Zeit und Hilfe, um sie zu erledigen. Kinderfreie Ehefrauen hingegen haben weniger Geldsorgen und eine gleichberechtigtere Rollenverteilung in der Ehe. Die Forschung bestätigt, was zu erwarten ist: Frauen in kinderfreien Ehen sind glücklicher.[6]

Eine Wissenschaftlerin faßt es wie folgt zusammen:

Alle verfügbaren Daten zur Gesundheit und Zufriedenheit von Ehepaaren belegen, daß eine Elternschaft das körperliche und seelische Wohlbefinden von Ehemännern und Ehefrauen beeinträchtigt. Das gilt insbesondere für jüngere Paare. Dieses Phänomen mag stärker sozial als biologisch bedingt sein, da bei Eltern, deren Kinder das Haus verlassen haben, geringere Anzeichen von Belastung erkennbar sind als bei aktiven Eltern.

Kinderlose Ehen sind meist glücklicher, und das gilt selbst für ältere Paare, deren Kinderlosigkeit in medizinischen Schwierigkeiten begründet liegt; generell werden kinderfreie Ehen im Verlauf der Jahre besser, während die Ehen von Eltern in die Brüche gehen.[7]

Frauen, die keine Kinder bekommen können

Doch wenn ein Paar keine Kinder bekommen kann und die Partner versuchen, diese Krise zu meistern, ist das selbst für eine glückliche Ehe eine schwere Belastung. Befragungen belegen allerdings, daß die Ehen mit der Zeit wieder glücklicher werden. Die Ehepartner verstehen einander besser, sind häufiger einer Meinung und haben weniger außereheliche Beziehungen als Elternpaare.[8] Eine Studie, die Mütter mit gewollt und nicht gewollt kinderlosen Frauen verglich, kam zu dem Schluß, daß Frauen, die lange Zeit vergeblich versucht hatten, ein Kind zu bekommen, häufiger meinten, keine Kontrolle über ihr Leben zu haben. Sie waren zornig, frustriert und unerfüllt, weil sie kein Kind produzieren konnten, und ihre seelische Verfassung war schlechter. Wie zu erwarten, fanden diese Frauen das Leben sinnentleerter und weniger lebenswert als Mütter oder bewußt kinderfreie Ehefrauen. Zugleich jedoch waren die ungewollt (ebenso wie die gewollt) kinderlosen Ehefrauen – die durchschnittlich fünf Jahre lang gegen ihre Unfruchtbarkeit kämpften – nach eigenen Angaben nicht nur viel zufriedener als Mütter mit ihrer Freiheit und Flexibilität, wozu Ungestörtheit, Entspannung und das Gefühl von Unabhängigkeit gehören, sie stuften auch ihre Ehen als glücklicher, befriedigender und liebevoller ein als die Mütter. Unfruchtbare Frauen empfanden nicht nur größere Zufriedenheit bei ihren Freizeitbeschäftigungen, sie waren auch zufriedener mit dem Maß an Freundschaft, Liebe, Zuneigung und Respekt, das ihnen entgegengebracht wurde.[9]

Allgemein sind verheiratete Männer psychisch gesünder als verheiratete Frauen – was offenbar daran liegt, daß Frauen mit ihren Rollen als Mutter, Ehefrau und Tochter überlastet sind, während Männer von ihren Ehefrauen ›versorgt‹ werden. Als die Forschung genauer wissen wollte, warum es verheirateten Frauen schlechter geht, kam sie zu einem interessanten Ergebnis: Berufstätigen Ehefrauen ging es besser als Ehefrauen, die zu Hause blieben, und »Kinder in einem Haushalt verschlechterten die seelische Gesundheit in aller Regel«. Da Berufstätigkeit das seelische Befinden einer Frau zu stärken pflegt, kamen die Forscher zu dem Schluß: Nicht die Vielzahl der mütterlichen Pflichten greifen ihre seelische Gesundheit an, sondern vielmehr die ›endlosen Ansprüche‹ der Kinder, die Sehnsucht nach Alleinsein und Zeit für sich sowie ein Gefühl von Einsamkeit. Dies alles trägt zu Frustration, Entfremdung und sozialer Isolation bei und beeinträchtigt das psychische Wohlbefinden einer Ehefrau mit Kindern.[10]

Schwere Zeiten

Für Frauen, die durch eigenes Versäumnis oder das Zusammenwirken mehrerer Gründe kinderlos sind, mag das Thema Kinder häufiger mit Ambivalenzen und Zweifeln, Spannungen und Sorgen verbunden sein. Auch wenn diese Probleme mit zunehmendem Alter immer geringer werden, berichteten einige Frauen von bestimmten Zeiten, die sie als besonders schwer erlebt haben.

Das Schreckgespenst der Feiertage

Vor allem für jüngere Frauen, deren Eltern noch leben, sowie für ältere Frauen mit großer Familie waren Feiertage kein nennenswertes Problem. Anders erging es insbesondere Frauen, die wider Willen kinderlos waren. So sagt Deanna, für sie seien die Feiertage, einschließlich Mutter- und Vatertag, am schlimmsten. Ihre Verwandten leben nicht in der Nähe, »also mache ich an Weihnachten oder an anderen Feiertagen Leckerbissen für meinen Mann, aber ich fühle mich einsam und traurig. Am schlimmsten ist Weihnachten!«

Margaret erzählt, daß sie und ihr Mann (die aus ungeklärten Gründen kein Kind bekommen haben) an den Feiertagen meist ihre Mutter zu Besuch hatten oder bei Freunden eingeladen waren. Sie hat nur einen Bruder, der verheiratet ist und keine Kinder hat. Er wohnt weit weg, ihr Verhältnis zueinander ist kühl. Doch seit ihre Mutter starb und die meisten ihrer Freunde die Feiertage bei *ihren* Kindern verbringen, sind Margaret und ihr Mann allein.

> Als mir das erstemal klar wurde, daß wir Weihnachten allein sein würden, war ich regelrecht entsetzt, es bedrückte mich wochenlang. Wie würde das werden? Mir graute davor. Mein Mann sagte: »Nun ja, wir sind eine Familie, kleiner geht es nicht, aber wir sind eine Familie.« Also kochte ich das traditionelle Festessen und führte an diesem Tag sehr, sehr viele Telefongespräche, um mit anderen in Verbindung zu sein, und wissen Sie, obwohl ich solche Angst davor gehabt hatte, war es ganz genauso schön.

Julie war nie verheiratet, sie empfindet Weihnachten als sehr schwierig. Sie ist immer bei einem ihrer Brüder eingeladen, fühlt sich aber wie das fünfte Rad am Wagen:

> Manchmal denke ich, daß ich zu solchen Gelegenheiten gern verreisen würde. Ich habe das Gefühl, daß sie meinen, mich einladen zu müssen, damit ich nicht allein bin. Ich komme mir dann vor wie die ›arme alte Tante Julie‹.

Terri hat vor zehn Jahren die Hoffnung auf ein Kind aufgegeben.

> Mit der Zeit verblaßt der Kinderwunsch, aber manchmal taucht er wieder auf, und man erschrickt jedesmal, weil

man es vergessen hatte. Muttertag zum Beispiel. Man denkt eine ganze Zeit nicht an Kinder, und plötzlich ist das Restaurant bis zum letzten Platz besetzt, weil alle zum Brunch oder Abendessen ausgehen. In solchen Momenten habe ich das Gefühl, völlig anders zu sein.

Andere Feiertage sind für sie nicht so problematisch, und sie läßt sich dann gern von Freunden mit Kindern ›adoptieren‹: »Wir gehören irgendwie zur Familie, und wir lieben die Kinder.«

Für Dorothy, auch sie ist unfruchtbar, ist das Passah-Fest die schlimmste Zeit.

Passah ist für mich sehr wichtig. Bisher waren wir an diesem Tag immer bei meinem Schwager, aber im letzten Jahr sind er und seine Frau zu ihrer Tochter gefahren, weil sie ein Kind erwartete. Ich fing an zu telefonieren, aber alle unsere Freunde hatten etwas mit ihren Kindern geplant. Einige luden mich ein, auch zu ihren Kindern zu kommen, damit ich mich besser fühle, aber das ist nicht dasselbe. Da fehlt mir etwas.

Viele meiner Gesprächspartnerinnen verbringen Feiertage wie Thanksgiving und Weihnachten bei Verwandten, jüngere Frauen fahren meist zu ihren Eltern, falls sie noch dort wohnen, wo ihre Töchter aufgewachsen waren. Ansonsten feiern die Frauen eher mit den Familien eines Bruders oder einer Schwester, unter Umständen auch mit der einer Nichte oder eines Neffen.

Einige Frauen zwischen vierzig und fünfzig haben sich Feiertagstraditionen geschaffen, eine Strategie, die BefürworterInnen der Kinderfreiheit empfehlen; Beispiele dafür sind Merle Bombardieri, Autorin des Resolve-Informationsblattes ›Child-Free Decision-Making‹, sowie die Carters in ihrem Buch *Sweet Grapes.* Einige Frauen laden kinderlose Familienmitglieder ein (denn wenn Kinder im Spiel sind, werden Feiertage meist im eigenen

Heim oder bei den Großeltern verbracht), sind mit einer ›Alternativfamilie‹ zusammen, was eine Frau, die ledige Freundinnen, kinderlose Freundespaare usw. einlädt, ›Witwen- und Waisenweihnacht‹ nannte: »Jetzt sind die Kinder meiner Schwester aus dem Haus, und wir überlegen uns, ob wir nächste Weihnachten in einer Suppenküche für obdachlose oder alte Menschen arbeiten und das zu unserer Weihnachtstradition machen.« Eine Frau verreist an Weihnachten, die andere gibt jedes Jahr eine Party für Erwachsene.

Tammy erzählte, daß sie sich mit ihrem Mann ›eingelt‹, fragt sich aber, wie es sein wird, wenn sie älter ist.

> Ich koche wie verrückt, und wir verbringen Thanksgiving, Weihnachten oder Ostern vor dem Videorecorder und einem Couchtisch voll Essen. Einigeln ist nett, aber es ist für mich nicht ›Familie‹. Mein Vater ist über achtzig und meine einzige wirkliche Verbindung zu diesem ganzen Familienleben. Für mich wird es in den kommenden Jahren, wenn er nicht mehr da ist, eigenartig und schwierig werden. Vielleicht wird es mir dann ein wenig leid tun, daß ich keine eigene Familie/Kinder habe.

Andere Frauen machen sich nichts aus Feiertagen. Lynn zum Beispiel sieht sie als Gelegenheit, die Füße hochzulegen und ungestört sein zu können. »Natürlich fühle ich mich dabei wohl«, sagte sie, »wenn nicht, gehe ich irgendwo hin. Feiertage bedeuten mir nichts, und Unterrichten ist ein so anstrengender Beruf, daß Feiertage Ferientage sind.«

Die Zeitlosigkeit des »Peter Pan«

Einige Frauen sprachen davon, daß sie dank ihrer Kinderlosigkeit in einer Art alterslosem Schutzraum verharren. Während Mütter mit dem Älterwerden ihrer Kinder verschiedene Lebensphasen durchlaufen, fühlen sich Frauen ohne Kinder, wie sie selbst sagen, ›stufenloser‹. Da sie keine Elternpflichten übernehmen müssen, können sie kindlich, vielleicht sogar unreif bleiben, sich einer Art weiblichem Peter-Pan-Effekt hingeben (nicht zu verwechseln mit dem Peter-Pan-Syndrom, einem psychologischen Terminus für Männer, die nicht erwachsen werden).

Laura erzählte, bei ihrem zwanzigjährigen Klassentreffen hätten einige ehemalige Klassenkameradinnen Kinder im College-Alter gehabt, während andere schwanger waren. Die Frauen sprachen nicht über Dinge, die vierzigjährige Frauen betrafen, sondern über die Entwicklungsstufen ihrer Kinder. Das Leben einer Mutter ist vom Säuglingsalter über Kindergarten und Einschulung bis zur Führerscheinprüfung eng mit diesen Stufen verbunden. Eine Mutter hat unabhängig von ihrem eigenen Alter viele Gemeinsamkeiten mit Eltern, die gleichaltrige Kinder haben. Ohne Kinder fühlte sich Laura in einem alterslosen Schwebezustand.

Die meisten Forschungsarbeiten über Lebenszyklen und Lebensmitte gelten Kindern und deren Stadien; Eltern wandeln sich beim Übergang von einer Phase zur anderen, was bei Kinderlosen weniger wahrscheinlich ist. Eine kleine Studie über bewußt kinderfreie Paare in der Lebensmitte beispielsweise kam zu dem Ergebnis, daß sie, anders als Elternpaare, in ihrem Leben miteinander keine Übergänge zu anderen Phasen wahrnahmen.[11]

Manchen Frauen gefiel es, daß sie dank ihrer Kinderlosigkeit nicht in die Lebensmitte gedrängt wurden. Tammy, einundvierzig und jetzt zum zweitenmal verheiratet, sagte: »Ich *bin* ein Kind. Ich lebe in einer Art ausgedehnter Adoleszenz.« Als sie mit fünfunddreißig wieder heiratete, kündigte sie ihre Stelle als Werbetexterin, um freiberuflich zu arbeiten. »Da ich keine ›richtige‹ Arbeit habe, versuche ich, meine Verpflichtungen so gering wie möglich zu halten. Ich spiele gern. Meine Zukunft ist voller Möglichkeiten, mir gefällt die Freiheit, die ich habe.«

Vor allem Frauen, die bewußt kinderlos bleiben, neigen dazu, Phantasien vom eigenen Kindsein in die erwachsene Person zu integrieren. Zu dieser Auffassung kommt Carole A. Wilk in ihrem Buch *Career Women and Childbearing*[12] und meint, daß Frauen, die sich nicht entscheiden können, es möglicherweise ablehnen, erwachsen werden zu müssen. Sie kämpfen nicht nur dagegen, das Kind in sich, sondern auch ihre Jugend und ihre Freiheit von Verantwortung aufgeben zu müssen, ja sogar gegen »die Notwendigkeit, sich mit der Endlichkeit des eigenen Lebenszyklus befassen zu müssen«.[13] Es ist interessant, daß einige der zeitlosesten Kinderbücher – wie zum Beispiel *Peter Pan, Alice im Wunderland, Mary Poppins* – von Menschen geschrieben wurden, die keine Kinder hatten. Ein Kind zu bekommen bedeutet, die Kindheit hinter sich zu lassen und wirklich erwachsen zu werden.

Die achtunddreißigjährige Natalie stimmt Wilk zu; sie muß nicht erwachsen werden, da sie keine Kinder hat:

> Kinderhaben zwingt einen, erwachsen zu werden. Dann sind Sie Mami, sind die Erwachsene. Ich sehe, wie eine Freundin nach der anderen festgelegt wird. Etwas in mir möchte wohl nicht erwachsen werden. Ich will ein solches Leben nicht. Ich bin immer noch ein Kind, und das ist schön, auch wenn es für meine Entscheidung gegen Kinder keine Rolle gespielt hat.

Andere hingegen fühlten sich durch den Peter-Pan-Aspekt ihrer Kinderlosigkeit beunruhigt. Barbara konnte nicht in Worte fassen, was sie daran so beunruhigend findet.

Ich habe nie die gleichen Wachstumsphasen durchlaufen wie meine Freundinnen. Das ist nicht realistisch. Alle wollen ewig jung bleiben, aber durch Kinder und ihre Entwicklung wird man älter. Wenn man keine Kinder hat, diese Phasen nicht durchläuft, tritt man lange Zeit auf der Stelle, ohne überhaupt an Altern und Lebensphasen zu denken. Das finde ich nicht gut. Ich weiß nicht genau warum, aber ich finde das nicht gut.

Angst vor Reue

Einige Frauen bereuten nichts, waren aber sehr durch die Frage beunruhigt, ob es ihnen später leid tun wird. »Mache ich einen großen Fehler? Werde ich es eines Tages bereuen?«

Jede Entscheidung kann man eines Tages bereuen. Sobald man eine Entscheidung gefällt hat, bleiben alle anderen Wege, die an dieser Kreuzung möglich waren, für immer im dunkeln. Sie werden nie wissen, wie ihr Leben wäre, wenn sie sich für eine andere Hochschule entschieden, einen anderen Freund geheiratet, einen anderen Beruf ergriffen hätten. Doch Entscheidungen über den Verlauf des Lebens sind nicht ›richtig‹ oder ›falsch‹: Sie führen zu unterschiedlichen Leben, in denen wir bestimmte Erfahrungen machen, gute wie schlechte, und in deren Verlauf wir bestimmte Dinge lernen. Eine Frau mag hin und wieder bedauern, kein Kind zu haben, doch sie wird niemals wissen, ob dieses Kind in dem Moment, wenn sie es am dringendsten gebraucht hätte, ein Segen oder ein Fluch gewesen wäre. So wie eine Mutter nie wissen wird, wie ihr Leben ohne die unwiderrufliche Entscheidung für ein Kind verlaufen wäre, wird auch die kinderfreie Frau niemals die andere Seite ihrer unwiderruflichen Entscheidung kennenlernen.

Janice war immer der Meinung, sie wäre sicher eine schlechte Mutter geworden und ›unkonzentriert, ungeduldig, nachtragend und anmaßend‹ gewesen. Sie sagt, sie habe immer eine ambivalente Einstellung zum Kinderkriegen gehabt: »Es ginge mir bestimmt viel schlechter, wenn ich Kinder bekommen hätte und *das* heute bereuen würde, statt jetzt zu bereuen, daß ich keine habe.«

Tatsächlich bereuen manche Frauen, Mutter geworden zu sein. Bei einer Untersuchung im Jahre 1960 sagten nur drei von hundert Müttern, daß sie es ganz bestimmt *nicht* noch einmal tun würden.[14] Doch als Shirley Radl Anfang der siebziger Jahre für ihr Buch *Mother's Day is Over* zweihundert Mütter interviewte, sagten nur sechs, ihre Mutterrolle erfülle sie wirklich und sie seien für die Aufgabe der Kindererziehung geeignet. Über die überwiegende Mehrheit aller Mütter schrieb Radl:

> Viele Frauen bekamen, wie ich selbst, mit der Zeit den Eindruck, die Vor- und Nachteile der Mutterschaft hielten sich nicht die Waage, sondern daß die guten Seiten der Mutterschaft – die es natürlich gibt, meine Studie will dies in keinster Weise bestreiten – reichten nicht aus, um die Schwierigkeiten und die schlichte Unerfreulichkeit wettzumachen, aus der diese Arbeit zu so großen Teilen besteht.[15]

Radl schrieb auch, die meisten Mütter hätten Freude an ihren Kindern, nicht aber daran, Mutter zu sein.

1975 berichtete die amerikanische Frauenzeitschrift *McCall's*, daß sich jede zehnte Frau kein zweites Mal für Kinder entscheiden würde.[16] 1976 stellte Ann Landers ihrer Leserschaft die gleiche Frage, und von den vielen tausend Antworten, die sie bekam, lehnten unglaubliche siebzig Prozent unumwunden ab: Die Vorteile seien zu gering, die Opfer zu groß. Natürlich waren die Leute, die an Landers schrieben, alles andere als repräsentativ.

Achtzig Prozent waren Frauen, die dieses Thema vermutlich derart aufwühlte, daß sie sich zu einer solchen Antwort gedrängt fühlten.

Wie verhält es sich mit anderen, weniger einseitigen Umfragen? 1978 veröffentlichte die Frauenzeitschrift *Better Homes and Gardens* das Ergebnis einer Studie, wonach jede zehnte Frau lieber kinderfrei wäre.[17] Die Studie *The Motherhood Report: How Women Feel about Being Mothers* befragte 1100 Mütter aller Altersstufen. Jede vierte sagte, Muttersein gefalle ihr grundsätzlich sehr gut, jede fünfte hingegen, Muttersein bereite ihr sehr wenig Freude und habe für sie kaum gute Seiten. Die Mehrheit – fünfundfünfzig Prozent – war äußerst zwiespältig in ihrer Meinung. Die Vorteile der Mutterschaft schnitten zwar geringfügig besser ab, doch »das negiert keinesfalls die immensen Probleme, den Schmerz und den Kummer dieser Rolle«.[18]

Der *Motherhood Report* ergab auch, daß zwar nahezu die Hälfte der Mütter liebevolle und gute Gefühle für ihre Kinder hatten, fünfzehn Prozent jedoch im Grunde nur negative Gefühle für sie empfanden und wenig oder sogar nichts Gutes über sie zu sagen wußten; weitere siebenunddreißig Prozent waren zwiespältig, da sie sowohl negative als auch positive Gefühle für ihre Kinder hatten.[19]

Und wie lautet die Bilanz? Würden sie es noch einmal tun? »Muttersein ist ein Teppich, dessen dunkle Fäden der Belastung und Frustration untrennbar verwoben sind mit den goldenen Strängen der Freude.«[20] Vier Prozent sagten, sie würden es bestimmt kein zweites Mal tun, fünfzehn Prozent waren unschlüssig.

Ellen, die siebenundvierzigjährige Psychotherapeutin, die keine Kinder bekommen kann, will nicht zurückblicken und daran denken, was sie bedauern könnte:

Man kann nicht zurück, also warum sollte man so denken? Ich war, wie ich war, und ich habe bestimmte Entscheidungen getroffen. Ich möchte nicht mit Reue leben. Manchmal fühle ich mich wie Lots Frau: nur nicht umdrehen, sonst erstarre ich zur Salzsäule. Statt dessen blicke ich nach vorn und suche nach Möglichkeiten, zu wachsen, produktiv zu sein und Dinge zu tun, die für mich sinnvoll sind.

In ihrem Buch *Wie meine Mutter* erwähnt Nancy Friday, selbst verheiratet und kinderfrei, eine Psychiaterin, die ihr sagt, sie werde es immer bereuen, keine Kinder zu haben. Friday empfindet sofort Angst, besinnt sich dann jedoch: »Wenn jetzt jemand zu mir von diesem Bereuen sprechen würde, dann würde ich ihm zur Antwort geben, daß ich mich auch nie im Drachenfliegen versuchen oder Präsident der Vereinigten Staaten sein werde. Obwohl beides sicher auch sehr befriedigend ist. Ich habe gelernt, ohne das zu leben.«[21]

Die Carters schreiben in *Sweet Grapes,* daß die, die aktiv Entscheidungen treffen, in aller Regel am wenigsten Bedauern empfinden. Am gefährdetsten sind die ewig Unentschlossenen. Sie unterdrücken ihre Gefühle mitunter jahrelang, meiden das Thema, machen sich nie klar, was Kinderlosigkeit für sie bedeutet, und kommen daher nie an den Punkt, ein anderes Leben zu wollen, es zu planen und die Vorteile genießen zu können. Die Carters dazu: »Entscheidung ist der Anker, der das Abdriften in die Reue verhindert. Nur wenn man eine Entscheidung fällt, wird man ein Leben ohne Kinder begrüßen.«[22]

Als Gegenmittel gegen Reue oder die Angst vor Reue (›antizipatorische Reue‹) sollte man sich aktiv bemühen, fordernde und sinnvolle Ziele anzustreben. Es lähmt nur, klagend in den Niederungen des Bedauerns oder der

Angst vor Bedauern zu verharren. Ein befriedigendes, gut geplantes und ausgefülltes Leben erreicht nur, wer Entscheidungen fällt und zu deren Folgen steht.

Der Schatten des Todes

Die schmerzlichsten Zeiten im Leben einer Frau sind die, in denen geliebte Menschen sterben, vor allem die Eltern oder der Ehepartner. Wenn Vater oder Mutter schwer erkranken, werden sie in der Regel von einer Tochter, und, falls vorhanden, von einer kinderlosen Tochter versorgt. Kinderlose Frauen können solche Zeiten besonders hart treffen, weil sie sich fragen, wer sich eines Tages um sie kümmern wird. Der Tod des Vaters oder der Mutter löst in der kinderlosen Tochter Gedanken an ihre eigene Sterblichkeit und ihr eigenes Erwachsensein aus, da sie nun ohne dieses Elternteil zurechtkommen muß – aber auch Gedanken daran, daß sie ihre Familie nicht fortführt.

Am schwersten zu verkraften aber ist sicher der Tod des Ehemannes oder des Lebensgefährten bzw. der Lebensgefährtin. Heute überleben vier von fünf Frauen ihren Partner um sechzehn Jahre. Kinderlose Ehefrauen kann dies besonders hart treffen, da in solchen Ehen die Abhängigkeit voneinander und die Nähe zueinander besonders ausgeprägt sind. Frauen mit Kindern haben eine Stütze, die den unmittelbaren Schmerz, die Einsamkeit des Todes und der Beisetzung überstehen hilft, auch wenn Witwen kurz darauf zumeist auf sich gestellt sind. Erwachsene Kinder müssen zu ihrer Familie und ihrem Beruf zurückkehren. Gesellschaft und Zuspruch finden Witwen häufig bei anderen Witwen. Frauen, die, ob mit Kindern oder ohne, Zeit ihres Lebens Kontakte geknüpft haben – was ledigen Frauen übrigens am leichtesten fällt –, kommen am besten zurecht und bekommen die größte Unterstützung, da sie solche Kontakte auch nach dem Tod ihres Mannes beibehalten.

Zeiten des Todes bedeuten zwingend Trauer, Schwermut und Verletzlichkeit. Drei der Frauen, die ich interviewte, begannen zu weinen. Sie erzählten, daß es rund um sie so etwas wie eine Woge des Sterbens gegeben habe, durch die sie zum erstenmal erlebten, wie lastend der Schatten des Todes sein kann. Keine der drei war verwitwet, alle waren sogar verheiratet. Doch angesichts des Sterbens, das sie umgab, belastete sie ihre Kinderlosigkeit zum erstenmal im Leben.

Barbara litt viele Jahre unter Endometriose, und sie konnte kein Kind adoptieren, weil sie und ihr Mann verschiedenen Religionen angehören.

> Als ich sechsunddreißig war, hörten die Blutungen endlich auf, und mir wurde klar, daß ich nie Kinder bekommen würde. Aber deswegen ging für mich die Welt nicht unter, vor allem nicht, weil endlich mit diesen furchtbaren Blutungen Schluß war. Ich habe nicht geweint, gefühlsmäßig tat sich nicht viel.
> Ich dachte jahrelang nicht daran. Ich war zu beschäftigt.

Sie leitete das Familiengeschäft – ihr Vater war gestorben und ihre beiden Brüder lebten sehr weit weg – sie fuhr drei- bis viermal im Jahr in Urlaub (»Wir verreisen oft! Hawaii, die Karibik, Kreuzfahrten und so. Manchmal eine Woche lang, manchmal zwei!«), hatte im Ferienhaus der Familie Freunde und Familienangehörige zu Besuch, war ständig unterwegs, weil sie bei mehreren sozialen Organisationen aktiv ist und nahezu jeden Abend essen geht (sie kocht nie, weil sie es haßt!).

Dann verunglückte ihr Schwager tödlich, und seine Witwe zog mit ihren drei Kindern wieder in die Stadt.

Sie begann eine Ausbildung, und Barbara half ihr, die Kinder zu versorgen. Als nächstes starb ihr Schwiegervater. »Plötzlich mußten wir uns um zwei Mütter und drei Kinder kümmern, seither habe ich nie mehr daran gedacht, ein Kind zu bekommen.«

Ihre Mutter wurde schwächer, schließlich hatte sie einen Herzanfall, der fast tödlich verlaufen wäre. Sie brauchte rund um die Uhr Pflege, was sich die Familie zum Glück leisten konnte. Barbara organisierte eine entsprechende Unterbringung, besuchte sie aber fünf Jahre lang jeden Tag. Dann erlitt ihre Mutter einen Schlaganfall und wurde beatmet, obwohl dies gegen ihren Wunsch war. »Ich kann Ihnen nicht sagen, was ich damals durchmachte. Sie war nahezu völlig hirntot, und ich verbrachte einen ganzen Monat mit der qualvollen Aufgabe, eine gerichtliche Verfügung zu erlangen, damit die Klinik die Geräte abstellt.«

Kurz nach dem Tod ihrer Mutter starb ganz unerwartet ihr Bruder auf einer Hongkongreise. Barbara war damals seit zwanzig Jahren verheiratet, doch fast alle Blutsverwandten waren jetzt tot – zu einem zehn Jahre älteren Bruder, der sehr weit entfernt lebt, hat sie kaum Kontakt.

> Der Tod meines Bruders war eine weitere Tortur. Der Rücktransport der Leiche dauerte drei Wochen, und jetzt muß ich ständig an Blutsverwandte denken. Ich weiß, das ist selbstsüchtig von mir, aber auf wen kann ich mich sonst verlassen? Wer wird sich für die Erbstücke interessieren, die seit neun Generationen in der Familie sind, wie der Quilt meiner Ururgroßmutter? Die Kinder meines Bruders interessieren sich nicht dafür. Ich weiß, ich sollte mir wegen solcher Dinge keine Sorgen machen, aber ich tue es.
> Ich sorge mich, wer bei mir sein wird, falls ich krank werde; wer sich um alles kümmern wird. Wer wird sagen: »Sie muß in ein Pflegeheim«? Am meisten beschäftigt mich die Sache mit den Blutsverwandten.

Wenn ich überlege, wie mein Leben verlief, haben mir Kinder gefehlt? Nein. Ich habe eine enge Beziehung zu den Kindern meiner besten Freunde, sie nennen mich Tante, sie feiern ihre Geburtstage immer in unserem Sommerhaus. Wir haben in der Stadt Nichten und Neffen von der Seite meines Mannes und finden es wichtig, daß mein Mann eine enge Beziehung zu ihnen behält. Seit meiner Kindheit kommt meine beste Freundin, die Jüdin ist, an den Feiertagen, um mit mir den Baum zu holen und über den Engel an der Spitze zu streiten. Ich bin die Patin ihrer Kinder.

Und wir haben immer schöne Sachen gemacht, hatten zwei Häuser, Boote, wir sind Mitglieder im Country Club und im Yachtclub, wir essen jeden Abend im Restaurant, fahren viel in Urlaub; wir mußten nie sparen oder Opfer bringen.

Aber gerade jetzt bin ich in einer Krise. Sie haben mich zu einem schlechten Zeitpunkt erwischt.

Was mir daran leid tut, keine Kinder zu haben? Bisher war das Bedauern kaum mehr als ein Glimmen, aber in letzter Zeit ist es stärker geworden. Ich denke, es wird vorübergehen, aber im Moment macht es mir Sorgen.

Als ich mit der achtundsechzigjährigen Dorothy sprach, durchlebte sie gerade eine ähnliche Zeit. Sie hat mit dreiundzwanzig geheiratet und weiß bis heute nicht, warum sie nicht schwanger geworden ist. Als sie mit Mitte dreißig ein Diaphragma wollte, lachte ihr Arzt sie aus. Sie hat sich gegen Kinder entschieden.

Ich wollte wirklich gern Kinder, aber ich habe gelernt, ohne sie zu leben. Das ist wohl das Leben, das Gott für mich bestimmt hat. Nun gut. Erledigt. Ich erinnere mich, daß andere Paare uns sagten, wir wüßten gar nicht, wie gut wir es haben. Als ich vierzig, fünfzig, sechzig war, dachte ich kaum daran. Es ging uns wunderbar, wir konnten vieles tun, was sich unsere Freunde nicht leisten konnten, weil sie das Geld für die Kinder brauchten.

Aber in den letzten Jahren starben sowohl ihre Eltern als auch ihre engsten Freunde. Nun macht es sie mitunter schwermütig, daß sie keine Kinder und Enkel hat.

> Das Schmerzlichste daran, kein Kind zu haben, ist der Gedanke an die Zukunft. In meinem Alter ist die Gegenwart die Zukunft. Es ist die Zeit im Leben, in der die eigenen Kinder und Enkel das Wichtigste sind, alle haben Kinder und Enkel, wir haben nur uns.

Aber Dorothy hat alle Kinder ihrer Freunde und Freundinnen ins Herz geschlossen. Die Fotos dieser Kinder stehen gerahmt auf ihrem Fernseher, und sie verbringt viele Stunden damit, für sie Regenbogenbilder, Federmäppchen, ja sogar Mustertücher zu sticken.

> Ich liebe Kinder. Wirklich. Ich schaue diese Babys an und sehe jemand anderen in ihnen. Aber uns wird es nicht geben – so ist es, und das belastet mich. Was wird zum Beispiel mit all unseren Fotos geschehen?

Nach dem überraschenden Tod ihrer Schwägerin fühlte sich auch die dreiundvierzigjährige Gail sehr verletzlich. Plötzlich dachte sie daran, daß sie sterblich und ihr Leben halb vorüber ist. Zum erstenmal seit zwanzig Jahren kämpft sie mit den ›Altlasten‹ ihrer Entscheidung und denkt darüber nach, wie sie ihr restliches Leben verbringen möchte. Sie wird vielleicht in eine andere Gegend ziehen, vielleicht ihren Beruf wechseln. Sie muß jetzt, wie sie sagt, den Verlust bearbeiten, um den sie nie getrauert hat, und ihr Leben aktiv gestalten. Sie weiß, daß sie am Beginn einer wichtigen Veränderung in ihrem Leben steht.

> Jetzt sehe ich plötzlich überall Tod, höre auch viel mehr davon. Durch die Veränderungen um dich herum nimmt ein Gefühl von Verlust immer mehr zu, es wirft ein grelles Licht auf alles, was man im Leben nicht gemacht hat.

> Dieses ganze Zeug ist Thema der zweiten Lebenshälfte, und entweder geht man es auf positive Weise an, oder es macht einen fertig. Man muß auf sich aufpassen – seelisch und körperlich. Es kann jede Minute vorbei sein.

Was aber, wenn es nicht vorbei ist? Was, wenn man sehr alt wird? Wie furchterregend und wie einsam ist ein Alter ohne Kinder?

Fünfzehntes Kapitel

Nach vorn blicken und älter werden

> Der Gedanke an eine Zukunft ohne Kinder macht mir Sorgen. Was wird, falls mein Mann vor mir stirbt? Ich habe keine Geschwister, also werde ich ganz allein sein, was Familie angeht. *Tammy, 41*

> An meiner Kinderlosigkeit bedauere ich, daß ich im Alter allein sein werde. Meine Familie ist sehr klein, und hin und wieder stelle ich mir vor, wie es wäre, wenn ich im Alter Kinder hätte. Ich frage mich, ob sie mir fehlen werden. *Louise, 42*

Es gibt, wie wir sahen, viele Gründe, keine Kinder zu bekommen. Wir haben uns mit den Unterschieden zwischen Frauen mit Kindern und Frauen ohne Kinder befaßt und die möglichen psychischen Probleme von Frauen untersucht, die am Anfang der Wechseljahre mit der endgültigen Kinderlosigkeit fertig werden müssen. Wir haben beide Lebensentscheidungen sowie die damit verbundenen Höhen und Tiefen beleuchtet. Wie aber verändern sich die Gefühle und Gedanken einer kinderlosen/kinderfreien Frau, wenn sie älter wird – verändert sich überhaupt etwas? Werden einige Probleme drängender? Werden andere weniger wichtig und verschwinden schließlich ganz? Dieses Kapitel befaßt sich mit den mittleren und späten Lebensjahren.

Wie schon gesagt, verliert das Thema Kinder für Frauen mit zunehmendem Alter an Bedeutung. Ist die Lebensmitte einmal erreicht, unterscheiden sich die kinderlosen nicht mehr so sehr von anderen Frauen. Bei Freundinnen und Kolleginnen dreht sich nicht mehr alles um Kinder, Bekannte fragen seltener, wann sie eine Familie gründen werden. Louise war froh, daß diese neugierigen Fragen aufhörten:

> Zwischen dreißig und vierzig wurde ich oft gefragt, ob ich Kinder habe. Jetzt bin ich zweiundvierzig, und die Leute sind nicht mehr so neugierig.

Karen, fünfundvierzig, verheiratet und kinderfrei, sagt dazu:

> Eins hat mir besonders gut am Vierzigwerden gefallen: Endlich glaubte man mir, daß ich kein Interesse an eigenen Kindern habe. Die Fragen haben endlich aufgehört.

Die gelegentlich auftretenden, nagenden Zweifel hören schließlich auf, an ihre Stelle tritt die Akzeptanz sowie die Erkenntnis, daß man nicht alles haben kann, aber alles in das stecken kann, wofür man sich entschieden hat.

Frauen, für die der Beruf wichtig ist, haben sich etabliert und sind in aller Regel erfolgreich. Die Karriere muß nicht mehr im Vordergrund stehen, man kann sich entschließen, beruflich kürzerzutreten. Diese Jahre in der Lebensmitte sind für viele Frauen eine Zeit, in der sie ihr bisheriges Leben kritisch überprüfen. Die dreiundvierzigjährige Gail zum Beispiel stand zum Zeitpunkt unseres Gesprächs am Beginn einer Veränderung und versuchte zu entscheiden, welche Ziele sie in der zweiten Lebenshälfte anstreben wollte. Cathy, einundvierzig, war in ihrem neuen Beruf als Sanitäterin schon erfolgreich. Die fünfzigjährige Ilene und die fünf Jahre jüngere Ann waren aus hochkarätigen Karrieren ›ausgestiegen‹ und hatten ein weniger anstrengendes, ausgeglicheneres Leben gewählt. Janet, fünfundvierzig, die nach Beendigung der Universität zwanzig Jahre lang ganztags arbeitete, hatte gerade gekündigt, um ein Jahr lang in Ruhe über Alternativen nachzudenken. Randy hingegen, fünfzig Jahre alt und verwitwet, hatte diesen Wandel, der vor acht Jahren mit dem unerwarteten Tod ihres Mannes begann, bereits hinter sich. Zum erstenmal in ihrem Leben steckte sie ihre ganze Kraft in ihren Beruf und strahlt vor Zufriedenheit. Als Herausgeberin einer Zeitschrift und Expertin auf ihrem Gebiet wird sie häufig in nationalen Veröffentlichungen zitiert und zu Vorträgen im ganzen Land eingeladen. Fran hat gerade Manhattan verlassen, wo sie dreißig Jahre lang Börsenmaklerin war, und fängt nun mit vierundfünfzig an der Westküste ein neues Leben an. Betsy, siebenundfünfzig und schon als junge Frau gezielt kinderfrei, genießt seit über zehn Jahren ihre Frühpensionierung.

Zugleich aber sind die Eltern älter und hinfälliger geworden. Töchter in den mittleren Lebensjahren kümmern sich zunehmend um ihre Eltern. Die schrittweise Umkehrung der Versorgung zwischen den Generationen löst bei kinderlosen Frauen zwangsläufig Gedanken an das eigene Alter sowie die damit verbundene Frage aus, wer das eines Tages für sie tun wird. Doch die Frauen lassen sich von solchen Gedanken nicht ängstigen, sondern nehmen sie zum Anlaß, Vorkehrungen für das eigene Alter zu treffen. Janice ist zwar erst vierundvierzig, weiß aber schon jetzt, daß sie ihr Alter nicht in der Stadt verbringen möchte, in der sie jetzt arbeitet:

Ich möchte nicht mein Leben lang hier bleiben, aber ich möchte den überwiegenden Teil meines Lebens an einem Ort verbringen, wo auch immer das sein mag. Ich werde mit dem Umzug nicht bis zu meiner Pensionierung warten – dann müßte ich die Menschen verlassen, die mir wichtig sind.
Daher überlegen mein Mann und ich jetzt, wo wir leben wollen. Ich will sichergehen, daß ich noch mindestens fünfzehn aktive Jahre am gleichen Ort habe. Wir werden bestimmt im nächsten oder übernächsten Jahr umziehen.

Solche Überlegungen sind Ausgangspunkt für Pläne und einschneidende Veränderungen, doch die meisten Frauen in den mittleren Jahren waren optimistischer und freuten sich an dem, was sie hatten. Es gibt zwar nahezu keine Untersuchungen über die Befindlichkeit von Kinderlosen in diesem Lebensabschnitt, aber die wenigen vorhandenen belegen, daß sie ebenso glücklich sind wie Eltern. So ergab die Befragung von zweiundsiebzig Verheirateten im Alter zwischen fünfundvierzig und neunundfünfzig, daß kinderlose Paare mit ihrem Leben ebenso zufrieden sind wie Eltern, deren Kinder das Haus verlassen haben. Die Studie kommt zu dem Ergebnis: »Da Kinderlose und Paare mit erwachsenen Kindern mit ihrem Leben gleichermaßen zufrieden sind, kann als sicher gelten, daß Elternschaft für ein glückliches Leben in den mittleren Lebensjahren nicht unabdingbar ist.«[1] Die Kinderlosen – die Studie machte keinen Unterschied zwischen gewählter und nicht gewählter Kinderlosigkeit – waren allerdings etwas weniger zufrieden damit, keine Kinder zu haben, als Eltern damit, Kinder zu haben. Die Autoren betonen, sie seien mit ihrem Zustand nicht *unzufrieden*, sondern *weniger* zufrieden, was vermutlich daran liegt, daß zu den Befragten Paare gehörten, die gern Kinder gehabt hätten, aber nicht bekommen konnten.

Eine andere kleine Studie untersuchte sechs kinderfreie Paare zwischen achtunddreißig und fünfundsechzig, die sich schon vor der Heirat gegen Kinder entschieden hatten. Diese Paare fragten sich zwar, wie ihr Alter sein würde, hatten aber Freude an ihrem Leben und genossen Flexibilität, Mobilität und Berufsleben in vollen Zügen. Zu dem Gefühl von Zufriedenheit trug bei, daß sie durch ihre Haustiere, ihren Beruf und/oder ehrenamtliche Arbeit ›generativ‹ waren.[2]

Aber in der Lebensmitte ist man noch gesund und führt ein aktives, vielfältiges gesellschaftliches und berufliches Leben. Was geschieht nach der Pensionierung, wenn die Gesundheit nachläßt? Sind die Ängste mancher Frauen gerechtfertigt, daß ihre Reue mit den Jahren stärker werden wird?

Alter

> Natürlich mache ich mir Sorgen, wie es sein wird, wenn ich einmal Witwe bin, aber nicht deshalb, weil ich keine Kinder habe. Soweit ich sehen kann, macht das keinen Unterschied.

Das sagt Dolores, fünfundsechzig, seit langem verheiratet und kinderfrei. Mit zunehmendem Alter scheint die Angst, im Alter Reue zu empfinden, Frauen immer weniger zu beunruhigen, vielleicht weil sie meinen, daß sie schon alt sind und Kinder keine Rolle spielen. Carol, zweiundneunzig, ist seit dreiundfünfzig Jahren verheiratet. Sie hat erlebt, wie die Kinder ihrer Freunde und Freundinnen selbst älter wurden und ihren Eltern weder Stütze noch Hilfe waren. Sie hat nie mit Kindern gerechnet und sich immer entsprechend verhalten. Mit ihren Worten: »Man muß sich Mühe geben und planen.«

Clara ist vierundachtzig, verwitwet und hat aus medizinischen Gründen keine Kinder. Sie sagt, sie hätte gern Kinder gehabt, sei aber deswegen nicht verbittert.

> Ich mache mir keine Sorgen über das Älterwerden. Man muß den Blick nach vorne richten und nicht über alles mögliche nachgrübeln. Ich bin sicher, daß mein Leben so für mich schwerer war, ich hätte alles für ein Kind gegeben, aber Gott hat mir wundervolle Freunde und Verwandte geschenkt. Wie sie zu mir halten ist großartig. Wenn Sie zulassen, daß Ihnen das unter die Haut geht, wird es Sie wirklich schmerzen, man muß es akzeptieren und darüberstehen. Man muß lesen, aktiv sein, sich für andere Menschen interessieren, helfen, wo man kann, und nicht an sich selbst denken. Man darf nicht um sich selbst kreisen, das ist alles.

Ruth, fünfundachtzig, ebenfalls verwitwet und ungewollt kinderlos, lebt in einem Pflegeheim. Auch sie beurteilt ihr Leben mehr nach dem, was sie *hatte*, als was sie *nicht* hatte.

> Daß ich keine Kinder habe, beschäftigt mich nicht mehr. Ein Mann hier wird langsam blind, ein anderer hatte einen Schlaganfall, eine Frau hat keine Beine mehr. Man muß zufrieden sein. Man sieht immer jemand, dem es schlechter geht als einem selbst. Kinder hätten nichts geändert.

Von zweiunddreißig Frauen über fünfzig machte sich nur *eine* Sorgen, wie es ihr im Alter ergehen würde: Dorothy, die im letzten Kapitel davon sprach, daß sie in jüngerer Zeit durch eine Reihe von Todesfällen tief erschüttert wurde. Die meisten älteren Frauen lebten umgeben von Altersgenossinnen, sei es in einer Altenwohnanlage, sei es in der Gegend, in der sie ihr ganzes Leben verbracht haben. Sie hatten nicht den Eindruck, daß die Kinder ihrer Nachbarn viel zur Zufriedenheit ihrer Eltern beitrügen. Ob das tatsächlich so ist oder nicht (wir werden noch sehen, daß sie zum Teil recht haben), ist weniger wichtig als der Umstand, daß sie sich wegen ihrer Kinderlosigkeit keineswegs anders oder benachteiligt fühlen. Es geht nicht so sehr um die sprichwörtlichen sauren Trauben als vielmehr um die aufrichtige Beobachtung, daß es ihren Freundinnen nicht allein deshalb besser ging, weil sie Kinder hatten.

Edith, zweiundachtzig und seit etwa sechzig Jahren geschieden, lebt in einer Altenwohnanlage in Florida.

> Ich glaube, wenn man älter wird, ist es egal, ob man Kinder hat oder nicht. Ich sehe hier Frauen, die allein sind. Sie haben Kinder, aber du liebe Güte, die leben ihr eigenes Leben. Man kann von Kindern nicht erwarten, daß sie ihr eigenes Leben aufgeben, um die Eltern zu versorgen. Hier wohnt eine kranke Frau, ihre Tochter lebt in New York. Ich muß die Frau jeden Tag anrufen, um sicherzugehen, daß alles in Ordnung ist. Sie ist einsamer als ich, denn sie weiß, daß sie Kinder hat und daß die sich nicht um sie kümmern. Ihre Tochter ruft an und sagt, »Hallo, Mutti, wie geht's? Ich habe so viel zu tun, es ist zum Verrücktwerden.« Ich glaube, Frauen mit Kindern würden nicht ehrlich zugeben, wenn sie sehr einsam sind.

Phyllis, sechsundsiebzig, nie verheiratet, lebt in einem Altenheim im Staat New York. Sie denkt ähnlich:

> Ich erlebe hier viel Bitterkeit unter den Menschen, vor allem bei älteren Frauen, die meinen, sie hätten ihr Leben lang alles für ihre Kinder getan, und jetzt sind sie nicht da für sie. So sehe ich das.

Ältere Menschen haben jedoch häufig Kontakt mit ihren erwachsenen Kindern – etwa fünfundsiebzig Prozent sehen eines ihrer Kinder mindestens einmal wöchentlich. Verschiedene Studien belegen allerdings, daß der Kontakt, den ein betagter Elternteil zu den erwachsenen Kindern unterhält, selten oder nie etwas damit zu tun hat, wie er/sie sich fühlt. Alte Leute berichten, der Kontakt zu Gleichaltrigen sei für sie von größerer Bedeutung.[3] Wenn Kinderlose idealisierte Phantasien hegen, wie ihr Leben mit erwachsenen Kindern und Enkelkindern wäre, sollten sie bedenken, daß, so Familiensoziologen, ältere Menschen den Kontakt zwischen den Generationen sehr häufig als ›nicht angenehm oder befriedigend‹ empfinden.

> Ältere Menschen, die meinten, zu ihren Kindern eine enge Beziehung zu haben, fühlen sich oft vernachlässigt und sind enttäuscht... Häufig wird das Verhältnis zwischen den Generationen durch Faktoren wie divergierende Wertvorstellungen oder Abhängigkeit der Eltern überschattet, was bei den Kindern Verärgerung auslöst.
> Ältere Menschen können zwar durchaus auf Erfolge und Taten ihrer Kinder und Enkelkinder stolz sein und erleben, daß etwas von deren Glanz auf sie abfällt, ebenso wahrscheinlich aber ist, daß die Identifikation mit ihren Nachkommen Anlaß zu Scham und Verlegenheit ist und daß viel von deren Schmerz auf sie abfällt.[4]

Aufgrund einer Auswertung von sechs nationalen Befragungen, bei denen sich insgesamt 2365 Menschen über fünfzig zu ihrer persönlichen Zufriedenheit äußerten, kamen ForscherInnen zu dem Schluß, es deute »wenig darauf hin, daß Elternschaft im Alter wesentliche psychologische Vorteile mit sich bringt... offenbar haben Kinder auf das durchschnittliche psychologische Wohlbefinden älterer Amerikaner nahezu keinen Einfluß.«[5]

Doch wie erfreulich oder befriedigend die Beziehung zu erwachsenen Kindern auch sein mag, alle Daten bestätigen GerontologInnen darin, daß »Kinder siebzig bis achtzig Prozent der emotionalen, gesundheitlichen und sozialen Bedürfnisse ihrer betagten Eltern erfüllen«.[6]

Aber jeder fünfte ältere Mensch hat keine Kinder, jeder zehnte keinerlei Kontakt mehr zu den eigenen Kindern.[7] Das bedeutet, daß jeder dritte ältere Mensch ohne Verbindung zu eigenen Kindern und ohne deren Hilfe lebt.

Als Schattenseiten eines Alters ohne Kinder werten ExpertInnen, daß diese Menschen mit größerer Wahrscheinlichkeit vereinsamen und Hilfsdienste in Anspruch nehmen müssen. Kinderlosen Frauen fehlt ohne die Rolle als Mutter und Großmutter nicht nur eine wichtige mögliche Stütze, sondern auch eine Funktion, die zu ihrer sozialen Identität und ihrem Selbstwertgefühl beitragen könnte.

Kinderlosigkeit birgt auch die Gefahr größerer sozialer Isolation (das heißt kein unmittelbarer Kontakt zu Verwandten und/oder Bekannten/Freunden), vor allem, wenn die Gesundheit nachläßt. Forschungsresultate darüber, ob *gesunde* kinderlose Frauen mehr oder weniger Kontakt zu Bekannten und Nachbarn haben, gehen auseinander (statistisch haben unverheiratete Frauen die meisten, verheiratete Frauen ohne Kinder die wenigstens Kontakte), die Daten deuten jedoch darauf hin, daß Eltern mehr Kontakte haben. Frauen ohne Kinder, die nicht gesund sind und/oder aus der Arbeiterschicht stammen, sind eindeutig stärker isoliert.[8] Generell sind Frauen ohne Kinder jedoch zum einen finanziell besser gestellt und zum anderen auch gesünder.[9]

Auf der Habenseite ist zu verbuchen, daß betagte Kinderlose, vor allem Frauen, meist nicht bedürftig oder benachteiligt sind. Die Soziologin Pat Keith schrieb 1989 in ihrem Buch *The Unmarried in Later Life:* »Kinderlosigkeit bringt fast keine Nachteile mit sich.«[10] Was daran liegt, daß diese Frauen ihr Leben lang nichtfamiliäre Beziehungen gepflegt und sich so »einen Freundeskreis geschaffen haben, der auf ähnliche (wenn auch offensichtlich andere) Weise zu ihrer Lebensqualität beiträgt wie Kinder zu der ihrer Eltern.«[11]

Kinderlose Senioren sind zwar in höherem Maße von sozialer Isolierung betroffen, was aber nicht bedeutet, so Keith, daß sie sich unzufrieden, bedürftig oder benachteiligt fühlen. Sie befragte 1674 unverheiratete ältere Frauen (zwischen dreiundfünfzig und dreiundsiebzig) und kam zu dem Ergebnis, daß mehr kinderlose Frauen allein und isoliert lebten als Mütter, daß sie mit ihren sozialen Kontakten jedoch ebenso glücklich und zufrieden waren wie verwitwete und geschiedene Mütter.[12] Dem pflichtet Timothy Baker in seinem Buch *Later Life Families* bei:

> Generell leben kinderlose Senioren isolierter als ältere Menschen mit Kindern, aber sie sind nicht einsamer und haben mit gleicher Wahrscheinlichkeit eine Vertrauensperson. Kinderlose alte Menschen knüpfen offenbar ein soziales Netz aus Freunden und Verwandten, denen sie vertrauen, auch wenn sie mit ihnen nicht so häufig Kontakt haben.[13]

Auch die *Anzahl* der Freunde ist nicht entscheidend dafür, wie gut es älteren Menschen geht. Am wichtigsten sei, so die Gerontologen, daß er/sie *mindestens* einen Vertrauten bzw. eine Vertraute hat. »Schon eine einzige enge persönliche Beziehung ist für kinderlose ältere Frauen von größter Bedeutung und hat wichtige Auswirkungen«, schreiben zwei Wissenschaftlerinnen von der Ohio University.[14]

Obwohl Eltern *mehr* Freunde hatten, kam eine andere Forscherin zu folgendem Ergebnis:

> Kinderlose ältere Menschen fühlen sich heute ebenso wohl wie ältere Menschen mit Kindern, mitunter sogar wohler. Daß Kinderlose mit ihrem Leben ebenso zufrieden sein können, läßt zwei unterschiedliche Vermutun-

gen zu: Entweder haben Kinder keinen entscheidenden Einfluß auf das Lebensglück, oder es gelang den Kinderlosen, wirkungsvolle Alternativen zu den Vorteilen zu finden, die Eltern durch ihre Kinder haben.[15]

Eine Studie über Einstellungen und Zufriedenheit von 719 Frauen zwischen sechzig und fünfundsiebzig Jahren kam ebenfalls zu dem Ergebnis, daß sich kinderlose Frauen in aller Regel Alternativen zum Familienkreis geschaffen hatten und mit ihrer Kinderlosigkeit zufrieden waren. Diese Frauen sprachen über die Vorteile eines kinderfreien Lebens wie Mütter über die Vorteile, Kinder zu haben. Die drei Forscherinnen dazu:

> Ohne Zweifel... entsprachen die kinderlosen alten Frauen in dieser Studie... nicht dem klassischen Bild der unzufriedenen, unglücklichen Frau. Sie sahen vielmehr, wie auch die befragten Eltern, in ihrer Lebensweise gewisse Vorteile. Jede Gruppe schätzte die angenehmen Seiten des eigenen Lebensstils und sah Nachteile bei den anderen.[16]

Wichtig im Alter ist ein Netz sozialer Beziehungen, und wenn ältere Menschen keine Kinder haben, die ein solches Netzwerk bilden könnten, wenden sich die Unverheirateten (auch die Verwitweten) in der Regel zunächst an ihre Geschwister, dann an Nichten und Neffen, schließlich an Freunde und Freundinnen.[17] Die einundsiebzigjährige Charlotte findet emotionale Geborgenheit bei ihren beiden älteren Schwestern. Sylvia, zweiundsiebzig, spricht täglich mit ihren Nichten, vor allem, seit deren Mutter – Sylvias Schwester – vor zehn Jahren starb. Iris ist siebenundsiebzig, verwitwet und unterhält sehr enge Freundschaften zu der Schwester ihres Mannes und zu drei Freundinnen, die in der Nähe wohnen. Ruth ist fünfundachtzig, ihre größte Freude ist der Sohn ihres Bruders. Er besucht sie einmal wöchentlich und kümmert sich um ihre geschäftlichen Angelegenheiten. Solche engen Beziehungen – ob zu Verwandten oder zu Freunden – helfen, die Belastungen und Krankheiten des Alters zu mildern.[18]

Der wichtigste Vertraute einer Ehefrau ist in aller Regel ihr Mann, manchmal unter Ausschluß anderer wichtiger sozialer Kontakte. Zwei Soziologinnen führten 1989 eine Untersuchung mit 2 194 älteren Ehepaaren mit und ohne Kinder durch. Sie kamen zu dem Ergebnis, daß verheiratete Kinderlose zwar weniger soziale Kontakte und enge Freunde hatten, ihre Ehen aber meist enger und vertrauter waren als die von Paaren mit Kindern. »Bei den (verheirateten) Kinderlosen werden lockere Kontakte zu Nachbarn und Freunden durch eine enge eheliche Beziehung ergänzt.«[19]

Und tatsächlich betonen viele Frauen, die mit mir sprachen (wie auch die Frauen, die Diana Burgwyns in *Marriage Without Children* zitiert), wie eng und glücklich ihre Ehe sei. Viele sagten, ihr Mann sei ihr bester Freund und befriedige all ihre emotionalen Bedürfnisse. Sylvia dazu:

> Ich brauchte nie Hilfe, weil ich keine Kinder bekommen habe. Sie müssen verstehen, was für ein Mensch mein Mann ist – ich brauchte keine Hilfe von außen. Wir verbringen soviel Zeit miteinander wie möglich. Wir haben ähnliche Interessen. Ich glaube, im Alter macht es keinen Unterschied, ob man Kinder hat oder nicht, so wie die Welt heute ist. Ich bin sehr glücklich mit dem Leben, das ich mit meinem Mann hatte und habe. Unsere Beziehung ist ungewöhnlich, vielleicht liegt es daran, daß wir keine Kinder haben. Ich weiß es nicht.

Es kann sogar gefährlich werden, wenn verheiratete kinderlose Frauen ihrem Mann übermäßig viel Zeit und Kraft widmen und außergewöhnlich eng mit ihm verbunden sind. Die Gefahr liegt darin, daß sie im Fall seines Todes nicht so gut wie andere Frauen darauf vorbereitet sind, den Schmerz dieses Verlustes durch andere Beziehungen zu mildern, und daß sie im Vergleich zu Frauen, die nie geheiratet haben, auch länger trauern.

»Frauen, die nie verheiratet waren, haben ihren Platz in einer Welt gefunden, in der sie allein sind, und erleben Alleinsein nicht so stark als Verlust, wie Witwen es tun«, schreibt die Sozialarbeiterin/Gerontologin Susan Rice im *Journal of Gerontological Social Work.* Sie verglich dreißig Frauen, die immer ledig gewesen waren, mit kinderlosen Witwen, und fand heraus, daß die Unverheirateten mit ihrem Leben durchgehend zufriedener waren als die Witwen, obwohl diese ein höheres Maß an sozialer Unterstützung hatten. Dies mag unter anderem daran liegen, daß doppelt so viele Ledige berufstätig gewesen waren, was vermutlich Selbstwertgefühl und Lebensqualität steigerte. Eine frühere Studie belegte, daß Mütter und Frauen, die nie geheiratet hatten, gleichermaßen zufrieden sind. Die WissenschaftlerInnen sahen darin den Beweis, daß Ledige durch einen sinnvollen Beruf ebensoviel Bestätigung bekommen wie Mütter durch Ehe und Kinder.[20] Rice hingegen vermutet, die Ledigen seien zufriedener, weil ihr Leben und ihre soziale Rolle konstant geblieben waren; Witwen hingegen mußten nach dem Tod ihres Mannes mit drastischen Rollenveränderungen fertig werden.

»Frauen, die nie verheiratet waren, haben es in gewisser Weise leichter, da sie ihr Leben lang alleinstehend waren«, sagt Rice. Es geht ihnen auch deswegen besser, weil sie aufgrund ihrer verschiedenen Rollen mit anderen ›verbundener‹ sind, und »die Unverheirateten hatten es offenbar besser verstanden, die ihnen offenstehenden Möglichkeiten zu nutzen«.[21]

Die einundsechzigjährige Tänzerin Pamela sagt dazu:

> Es gibt etwas, das Sie lernen, wenn Sie allein leben, wenn Sie für sich selbst verantwortlich sind und mit sich verantwortungsvoll umgehen. Sie gewinnen an Stärke, die Sie durch Ehe und Kinder nicht bekämen. Sie erlangen eine Art Freude, ohne schwermütig oder bitter zu sein, die es Ihnen ermöglicht, zu tun, was Sie wollen und wann Sie es wollen. Das hat nichts mit Hemmungslosigkeit zu tun, aber es ist wichtig, manchmal sogar eine Art Ekstase, die in Momenten etwas von Erleuchtung hat. Es lohnt sich. Ich mag es.

Das Entscheidende, so Rice, sind ein Gefühl von Verbundenheit mit anderen Menschen und enge Bindungen an Freunde oder Familienangehörige, das heißt: ein soziales Netz. Wie Karen Lindsey in *Friends As Family* schreibt, kann ein derartiges Netz am Arbeitsplatz, in der Nachbarschaft, in sozialen und religiösen Organisationen entstehen.

Alleinsein ist nicht unbedingt Einsamkeit; Isolation nicht das gleiche wie Verzweiflung. Es wird immer deutlicher, daß familienähnliche Beziehungsgeflechte, auch wenn sie im Laufe unseres Lebens fließend sind und sich verändern, für unsere soziale Identität und unser Wohlbefinden wichtig sind. »Solche Ersatzfamilien, die durch äußere Umstände oder eigene Wahl entstehen, können die leibliche Familie ersetzen oder ergänzen. Sie können auch, und zwar häufig, als legitime Wahlverwandtschaften ganz getrennt von der tatsächlichen Familie fungieren«, schreibt Cheryl Mercer, Autorin des Buches *Grown-Ups: A Generation in Search of Adulthood.*[22] Wenn die Familienmitglieder geographisch weit verstreut leben und/oder durch Scheidungen und neue Ehen voneinander getrennt und entfremdet sind, bekommen viele Frauen, ob sie Kinder haben oder nicht, die entscheidende soziale Unterstützung immer häufiger von Nachbarn und von ihrem Freundeskreis.

Marjory Stoneman Douglas ist einhundert Jahre alt, seit nahezu achtzig Jahren geschieden und war nie Mutter. Sie sagt: »Ich brauche keine Familie. Ich habe Freunde.«

Einige Frauen, die ich für dieses Buch interviewte, lebten seit fünfzig Jahren am gleichen Ort und wollten nie umziehen. Sie fühlten sich eng mit Nachbarn und Freunden verbunden, die immer für sie da sein würden. Marjory Stoneman Douglas wohnt seit fünfundsiebzig Jahren in demselben Haus, Clara seit ihrer Geburt im gleichen Stadtteil, und in unmittelbarer Nähe leben fünfzehn bis zwanzig Familien, mit denen sie verwandt ist. Lillian, heute siebenundachtzig, lebt seit nahezu sechzig Jahren in ihrer Kleinstadt und unterhält noch immer enge Verbindungen zu der spirituellen Gruppe, die sie vor dreißig Jahren mitbegründet hat. Florence, dreiundfünfzig, hat ihre Heimatstadt nie verlassen und ist seit fünfzehn Jahren in der Kirchenarbeit aktiv. Ihre Verwandten wohnen fast alle in der Nähe, und sie ist sicher, daß diese sich, wenn nötig, um sie kümmern werden.

Die Frauen der Nachkriegsgeneration hingegen sind viel mobiler und leben oft weit von ihrer Familie entfernt. Ihre Generation wuchs jedoch mit einem Gefühl für die Gruppe auf. Die Autoren und Autorinnen des Buches *Lifetrends: the Future of Baby Boomers and Other Aging Americans* gehen davon aus, daß dieses Gemeinschaftsgefühl auch im hohen Alter anhalten wird und die Angehörigen dieser Generation untereinander Verbindung halten und sich helfen werden, wie es keine andere Generation zuvor getan hat:

> Natürlich spricht alles dafür, daß die Nachkriegsgeneration als ältere Menschen die Begründer von Gemeinschaften *par excellence* sein wird. Während ihrer prägenden

> Jahre taten sie sich mit ihren Altersgenossen zusammen, um Lebensveränderungen durch die Stärke der Gruppe zu bewältigen... Mit zunehmendem Alter werden sie sich instinktiv aneinander orientieren, um sich gegenseitig zu helfen... »Netzwerke bilden« wird ein tiefgreifendes, umfassendes Konzept werden... Diese Netzwerke... werden psychische und mitunter ganz praktische Lebenshilfen sein.[23]

Viele Frauen waren zuversichtlich, daß sie sich ihre Handlungsfähigkeit, ihre finanziellen Ressourcen und ihre Unabhängigkeit bis ins hohe Alter würden erhalten können. Sie wollten beizeiten Entscheidungen für den Fall treffen, daß ihre Kräfte nachlassen. Andere hatten keine konkreten Pläne, gingen aber davon aus, daß sie mit der Situation fertig werden würden. Die erstaunlichste Antwort gab Judy Long. Sie will bis zum letzten Moment die Kontrolle behalten:

> Solange ich mich verändern und flexibel bleiben kann, bin ich zufrieden. Wenn ich aufhören muß zu arbeiten, wird das sicher ein gravierender Einschnitt sein. Vermutlich kann ich irgendwann einmal nicht mehr allein leben, und dann werde ich wohl nicht mehr sehr nützlich sein. Solange es geht, werde ich ehrenamtlich arbeiten und helfen, aber wenn ich das nicht mehr kann, will ich nicht so leben wie meine Großmutter, die viele Jahre völlig auf Hilfe angewiesen war. Das Leben ist kostbar, aber das ist kein Leben. Ich habe einen starken Lebenswillen, aber der schützt nur in bestimmten Situationen.
>
> Wenn ich mit meinen gesundheitlichen Problemen nicht mehr fertig werde und nicht mehr so leben kann, wie ich es möchte, werde ich mich umbringen.

Judy meint es ernst; sie hat bereits mit ihrer Schwester, einer Ärztin, besprochen, welche Mischung von Schlaftabletten und Beruhigungsmitteln einen friedlichen Tod sichern. Wenn es soweit ist, will sie alles geordnet haben.

Seit ihrer Geburt sind die Frauen der Nachkriegsgeneration Trendsetter, und das werden sie vermutlich bis zum Tage ihres Todes bleiben. Schon jetzt entstehen überall in den Vereinigten Staaten neuartige Hilfsdienste und Institutionen zur Unterstützung alter Bürger. Viele Senioren ziehen in Altenwohnanlagen, die zwar häufig weit entfernt vom Wohnort ihrer Verwandten liegen, aber schon den Bedürfnissen alter Menschen entsprechend gebaut wurden. Immer mehr ältere Menschen werden, wenn sie schwächer und gebrechlicher sind, in gemeinschaftliche Seniorenwohnungen ziehen – eine Art Wohngemeinschaft für Alte. Jede Bewohnerin, jeder Bewohner hat ein eigenes kleines Appartement, kann aber die Mahlzeiten in einem gemeinsamen Eßzimmer einnehmen und den Gemeinschaftsraum nutzen, wo alle zusammen fernsehen oder man sich einfach nur trifft. Für die meisten Dienstleistungen, die ältere Menschen brauchen – medizinische Versorgung, Kosmetik, Bankgeschäfte – müssen sie nicht aus dem Haus. Wird eine Bewohnerin bettlägerig, kann sie in einen anderen Flügel der Wohneinheit umziehen – Teil der Institution und nicht weit von ihren Freunden und Freundinnen entfernt, die im anderen Flügel leben. Auch die Alternative, daß ältere Menschen zusammenziehen, wird immer beliebter. Senioren ohne Kinder ziehen doppelt so oft wie betagte Eltern zu Geschwistern oder Freunden.[24] In den USA wird auch das sogenannten ›Family Senior Care Facility‹ immer beliebter: Einige alte Menschen leben im gleichen Haus mit einer Familie, die sich um sie kümmert.

Viele Frauen, die in den Jahren des Nachkriegs-Babybooms zur Welt kamen, werden Kinder bekommen, die meisten aber nicht mehr als eins oder zwei. Das heißt, daß weniger Kinder zur Verfügung stehen werden, um einmal diese Generation versorgen zu können. Zugleich wird für Millionen von Amerikanern, die ins Pensionsalter kommen, eine immer größere Zahl neuer Dienstleistungen bereitgestellt. Alles spricht dafür, daß es der Nachkriegsgeneration mit ihren kleineren Familien und den modernen Dienstleistungen, die genau auf die Bedürfnisse dieser Generation zugeschnitten sind, gut gehen wird.

Sechzehntes Kapitel

Schlußbemerkungen

> Ich glaube, die Menschen wissen, daß sie ihr Leben auf unterschiedlichste Weise gestalten können, egal, ob sie nun feministisch denken oder nicht. Kinder zu haben ist eine Möglichkeit, aber eben nur eine. Es ist sicher eine sehr wichtige Möglichkeit, zu der man sich nicht leichtfertig entschließen sollte. Aber auch ohne Kinder kann man ein gutes und sinnvolles Leben führen. Ich weiß natürlich, daß ein Familienleben zu den schönsten und schmerzlichsten Erfahrungen zählt, die ein Mensch machen kann, und daß solche Entwicklungen bei keiner Familie vorherbestimmbar sind. Kinder zu haben hat ebenso Vor- und Nachteile wie keine Kinder zu haben. Ich denke, es hält sich die Waage. *Laura, 45*

Wir alle treffen Entscheidungen, selbst wenn einige bewußter gefällt werden als andere. Einige Frauen haben sich aktiv und positiv gegen eigene Kinder entschieden, während andere nicht kinderlos bleiben wollten.

Unabhängig von Entscheidung und Begleitumständen werden Millionen von Frauen in den Vereinigten Staaten und der westlichen Welt kein Kind gebären oder adoptieren. Wie wir sahen, deutet nichts darauf hin, daß sie im Alter einsam oder allein, ohne enge Freundinnen und Freunde, ohne liebevolle, verwandte Seelen sein werden. Für die Nachkriegsgeneration lassen sich einige Trends erkennen: Viele werden einer Zweitfamilie oder einer alternativen Familie angehören – die Palette reicht von der ›typischen‹ Eltern-Kind-Familie über Geschiedene, die ihre Kinder über lange Zeit allein erziehen, gemischte Stieffamilien, homosexuelle Paare, Unverheiratete mit und ohne Kinder bis hin zu immer mehr Menschen, die allein leben. Sie werden in einer Zeit älter werden, in der es mehr Dienstleistungen und verfügbare Alternativen geben wird als je zuvor. Die meisten werden irgendwann einmal eine kleine Familie gehabt und sich ihr Leben lang aus den unterschiedlichsten Gründen mit anderen zusammengetan haben. Frauen, die von sich aus Kontakte knüpfen und nicht nur um sich selbst kreisen, werden durch solche Beziehungen reicher werden und ihr Leben als sinnvoll empfinden, ob sie Kinder haben oder nicht.

Ungeachtet aller Probleme mit Eltern, die ihre Kinder vernachlässigen oder mißhandeln, und ungeachtet der Ablehnung, die Müttern in den siebziger Jahren entgegengebracht wurde, wird die Mutterschaft heute wieder glorifiziert. In einer Zeit, in der sich Frauen ›für das Kind entscheiden‹, werden Frauen ohne Kinder wieder übersehen. Der Feminismus hat seine Ziele erst dann wirklich erreicht, wenn *alle* Frauen über ihre Gebärfähigkeit selbst bestimmen können, ohne deswegen an Achtung oder Identität zu verlieren.

Die Angehörigen dieser unsichtbaren und stummen Minderheit haben den weniger ausgetretenen Pfad gewählt – den ohne Kinder, und dieser Weg bietet Tausende von Möglichkeiten. Diese Frauen mögen gelegentlich an ihr ungeborenes Kind denken, doch sie sollten nie vergessen, daß nicht nur das Nicht-Muttersein, sondern auch eine Mutterschaft gemischte Gefühle auslösen kann. Vielleicht haben sie nicht so klare Vorstellungen davon, was auf sie zukommt. Eines aber ist sicher: Ihre Alternativen und Möglichkeiten sind unendlich.

Weiterführende Literatur

Detaillierte Angaben finden sich auch in den Fußnoten des jeweiligen Kapitels.

Über den Entscheidungsprozeß

Bombardieri, Merle. *The Baby Decision.* New York 1981.

Bombardieri, Merle. *Child-Free Decision-Making.* Informationsblatt für unfruchtbare Paare. Diese beiden Titel sind nicht im Buchhandel erhältlich. Nähere Informationen dazu erhalten Sie bei Merle Bombardieri, 26 Trapelo Road, Belmont, MA 02178, USA.

Carter, Jean, und Carter, Michael. *Sweet Grapes: How To Stop Being Infertile And Start Living Again.* Indianapolis 1989 (Perspective Press; P.O. Box 90318; Indianapolis, IN; USA).

Dowrick, Stephanie, und Grundberg, Sibyl (Hg.). *Will ich wirklich ein Kind?* Übers. v. C. Holfelder v. d. Tann, Reinbek b. Hamburg 1982. Die Geschichte von achtzehn Frauen und ihre Gründe für bzw. gegen Kinder.

Elvenstar, Diane C. *Children: To Have or Have Not?* San Francisco 1982. Behandelt viele Themen im Umkreis von Elternschaft und umfaßt Fragebogen und Übungen, die dem Leser/der Leserin helfen sollen, eigene Einstellungen und Meinungen zu klären. Interviews mit Paaren im Entscheidungsprozeß. Allerdings wird Unfruchtbarkeit und wie sie sich auf die Entscheidung auswirkt kaum erwähnt.

Fabe, Marilyn, und Wikler, Norma. *Up Against the Clock: Career Women Speak on the Choice to Have Children.* New York 1979. Intervies mit zehn Frauen, von denen einige Kind und Beruf verbinden, andere nur Mütter sind; die dritte Gruppe hat sich für ein kinderfreies Leben entschieden.

McKaughan, Molly. *Kinder ja, aber später. Der Kinderwunsch in der Lebensplanung der Frauen.* München 1990.

Pies, Cheri. *Considering Parenthood: A Workbook for Lesbians.* San Francisco 1985. Dieses Buch befaßt sich mit Fragen und Problemen der Elternschaft, die sich nur Lesben stellen. Daneben enthält es zahlreiche Übungen, die für lesbische Frauen ebenso hilfreich sind wie für heterosexuelle.

Shealy, C. Norman, und Shealy, Mary Charlotte. *To Parent or Not?* Virginia Beach 1981.

Whealan, Elizabeth M. *A Baby? ... Maybe!* New York 1975. Eine Zusammenstellung der Vor- und Nachteile von Kindern, die den Leser/die Leserin nicht zu beeinflussen sucht.

Als unverheiratete Frau leben

Allen, Katherine. *Single Women/Family Ties.* Newsbury Park, California 1989.

Austrom, Douglas R. *The Consequences of Being Single.* New York 1984. Untersucht 1 038 alleinlebende Menschen in Kanada.

Bakos, Susan Crain. *This Wasn't Supposed to Happen: Single Women Over 30 Talk Frankly about Their Lives.* New York 1985. Gespräche über Sexualität, Kinder, Arbeit und Unverheiratetsein. Viele der Interviewten sind alleinerziehende Mütter. Kinderlosigkeit kommt kaum zur Sprache.

Lindsey, Karen. *Friends As Family.* Boston 1981. Wie sich Frauen durch Freundschaften, Nachbarn und Kollegen eine große ›Familie‹ schaffen können.

Peterson, Nancy L. *Our Lives for Ourselves: Women Who Have Never Married.* New York 1981. Interviews mit achtzig Frauen zwischen zwanzig und achtundsiebzig, die nie verheiratet waren. Einige haben Kinder.

Renvoize, Jean. *Going Solo: Single Mothers by Choice.* Boston 1985. Theoretisches und Praktisches über Frauen, die beschlossen, ohne Partner Mutter zu werden. Behandelt auch die Frauenbewegung, Männer, Familie sowie die Auswirkungen auf die Kinder und enthält Interviews mit einunddreißig Frauen.

Simon, Barbara Levy. *Never-Married Women.* Philadelphia 1987. Studie zu fünfzig Frauen zwischen sechsundsechzig und einhundert, ihre Arbeit, ihre engen persönlichen Beziehungen und ihr Alter. Kinderlosigkeit wird kaum erwähnt.

Ohne Kinder leben

Burgwyn, Diana. *Marriage Without Children.* New York 1981.

Faux, Marian. *Childless by Choice: Choosing Childlessness in the Eighties.* Garden City, N.Y., 1984.

Harper, Kate. *The Child-Free Alternative.* Brattleboro, Vermont, 1980. Interviews mit fünf Ehepaaren und fünf ledigen Frauen, die sich alle gegen Kinder entschieden haben. Die meisten Interviewten waren zum Zeitpunkt des Gesprächs zwischen dreißig und vierzig Jahre alt.

Stiefmutter sein

Burns, Cherie. *Liebe Stiefmutter.* Erfahrungen in einer schwierigen Rolle. Übers. v. Enright, Reinbek b. Hamburg 1988.

Lofas, Jeannette, und Sova, Dawn. *Step-Parenting: A Complete Guide to the Joys, Frustration and Fears of Stepparenting!* New York 1985.

Savage, Karen, und Adams, Patricia. *The Good Stepmother: A Practical Guide.* New York 1988.

Lesben

Pollack, Sandra, und Vaughn, Jeanne (Hg.). *Politics of the Heart: A Lesbian Parenting Anthology.* Ithaca, N.Y. 1987. Das Buch befaßt sich vor allem mit Mutterschaft, einige Aufsätze befassen sich jedoch damit, als Lesbe keine Kinder zu haben.

Pies, Cheri. *Considering Parenthood: A Workbook for Lesbians.* San Francisco 1985.

Unfruchtbarkeit

Glazer, Ellen Sarasohn, und Cooper, Susan Lewis. *Without Children: Experiencing and Resolving Infertility.* Lexington, MA., 1988.

Liebmann-Smith, Joan. *In Pursuit of Pregnancy: How Couples Discover, Cope With, and Resolve Their Fertility Problems.* New York 1987.

Shapiro, Constance. *Infertility and Pregnancy Loss: A Guide for the Helping Professionals.* San Francisco 1988.

Salzer, Linda P. *Infertility: How Couples Can Cope.* Boston 1986.

Weitere Bücher zum Thema

Dorothee Schmitz-Köster: *Frauen ohne Kinder. Motive, Konflikte, Argumente.* Reinbek b. Hamburg 1987 (daraus auch das anhängende Literaturverzeichnis).

Inge Stolten/Thomas Ayk: *Keine Lust auf Kinder?* Eine politische Streitschrift, Reinbek b. Hamburg 1988.

Martina Schmidt: *Karrierefrauen und Partnerschaft.* Internationale Hochschulschriften, Münster 1989.

Anmerkungen

Erstes Kapitel

1 Marjory Stoneman Douglas, *Marjory Stoneman Douglas: Voice of the River, An Autobiography.* Sarasota, Florida, 1987, S. 55.
2 Ebd., S. 56.
3 Ebd., S. 72.
4 Ebd., S. 72.
5 Ebd., S. 84.
6 Ebd., S. 89.
7 Ebd., S. 127.
8 Ebd., S. 187.
9 Ebd., S. 256.
10 Siehe Jean E. Veevers, *Childless by Choice.* Toronto 1980, S. 60. Ihre bahnbrechende, 1980 veröffentlichte Studie über 127 gewollt kinderlose Paare gilt als die umfassendste Arbeit über solche Paare. Von den Ehefrauen, die Veever interviewte und die keine Kinder wollten, war jede fünfte Einzelkind, im Vergleich zu jeder zwanzigsten in der Allgemeinbevölkerung.

Zweites Kapitel

1 Bernice Lott, *Becoming A Woman: The Socialization of Gender.* Springfield, Ill. 1981, S. 163.
2 William Manchester, *The Glory and The Dream: A Narrative History of America 1932–72.* New York 1973, S. 41.
3 Donald W. Hastings und Robinson J. Gregory, *Incidence of Childlessness in the United States Women, Cohorts Born 1891–1945,* in: *Social Biology,* 21: 178–184, Sommer 1974. Zitiert in: Margaret Kathryn Ambry, *Social Decision-Making and the Decision to Be Voluntarily Childless* (Examensarbeit an der Cornell University, 1981).
4 J. A. Sweet und L. L. Bumpass, *American Families and Households.* New York 1987, S. 130.
5 Diana Burgwyn, *Marriage Without Children.* New York 1981. S. 4.
6 William Manchester, *The Glory and The Dream,* S. 780.
7 Ebd., S. 781.
8 Ann Dally, *Inventing Motherhood: The Consequences of An Ideal.* New York 1982, S. 150.
9 Ambry, *Social Decision-Making,* S. 34.
10 Adrienne Rich, *Von Frauen geboren. Mutterschaft als Erfahrung und Institution.* Übers. v. Gesine Strempel u. Theo H.-Reutzel. München 1979, S. 18.

Drittes Kapitel

1 Kathleen Gerson, *Hard Choices, How Women Decide About Work, Career and Motherhood.* Berkeley 1985, S. 216.
2 Anna Quindlen, *Mother's Choice,* in: *Ms.* Magazine, Februar 1988, S. 55
3 Eine treffende Beschreibung, wie die Frauen dieser Generation mit der problematischen Wahl zwischen Beruf und Mutterschaft umgingen, in: Gerson, *Hard Choices,* S. 10.
4 Lance Morrow, *Wondering if Children are Necessary,* in: *Time,* 5. März 1979, S. 47.
5 Morrow, op. cit.
6 Werner Fornos, Population Institute, Rede vor dem National Editors Club. Sendung des National Public Radio, 1. August 1990.
7 Claudia Willis, *Onward, Women!,* in: *Time,* 4. Dezember 1989, S. 82.
8 Cynthia Harrison, *A Richer Life: A Reflection on the Women's Movement,* in: Sara E. Rix (Hg.), *The American Woman: 1988–89: A Status Report.* New York 1988, S. 63–64.
9 Gerson, *Hard Choices,* S. 239.
10 Sara E. Rix (Hg.), *The American Woman: 1988–89,* S. 363.
11 Willis, op. cit. S. 82.
12 Ebd.
13 Cardell K. Jacobson, Tim B. Heaton und Karen M. Taylor, *Childlessness Among American Women* in: *Social Biology, Herbst/Winter 1988,* S. 187.
14 *Time,* Sonderheft, *Women: The Road Ahead,* Herbst 1990, S. 50.
15 Ebd., S. 52.
16 Census Bureau, *Status of the Familiy,* in: *Monthly Labor Review,* März 1990, S. 10 f.
17 Martha Smilgis, *The Dilemmas of Childlessness,* in: *Time,* 2. Mai 1988, S. 88.
18 Vgl. dazu das fünfte Kapitel über Frauen, die nie geheiratet haben.
19 Michael Humphrey und Heather Humphrey, *Families with a Difference: Varieties of Surrogate Parenthood.* London, 1988, S. 4.
20 Arland Thornton und Deborah Freedman, *The Changing American Family,* in: *Population Bulletin,* 38, S. 1–43, 1983.
21 Gannet New Service, *U.S. Birth Rate Highest Since 1972,* in: *Ithaca Journal,* 8. Mai 1990.
22 Wenn nicht anders angegeben, stammen die Statistiken über die Geburtenrate vom Statistischen Bundesamt der Vereinigten Staaten. *Fertility of American Women: June 1988.* Current Population Report, Series F-20, Nr. 436.
23 Alan Riding, *Western Europe, Its Births Falling, Wonders Who'll Do All the Work,* in: *New York Times,* 22. Juli 1990.
24 Karl Zinsmeister, *The American Dream: The Family's Tie,* in: *Current,* Februar 1987, S. 12.

25 Rosemarie Nave-Herz, *Childless Marriages,* in: *Marriage and Family Review,* Bd. 14 (1–2), 1989, S. 804.
26 Gina Johnson u.a.; *Infertile or Childless by Choice? A Multipractice Survey of Women Aged 35 to 50,* in: *British Medical Journal,* Bd. 294, 28. März 1987, S. 804.
27 *Status of Family,* in: *Monthly Labor Review,* März 1990, S. 10 f.
28 Ebd.
29 Humphrey und Humphrey, *Families with a Difference,* S. 5.
30 *Time,* Sonderheft, op. cit., S. 14.

Viertes Kapitel

1 Sharon Houseknecht, *Voluntary Childless,* in: Marvin B. Sussman und Suzanne K. Steinmetz (Hg.) *Handbook of Marriage and the Family,* New York 1987, S. 369, unter Bezugnahme auf Schätzungen des US-amerikanischen Center for National Health aus dem Jahre 1980.
2 Kathleen E. Kiernan, *Who Remains Childless?,* in: *Journal of Biosocial Science,* 1989, Bd. 21, S. 387–398.
3 Ebd.
4 Cardell K. Jacobson, Tim B. Heaton und Karen M. Taylor, *Childlessness Among American Women,* in: *Social Biology,* Herbst/Winter 1988, S. 188–190.
5 Jacobson et al., S. 193.
6 Steven L. Nock, *The Symbolic Meaning of Childbearing,* in: *Journal of Family Issues,* Bd. 8, Nr. 4, Dezember 1987, S. 373–393.
7 Susan Bram, *Childlessness Revisited: A Longitudinal Study of Voluntary Childless Couples, Delayed Parents, and Parents,* in: *Lifestyles: A Journal of Changing Patterns.* Bd. 8 (1), Herbst 1985, S. 46–66.
8 Kathleen Gerson, *Hard Choices: How Women Decide About Work, Career, and Motherhood.* Berkeley 1985, S. 75.
9 Ebd., S. 78.
10 Ebd., S. 196.
11 Ebd., S. 109.
12 Ebd., S. 152.
13 Ebd., S. 192.

Fünftes Kapitel

1 Barbara Levy Simon, *Never Married Women.* Philadelphia 1987, S. 1.
2 Ebd., S. 29 und 186.
3 Katherine Allen, *Single Women/Family Ties.* Newsbury Park, California 1989, S. 23.
4 Ebd.
5 Pat. M. Keith, *The Unmarried in Later Life.* New York 1989, S. 4.

6 *New York Times*, 22. Februar 1986. Zitiert in Simon, S. 4.

7 Felicity Barringer, *Study on Marriage Patterns Revised, Omitting Impact of Women's Careers*, in: *New York Times*, 11. November 1989, S. 10.

8 Mary Barberis, *Women and Marriage: Choice or Chance?*, in: *The American Woman: 1988–89*, hg. v. Sara E. Rix. New York 1988. S. 271–272.

9 Laura Mansnerus, *In Happiness Quotient, The Unmarried Gain*, in: *New York Times*, 15. Juni 1988.

10 Simon, *Never Married Women*. S. 31.

11 *New York Times*. 2. August 1990.

12 Nancy L. Peterson, *Our Lives for Ourselves: Women Who Have Never Married*. New York 1981. S. 114.

13 *Time*, Sonderheft *Women: the Road Ahead*. Herbst 1990, S. 73.

14 *Fertility of American Women: June 1988*, S. 15.

15 Allen, *Single Women/Family Ties*, S. 119.

16 Peterson, *Our Lives for Ourselves*, S. 247.

Sechstes Kapitel

1 M. Ory, *The Decision to Parent or Not: Normative and Structural Components*, in: *Journal of Marriage and the Family*, Bd. 40 (3), 1978. S. 531–539. Zitiert in Rogers und Larson, S. 50.

2 Jean E. Veevers, *Childless by Choice*. Toronto 1980. S. 64.

3 Elaine Campbell, *The Childless Marriage*. London und New York 1985. S. 138.

4 Sharon Houseknecht, *Voluntary Childless*, in: Marwin B. Sussman und Suzanne K. Steinmetz (Hg.), *Handbook of Marriage and the Family*. New York 1987, S. 377.

5 M. Ory, *The Decision to Parent or Not*. Zitiert in Lisa Kay Rogers und Jeffrey H. Larson, *Voluntary Childlessness: A Review of the Literature and a Model of the Childlessness Decision*, in: *Family Perspective, 22, (1)*, 1988. S. 43–58.

6 Veevers, *Childless by Choice*. S. 59.

7 Ebd., S. 60.

8 Rogers und Larson, *Voluntary Childlessness*, S. 45.

9 Molly McKaughan, *Kinder ja, aber später. Der Kinderwunsch in der Lebensplanung der Frauen*. München 1990.

10 Bonnie Burman und Diane de Anda, *Parenthood or Nonparenthood: A Comparison of International Families*. in: *Lifestyles: Journal of Changing Patterns*, Bd. 8 (2), Winter 1987, S. 69–74.

11 Diese Unterscheidung stammt ursprünglich von Elaine Campbell in *The Childless Marriage*. Siehe auch Veevers, *Childless by Choice*.

12 Karen A. Polonko, John Scanzoni und Jay D. Teachman, *Childlessness and Marital Satisfaction*, in: *Journal of Family Issues*, Bd. 3, Nr. 4, Dezember 1982, S. 545–573.

13 Louis Genevie, Ph. D., und Eva Margolies, M. A., *The Motherhood Report: How Women Feel About Being Mothers.* New York 1987, S. 15.
14 Ebd., S. 5–10.
15 Ebd., S. 30.
16 Carin Rubenstein, *The Baby Bomb*, in: *New York Times Good Health Magazine*, 8. Oktober 1989, S. 34.
17 L. Silka und S. Kiesler, *Couples Who Choose to Remain Childless*, in: *Family Planning Persepectives*, 1977, Bd. 9, S. 16–25, zitiert in Sharon Houseknecht, *Voluntary Childless*, op. cit., S. 384.
18 Marian Faux, *Childless by Choice: Choosing Childlessness in the Eighties.* Garden City, New York 1984, S. 162.
19 Genevie und Margolies, *The Motherhood Report*, S. 56 f.
20 Veevers, *Childless by Choice*, S. 20–27.
21 McKaughan, *Kinder ja, aber später.*
22 Houseknecht, *Voluntary Childlessness*, S. 381.
23 Ebd., S. 381.
24 Veevers, op. cit., S. 80.
25 Kathleen Gerson, *Hard Choices: How Women Decide About Work, Career, and Motherhood*, Berkeley 1985, S. 150.
26 Veevers, op. cit., S. 83.
27 Rogers und Larson, *Voluntary Childlessness*, S. 46.
28 Burman und Anda, *Parenthood or Nonparenthood*, S. 69.
29 Cardell K. Jacobsen, Tim B. Heaton und Karen M. Taylor, *Childlessness Among American Women*, in: *Social Biology*, Herbst/Winter 1988, S. 193.
30 F. Baum und D. R. Cope, *Some Characteristics of Intentionally Childless Wives in Britain*, in: *Journal of Biosocial Science*, 1980, Bd. 12, S. 287–299, zitiert in Houseknecht, op. cit., S. 384; andere Studien mit ähnlichen Ergebnissen sind referiert in Rogers und Larson, op. cit., S. 44.

Siebtes Kapitel

1 Cynthia Harrison, *A Richer Life: A Reflection on the Women's Movement*, in: Sara E. Rox (Hg.), *The American Women: 1988–89: A Status Report.* New York 1988, S. 73.

Achtes Kapitel

1 Anaïs Nin, *Die Tagebücher der Anaïs Nin, Bd. 1 1931–1934.* Hg. v. G. Stuhlmann, übers. v. H. Zand, München 1977, S. 362.
2 Letty Cottin Pogrebin, *Fathers Must Earn Their ›Rights‹*, in: *New York Times*, 17. Juni 1990.

3 Louis Genevie, Ph. D. und Eva Margolies, M. A., *The Motherhood Report: How Women Feel About Being Mothers.* New York 1987, S. 319 und 336.
4 Tamar Lewin, *Father's Vanishing Act Called Common Drama,* in: *New York Times,* 4. Juni 1990, S. A18. Dieser Artikel bezieht sich auf Frank Furstenbergs Studie an der University of Pennsylvania. Er untersuchte 1000 Kinder aus zerbrochenen Familien.
5 Nicholas Davidson, *Life Without Father,* in: *Policy Review,* Winter 1990; zusammengefaßt in *Herald Examiner;* Bd. 4, Nr. 4, September 1990.
6 Lewin, *Father's Vanishing Act Called Common Drama,* op. cit.
7 Kathleen Gerson, *Hard Choices: How Women Decide About Work, Careers, and Motherhood.* Berkeley 1985, S. 144–146.
8 Ebd. S. 142.
9 Persönliches Gespräch.
10 Nan Bauer Maglin und Nancy Schneidewind, *Women and Stepfamilies: Voices of Anger and Love.* Philadelphia 1989, S. 13.
11 Jerry Gerber, Janet Wolff, Walter Klores und Gene Brown, *Lifetrends: The Future of Baby Boomers and Other Aging Americans.* New York 1989. S. 36.
12 Richard A. Gardner, *The Parents' Book About Divorce.* New York 1977. Zitiert in Claire Berman, *Making It As A Stepparent: New Roles/New Rules.* New York 1986, S. 12.
13 Claire Berman, *Making It As A Stepparent: New Roles/ New Rules.* S. 14.
14 Maglin und Schneidewind, *Women and Stepfamilies: Voices of Anger and Love.* S. 8.
15 Diese Geschichte basiert auf Christines Geschichte in Maglin und Scheidewinds Buch, S. 19–28.
16 Lawrence Kutner, *Adopting a Stepchild,* in: *New York Times,* 7. Juni 1990.
17 Karen Savage und Patricia Adams, *The Good Stepmother: A Practical Guide.* New York 1988, S. 152.

Neuntes Kapitel

1 Constance Shapiro, *Infertility and Pregnancy Loss: A Guide for Helping Professionals.* San Francisco 1988, S. 42 und 187.
2 Gilda Radner, *It's Always Something.* New York 1989, S. 32.
3 Ebd.
4 Diese Untersuchung stammt von Reverend John Van Regenmorter. Zitiert in Jean und Michael Carter, *Sweet Grapes: How To Stop Being Infertile And Start Living Again.* Indianapolis 1989, S. 82.
5 Darstellungen der psychischen Stufen einer Sterilitätsbehandlung finden sich in: Anne Martin Matthews und Ralph Matthews, *Beyond*

the Mechanics of Infertility: Perspectives on the Social Psychology of Infertility and Involuntary Childlessness, in: *Family Relations*, *35*, Oktober 1986, S. 476–487; und bei B. E. Menning, *Infertility: A Guide for the Childless Couple.* Englewood Cliffs, New Jersey 1977.

6 Eine detaillierte Darstellung der emotionalen Aspekte der Unfruchtbarkeit in: Constance Shapiro, *Infertility and Pregnancy Loss: A Guide for Helping Professionals.* San Francisco 1988.

7 Siehe Ronald M. Sabatelli, Richard L. Meth und Stephen M. Gavazzi, *Factors Mediating the Adjustment to Involuntary Childlessness*, in: *Family Relations*, *37*, Juli 1988, S. 338–343.

8 Ralph Matthews und Anne Martin Matthews, *Infertility and Involuntary Childlessness: the Transition to Nonparenthood*, in: *Journal of Marriage and Family*, *48*, August 1986, S. 641–649.

9 Judith Viorst, *Necessary Losses.* New York 1986, S. 3.

10 Philip. J. Hilts, *New Study Challenges Estimates on Odds of Adopting a Child*, in: *New York Times*, 10. Dezember 1990.

11 Charlene E. Miall, *The Stigma of Adoptive Parent Status: Perceptions of Community Attitudes Toward Adoption and the Experience of Informal Social Sanctioning*, in: *Family Relations Journal of Applied and Child Studies*, Bd. 36 (1), Januar 1987, S. 34–39.

12 Susan und Elton Klibanoff, *Let's Talk About Adoption.* Boston 1973, zitiert in Carter und Carter, *Sweet Grapes.*

13 Mehr zu diesem Übergang im achten Kapitel von Jean und Michael Carter, *Sweet Grapes: How To Stop Being Infertile And Start Living Again.* Indianapolis 1989.

14 Robin Matantz Henig, *Chosen and Given*, in: *New York Times Magazine*, 11. November 1988, S. 70 f.

15 Carter und Carter, *Sweet Grapes*, S. 68.

16 Ebd.

17 Ebd., S. 80.

18 Ebd., S. 27.

19 Viorst, *Necessary Losses*, S. 366 f.

20 Merle Bombardieri, *The Baby Decision.* New York 1981, sowie das im Text erwähnte zwölfseitige Informationsblatt *Child-Free Decision-Making* sind nicht im Buchhandel erhältlich. Nähere Informationen dazu bei Merle Bombardieri, 26 Trapelo Road, Belmont, MA 02178, USA.

21 Bombardieri, op. cit., S. 2.

22 Carter, op. cit. S. 88.

23 Ebd., S. 88.

24 T. A. Leitko und A. L. Greil, *Involutary Childlessness, Gender, Female Employment, and Emotional Distress*, Vortrag bei der Jahresversammlung der American Sociological Association, Washington, D. C. 1985, zitiert in Shapiro, *Infertility and Pregnancy Loss*, op. cit., S. 20.

25 M. D. Mazor, *Emotional Reactions to Infertility*, in: M. D. Mazor und

H. F. Simons (Hg.), *Infertility: Medical, Emotional, and Social Consequences.* New York 1985. Zitiert in Shapiro, op. cit., S. 20.

Zehntes Kapitel

1 Sandra Pollack und Jeanne Vaughn (Hg.). *Politics of the Heart,* Ithaca, New York 1987, S. 49.
2 Elizabeth Gibbons, *Psychosocial Development of Children Raised by Lesbian Mothers: A Review of the Research,* in: Ester D. Rothblum und Ellen Cole, *Lesbianism: Affirming Nontraditional Roles,* New York 1989, S. 65.
3 Irena Klepfisz, *Women Without Children/Women Without Families/Women Alone,* in: *Dreams of an Insommniac: Feminist Essays, Speeches, and Diatribes.* Eighth Mountain Press 1990.
4 Harriet Alpert, persönliches Gespräch.
5 Nancy D. Polikoff, *Lesbians Choosing Children,* in: Pollack und Vaughn, S. 51.
6 Klepfisz, op. cit.
7 Sandra Pollack, persönliches Gespräch.
8 Pollack und Vaughn, *Politics of the Heart,* S. 50.

Elftes Kapitel

1 Zitiert in Molly McKaughan, *The Biological Clock.* New York 1987. S. 43.
2 Darunter auch die von Faux, Veevers, Burgwyn und Campbell.
3 Judith Viorst, *Necessary Losses.* New York 1986. Näheres zur Integration auf S. 278.
4 Irena Klepfisz, *Women Without Children/Women Without Families/Women Alone,* in: *Dreams of an Insommniac: Feminist Essays, Speeches, and Diatribes.* Eighth Mountain Press 1990.
5 Norval D. Glenn und Sara McLanahan, *The Effects of Offspring on the Psychological Well-Being of Older Adults,* in: *Journal of Marriage and the Family,* Mai 1981, S. 409–421.
6 Klepfisz, S. 62.
7 Jean E. Veevers, *Childless by Choice.* Toronto 1980, S. 143.
8 Nancy Peterson, *Our Lives for Ourselves.* New York 1981, S. 182.
9 Ebd.
10 Klepfisz, *Women Without Children/Women Without Families/Women Alone,* S. 63.
11 Viorst, *Necessary Losses.* S. 365.
12 Carole A. Wilk, *Career Women and Childbearing: A Psychological Analysis of the Decision Process.* New York 1986. S. XV.
13 Ebd.

14 Statistisches Bundesamt der Vereinigten Staaten von Amerika, Aktuelle Bevölkerungsberichte, *Fertility of American Women:* June 1988, Series P-20, No. 436.
15 *Women Work It* in: *New Woman,* September 1990, S. 32.
16 Wilk, op. cit. S. 278.
17 Detaillierte Darstellungen von Angaben der Gründe, warum jemand Kinder bekommt, in: Robert E. Gould, M.S. *The Wrong Reasons To Have Children,* erstmals in: *New York Times Magazine,* 3. Mai 1970, ebenfalls in Ellen Peck und Judith Sanderowitz, *Pronatalism – The Myth of Mom and Apple Pie,* New York 1974; sowie Lois Wladis Hoffmann und Martin L. Hoffmann, *The Value of Children To Parent,* in: J. T. Fawcett (Hg.), *Psychological Perspectives on Population,* New York 1973, S. 19–76.
18 Elaine Campbell, *The Childless Marriage.* London und New York 1985, S. 103 f.
19 Deborah Oakley, *Low Fertility Childbearing Decision-Making,* in: *Social Biology,* Herbst/Winter 1986, S. 249.
20 Siehe Arthur G. Neal, H. Theodore Groat und Jerry W. Wicks, *Attitudes about Having Children: A Study of 600 Couples in the Early Years of Marriage,* in: *Journal of Marriage and the Family,* 51, Mai 1989, S. 313–328. Eine Untersuchung der Bowling State University über 600 Ehepaare ohne Kinder.
21 Karl Zinsmeister, *The American Dream: The Family's Tie,* in: *Current* 1987, Nachdruck aus *Public Opinion,* September/Oktober 1986, S. 3–6, 60.
22 Jessie Bernard, *Future of Motherhood,* New York 1975, S. 48.
23 Paula Weideger, *Womb Worship,* in: *MS.,* Februar 1988.
24 Roberta Joseph, *Deciding Against Motherhood: One Woman's Story,* in: *Utne Reader,* Jan./Feb. 1990, ursprünglich in dem New Yorker Lifestyle-Journal *7 Days,* 23. August 1989.
25 Victor J. Callan, *Perceptions of Parents, the Voluntarily and Involuntarily Childless: A Multidimensional Scaling Analysis,* in: *Journal of Marriage and the Family,* 47 (4), November 1985, S. 1045–50.

Zwölftes Kapitel

1 Karen Lindsey, *Friends As Family.* Boston 1981, S. 15.
2 Nancy Friday, *Wie meine Mutter. My Mother, my self.* Übers. v. Ute Seeslen, Frankfurt am Main 1982, S. 17.
3 Ebd., S. 31.
4 Dan Hurley, *Getting Help From Helping,* in: *Psychology Today,* Januar 1988, S. 64.
5 Cheryl Merser, *Grown-Ups: A Generation in Search of Adulthood.* New York 1987, S. 208.
6 Jean E. Veevers, *Childless by Choice.* Toronto 1980, S. 34–37.

7 Ebd.
8 Jon Nordheimer, *High-Tech Medicine at High-Rise Costs is Keeping Pets Fit,* in: *New York Times,* 17. September 1990.
9 Lena Willims, *Influence of Pets Reaches New High,* in: *New York Times,* 18. August 1988.
10 *Pet Owners Go to the Doctor Less,* in: *New York Times,* 2. August 1990.
11 Ebd.
12 Näheres über die Freundschaften von Frauen, die nie verheiratet waren, in Barbara Levy Simon, *Never Married Women,* Philadelphia 1987, S. 89–111; sowie in Lindsey, *Friends As Family.*

Dreizehntes Kapitel

1 *Cost of Raising a Child Rises Sharply,* Gannett New Service, in: *Ithaca Journal,* 18. Januar 1990.
2 Andrea Rock, *Can You Afford Your Kids?,* in: *Money,* Juli 1990, S. 88–99.
3 Jean E. Veevers, *Childless by Choice.* Toronto 1980, S. 88.
4 R. H. Reed und Susan McIntosh, *Costs of Children,* in: E. R. Morss und R. H. Reeds (Hg.), *Economic Aspects of Population Change,* Bd. 2. Washington, D. C.: U.S. Commission on Population Growth and the American Future, 1972. S. 346–356. Zitiert in Marian Faux, *Childless by Choice.*
5 Jacob Mincer und Haim Ofek, *Interrupted Work Careers,* National Bureau of Economic Research, Working Paper Nr. 479, 1980. Zitiert in Sandra L. Hofferth, *Effects of Number and Timing of Births on Family Well-Being over the Live.* Washington 1981, S. 15.
6 Barbara Ehrenreich und Deidre English, *Blowing the Whistle on the ›Mommy Track‹. Ms.,* Juli/August 1989, S. 56.
7 Claudia Wills, *Onward, Women!,* in: *Time,* 4. Dezember 1989, S. 82.
8 *Three's A Crowd,* in: *Newsweek,* 1. September 1986, S. 74.
9 U.S. Department of Commerce News, *Wives's Earnings Growing Twice as Fast as Husband's Earnings,* Census Bureau Reports, 26. Juli 1989.
10 David Bloom und Neil Bennett, *Childless Couples,* in: *American Demographics,* August 1986.
11 *Newsweek,* op. cit. Zu ähnlichen Ergebnissen kam Susan Brams Studie über Paare mit und ohne Kinder. Danach verdienen kinderlose Frauen (sowie Paare, die Kinder verschoben) etwa 5500 Dollar mehr als Eltern. Siehe Bram, *Childlessness Revisited,* in: *Lifestyles,* Bd. 8 (1), Herbst, S. 44–46.
12 John P. Robinson, *Who's Doing the Housework,* in: *American Demographics,* Dezember 1988, S. 24–28.
13 Boone A. Turchi, *The Demand for Children: The Economics of Fertili-*

ty in the United Staates. Cambridge, MA 1975. Zitiert in Sandra L. Hofferth, *Effects of Number and Timing of Births on Family Well-Being over the Live Cycle.* Washington 1981, S. 138.

14 Robinson, op. cit.

15 *Americans' Use of Time Project: Bringing Up Baby,* Survey Research Center, University of Maryland, veröffentlicht in *Ms.,* September 1989, S. 86. Eine überaus detaillierte, wenn auch etwas veraltete Auswertung der Untersuchungen über Zeitaufwand ist John P. Robinson, *How Americans Use Time: A Social-Psychological Analysis of Everyday Behaviour.* New York 1977. Eine Detailstudie über sechzig unverheiratete Frauen und ihren Zeitaufwand von Ivory Holmes, *The Allocation of Time by Women Without Family Responsibilities.* Washington, D. C. 1983.

16 Robinson, *American Demographics,* op. cit.

17 Arlie Hochschild, *The Second Shift.* New York 1989, S. 3 f.

18 *Time,* Sonderheft *Women, The Road Ahead.* Herbst 1990, S. 26.

19 Bram, op. cit.

20 G. N. Ramu, *Voluntarily Childless and Parental Couples: A Comparison of Their Lifestyle Characteristics,* in: *Lifestyle: A Journal of Changing Patterns,* *7* (3), Frühjahr 1985, S. 141.

21 Persönliches Gespräch mit Professor Dr. Louise Brinton, Leiterin der Environmental Studies Section, National Cancer Institute, National Institutes of Health, und Epidemiologin zu Krebserkrankungen bei Frauen.

22 M. G. Lee, A. Bachelot und C. Hill, *Characteristics of Reproductive Life and Risk of Breast Cancer in a Case-Control Study of Young Nulliparous Women,* in: *Journal of Clinical Epidemiology,* Bd. 42 (12), 1989, S. 1227–1233.

23 Persönliches Gespräch mit Linda Carson, J. Fanning et. al., *Endometrial Adenocarcinoma Histologic Subtypes,* in: *Gynecological Oncology,* 32 (3), März 1989, S. 288–291. Chinesische, japanische und schwedische Untersuchungen kamen zu gleichen Ergebnissen.

24 *Fighting the Silent Attacker,* in: *Time,* 1. Dezember 1986. Siehe auch E. O. Talbott, et. al., *Reproductive History of Women Dying of Sudden Cardiac Death: A Case-Control Study,* in: *International Journal of Epidemiology,* Bd. 18 (3), September 1989, S. 589–594.

25 Suzanne Haynes, Elaine Eaker und Manning Feinleib, *The Effects of Employment, Family, and Job Stress on Coronary Heart Disease in Patterns in Women,* in: Ellen B. Gold, *The Changing Risk of Disease in Women: An Epidemological Approach.* Lexington, MA, 1984, S. 40 f.

26 Persönliches Gespräch.

27 R. Lindsay, *Prevention of Osteoporosis,* in: *Clinical Orthopedics,* September 1987 (22), S. 44–59, und J. C. Stevenson, et. al., *Determinants of Bone Density,* in: *Normal Women: Risk Factors for Future Osteoporosis?,* in: *British Medical Journal,* 8. April 1989, S. 924–928.

28 Persönliches Gespräch.

29 Jeffrey Sobal, *The Social Epidemiology of Obesity*, in: *Human Ecology Forum*, Frühjahr 1990, S. 18.
30 Ebd.
31 Karen S. Renne, *Childlessness, Health, and Marital Satisfaction*, in: *Social Biology*, Bd. 23 (3), 1976, S. 183–197.
32 Judith Rempel, *Childless Elderly: What Are They Missing*, in: *Journal of Marriage and the Family*, Mai 1985, S. 343–348.
33 Sandra L. Hofferth, *Effects of Number and Timing of Births on Family Well-Being over the Live Cycle*. Washington 1981, S. 324.
34 Lois M. Verbrugge, *Marital Status and Health*, in: *Journal of Marriage and the Family*, Mai 1979, S. 267, und *Yes, Married People Do Live Much Longer*, in: *New York Times*, 15. Mai 1990.
35 *New Twist to Marriage and Mortality*, in: *Science News*, Bd. 138, 27. Oktober 1990, S. 267.

Vierzehntes Kapitel

1 Ann Landers, *Skip the Kids, They'd Rather Have Fun*, 28. Oktober 1989.
2 Lisa Kay Rogers und Jeffry H. Larson, *Voluntary Childlessness: A Review of the Literature and a Modell of the Childlessness Decision*, in: *Family Perspektive*, Bd. 22 (1), 1988 S. 44.
3 Elaine Campbell, *The Childless Marriage*. London and New York 1985, S. 39.
4 Kate Harper, *The Child-Free Alternative*. Brattleboro, Vermont, 1980, S. 169.
5 Karen Peterson, Gannett News Service, *Study; When Kids Leave Home, Parents' Marriage Gets Better*, in: *Ithaca Journal*, 22. August 1990.
6 Karen A. Polonko, John Scanzoni und Jay D. Teachman, *Childlessness and Marital Satisfaction*, in: *Journal of Family Issues*, Bd. 3, Nr. 4, Dezember 1982, S. 545–573.
7 Karen S. Renne, *Childlessness, Health, and Marital Satisfaction*, in: *Social Biology*, Bd. 23 (3), 1976, S. 196.
8 Victor Callan, *The Personal and Marital Adjustment of Mothers and of Voluntary and Involuntary Childless Wives*, in: *Journal of Marriage and the Family*, 49, November 1987, S. 847–856.
9 Ebd.
10 Walter R. Grove und Michael R. Geerken, *The Effect of Children and Employment on the Mental Health of Married Men and Women*, in: *Social Forces*, Bd. 56 (1), September 1977, S. 75.
11 Greg Seltzer, *Midlife and the Intentionally Childless Couple: An Exploratory Study*, Examensarbeit im Fach Sozialarbeit, Smith College School for Social Research, 1986, S. 38.
12 Carole A. Wilk, *Career Women and Childbearing: A Psychological Analysis of the Decision Process*. New York 1986, S. 193.

13 Ebd., S. 220.
14 R. Blood und D. Wolfe, *Husbands and Wives: the Dynamics of Married Living*. New York 1960. Zitiert in Martha Garrett Russel, Richard N. Hey, Gail A. Thoen und Tom Walz, *The Choice of Childlessness, A. Workshop Model*, in: *Family Coordinator*, April 1973.
15 Shirley Radl, *Mother's Day is Over*. New York 1973, S. 18 f.
16 *McCall's* Monthly Newsletter for Women, *Parents Who Wouldn't Do it Again*, in: *McCall's* November 1975, zitiert von Russell et. al. op. cit.
17 *What's Happening to the American Family?* Studie im Auftrag von *Better Homes and Gardens*, veröffentlicht in NON Newsletter, Juli 1978, und zitiert in Diana Burgwyn, *Marriage Without Children*. New York 1981, S. 10.
18 Louis Genevie, Ph. D. und Eva Margolies, M. A., *The Motherhood Report: How Women Feel about Being Mothers*. New York 1987, S. XXVI.
19 Ebd., S. 192.
20 Ebd., S. 412.
21 Nancy Friday, *Wie meine Mutter. My Mother, my self*. Übers. v. Ute Seessler, Frankfurt am Main 1982, S. 410.
22 Jean und Michael Carter, *Sweet Grapes: How To Stop Being Infertile And Start Living Again*. Indianapolis 1989, S. 93.

Fünfzehntes Kapitel

1 James E. Bell und Nancy Eisenberg, *Life Satisfaction in Midlife Childless and Empty-Nest Men and Woman*, in: *Lifestyles: A Journal of Changing Patterns*, *7* (3), Frühjahr 1985, S. 146–155.
2 Greg Seltzer, *Midlife and the Intentionally Childless Couples: An Exploratory Study*, Examensarbeit im Fach Sozialarbeit, Smith College School für Social Research, 1986.
3 Norval D. Glenn und Sara McLanahan, *The Effects of Offspring on the Psychological Well-Being of Older Adults*, in: *Journal of Marriage and the Family*, Mai 1981, S. 409–421.
4 Ebd.
5 Ebd.
6 John A. Krout, *The Aged in Rural America*. New York 1986, S. 124.
7 Pat Keith, *The Unmarried in Later Life*. New York 1989, S. 199.
8 Christine A. Bachrach, *Childlessness and Social Isolation Among the Elderly*, in: *Journal of Marriage and the Family*, August 1980, S. 627–636.
9 Judith Rempel, *Childless Elderly: What Are They Missing?*, in: *Journal of Marriage and the Family*, Mai 1985, S. 343.
10 Keith, *The Unmarried in Later Life*, S. 188.
11 Rempel, op. cit. S. 343–348.

12 Keith, op. cit. S. 186.

13 Timothy Brubaker, *Later-Life Families.* Beverly Hills 1985, S. 64.

14 Jane E. Myers and Sally Navin, *To Have Not: The Childless Older Woman,* in: *Humanistic Education and Development,* März 1984, S. 91–99.

15 Rempel, op. cit.

16 Betsy Houser, Cherry Beckman und Linda Beckman, *The Relative Rewards and Costs of Childlessness of Older Women,* in: *Psychology of Women Quarterly,* Bd. 8 (4), Sommer 1984.

17 Charlotte Ikels, *Delayed Reciprocity and the Support Networks of the Childless Elderly,* in: *Journal of Comparative Family Studies,* Bd. XIX (1), Frühjahr 1988, S. 99–112, und Brubaker, *Later-Life Families,* S. 63.

18 Krout, *The Aged in Rural America,* S. 129.

19 Nasako Ishi-Kuntz und Karen Seccombe, *The Impact of Children Upon Social Support Networks. Throughout the Life Course,* in: *Journal of Marriage and the Family,* Bd. 51, August 1989, S. 777–790.

20 L. Baker, *The Personal and Social Adjustment of the Never-Married Woman,* in: *Journal of Marriage and the Family,* Bd. 30, August 1968, S. 473–479.

21 Susan Rice, *Single Older Childness Women: Differences Between Never-Married and Widowed Women in Life Satisfaction and Social Support,* in: *Journal of Gerontological Social Work,* Bd. 13 (3/4), 1989, S. 35–47.

22 Cheryl Mercer, *Grown-Ups: A Generation in Search of Adulthood.* New York 1987, S. 162.

23 Jerry Gerber, Janet Wolff, Walter Klores und Gene Brown *Lifetrends: the Future of Baby Boomers and Other Aging Americans.* New York 1989, S. 238.

24 Judith Stryckman, *Childlessness: Its Impact Among the Widowed Elderly,* in: *Gerontologist,* Bd. 21, 1981.